다빈치가
자전거를
처음
만들었을까

다빈치가
자전거를
처음
만들었을까

가짜 뉴스 속 숨은 진실을 찾아서

페터 퀼러 | 박지희 옮김

한국경제신문

거짓이 세계를 지배한다.
게오르크 롤렌하겐, 시인

|

속고 속이는 일은 땅이 생긴 뒤부터 계속됐다.
요한 고트프리트 조이메, 작가

|

나는 위대한 거짓말과 설명들을 흠모한다.
동물은 느끼지 못하는 기쁨을 가져다주기 때문이다.
프리드리히 니체, 철학자

|

우리는 진실을 찾지만, 자신이 원하는 장소에서만 진실이 발견되길 바란다.
마리 폰 에브너-에셴바흐, 작가

|

직접 만들지 않은 소문은 믿지 마라.
윈스턴 처칠, 정치가

|

진실은 스스로 모습을 드러내지 않는다. 다만 만들어질 뿐.
막스 프리슈, 작가

1장

탈진실 시대의 정치

도무지 믿을 수가 없다!

도널드 트럼프가 미국의 45대 대통령으로 취임한 지 벌써 몇 년이 지났다. 2017년 1월 20일에 워싱턴에서 열린 트럼프의 취임식에는 기껏해야 20~30만 명이 참석했다. 이는 2009년 버락 오바마 전 대통령의 취임식에 참석한 180만 명에 비하면 한참 적은 수였다. 그럼에도 백악관 대변인 숀 스파이서는 브리핑에서 이렇게 보고했다.

"역대 취임식 중 최대의 인파가 모였다. 전 세계를 통틀어서도 최대 규모였다."

이 발언은 취임식 광장의 항공사진 비교를 통해 거짓임이 드러났지만, 스파이서는 오히려 브리핑 내용을 지적한 언론에 "앞으로 법적 책임을 묻겠다!"라고 협박하듯 말했다.

워싱턴 대중교통 당국이 제출한 정보에 따르면, 트럼프 대통령 취임식 당일 대중교통 이용자 수는 20만 명에도 미치지 못했다. 그러나 취임식 다음 날인 1월 21일, 도널드 트럼프는 대변인의 말을 지지하면서 '거짓을 보도한' 언론을 비난했다. 트럼프는 최대 인파라고 계속 우기진 않았지만, 실제 군중의 수를 부풀려 취임식에 "100만 명 이상, 아니 거의 150만 명이 왔다"라고 주장했다.

압권은 백악관 고문 켈리앤 콘웨이의 1월 22일 TV 인터뷰였다. 그녀는 역사상 최대 인파였다는 잘못된 발언에 대해 "스파이서는 대안적 사실alternative facts을 제시했을 뿐"이라며 두둔했다. 콘웨이의 대답은 믿을 만한 데이터를 대안적인 출처에서 얻을 수 있다는 의미도, 취임식 당시 온라인 시청자까지 포함하는 등의 대안적인 통계 추정 방법을 사용했다는 의미도 아니었다. 그저 거짓말을 모호하게 포장한 것에 지나지 않았다.

백악관은 자기들의 세계관과 일치하기만 하면 공적 발언이 진실이든 거짓이든 신경 쓰지 않는 것 같다. 이런 행태는 취임식 몇 달 전부터 있었다. 팩트 체크 전문 기관인 폴리티팩트PolitiFact의 분석에 따르면 선거 유세 기간에 트럼프가 했던 168개 주장 중 70퍼센트는 '잘못됐거나', '상당히 잘못됐거나', '소름 끼칠 정도로 잘못된' 주장이었다. 그러니까 세 차례의 발언 중 두 번은 진실이 아니었다는 얘기다. 예를 들어 트럼프는 불법 이민자 수가 "3,000만 명, 아니 어쩌면 3,400만 명"에 달한다고 말했지만 사실 1,100만 명이었고, 실업률이 42퍼센트라고 주장했지만 실제로는 4.9퍼센트였다.

트럼프는 또 2001년 9월 11일에 세계무역센터가 테러당했을 때 뉴저지주에서 수천 명의 이슬람교도가 환호하는 모습을 봤다고 주장했으나, 트럼프 외에 다른 목격자는 한 명도 나오지 않았다. 2013

년에는 당시 대통령 버락 오바마가 출생지가 하와이 호놀룰루로 등록된 출생신고서를 공개하며 반박했음에도 트럼프는 그가 케냐에서 태어난 무슬림이라는 루머를 계속 퍼뜨렸다. 또 미국의 대표적인 보수파 대법관 안토닌 스칼리아가 일흔아홉 살의 나이로 세상을 떠났을 때 시체의 얼굴 위에 베개가 놓여 있었다는 이야기로 음모론자들에게 먹이를 제공했다.

힐러리 클린턴과의 TV 토론에서 트럼프 후보는 계속해서 질문과 상관없는 대답을 해 심각한 혼란을 야기했다. 그는 자신이 이라크 전쟁을 항상 반대했노라고 말했지만 사실이 아니었고, 또 개인 트위터에 잔뜩 올린 글과 달리 기후 변화는 중국에서 시작된 동화 같은 이야기라고 주장했다.

"기후 변화는 중국인들이 자기들에게 유리한 쪽으로 만들어낸 허구다. 그들은 미국 기업이 경쟁에서 밀려나길 바란다."

트럼프는 6주의 출산 유급 휴가를 도입하겠다는 공약을 내세우며 이렇게 덧붙였다.

"힐러리 클린턴은 이런 공약을 하지 않으며, 앞으로도 그런 정책을 내지 못할 것이다."

하지만 클린턴은 이미 1년 전에 12주의 출산 유급 휴가를 발표한 바 있었다. 트럼프의 목적은 뻔했다. 더 적은 복지를 약속하면서도 사회에 더 많이 기여하는 정치가처럼 보이는 것이다.

트럼프의 지지자와 조력자들을 통해서도 자극적인 가짜 뉴스가 퍼져나갔다. 이들 대부분이 극우세력인 대안우파 소속이었다. 대안우파의 활동을 주도하던 기자이자 작가 마이크 체르노비치는 힐러리 클린턴이 중증 뇌종양을 앓고 있다는 소문을 퍼뜨렸다. 체르노비치가 고안한 최고의 작품은 이른바 '피자게이트'라고 불린 스캔들로, 클린턴이 워싱턴의 한 피자가게를 이용해 아동 성매매 조직과 연락한다는 것이었다. 또한 익명의 네티즌들도 트럼프를 돕기 위해 인터넷에 가짜 뉴스를 퍼뜨렸다. 예컨대 힐러리 클린턴을 수사 중인 FBI 요원이 살해됐다거나, 프란치스코 교황이 트럼프를 지지한다는 내용이었다. 이런 이야기가 인터넷 공간을 타고 빠르게 퍼져나갔지만, 모두 사실이 아니었다.

도널드 트럼프는 대통령으로 당선된 후에 자신이 로널드 레이건 이후 가장 많은 선거인단을 확보했다고 큰소리를 쳤다. 하지만 실제로는 빌 클린턴, 조지 W. 부시 그리고 버락 오바마가 트럼프보다 더 많은 선거인단 수로 당선됐다. 얼마 안 가 실제 득표수에서 경쟁자 힐러리 클린턴이 트럼프보다 더 앞섰다는 사실이 알려진 후, 트럼프는 300만 명의 불법 체류자가 힐러리에게 투표했다는 주장을 펼쳤다. 당연히 근거 없는 주장이었다. 그는 또 플로리다에 사는 프로 골퍼 베른하르트 랑거가 자신에게 투표하려 했었는데 투표를 제지당했다는 이야기를 들었다고 말했다. 마치 많은 사람이 주변의 압박 때문에 자기 목소리를 제대로 낼 수 없었던 것처럼 말이다. 하지만 랑거에게는 미국 시민권이 없었고, 따라서 투표권도 없었다. 진실이 드러났음에도 도널드 트럼프는 개의치 않고 미국 전역을 돌며 (존재하지도 않았던) 압도적인 승리를 축하하는 퍼레이드를 벌였다.

트럼프는 대통령이 되자마자 파리기후협약을 탈퇴했다. 원래 명칭은 '파리조약Paris Agreement'인데 트럼프는 일부러 '파리합의Paris Accord'라고 불렀다. 그보다 더 큰 문제는, 파리협약의 이행 비용을 미국이 전부 부담하고 있다는 그의 주장이었다. 미국이 비용을 전부 부담하는 것도, 심지어 다른 나라보다 더 많이 내는 것도 아니었다. 예컨대 녹색기후기금Green Climate Fund에 독일은 국민 1인당 12달러, 스웨덴은 심지어 60달러를 냈지만 미국은 9달러를 투자했을 뿐이다.

진실 왜곡은 여기서 그치지 않았다. 2017년 2월 18일 플로리다 연설에서 트럼프는 자신이 왜 여러 이슬람국가 이민자들의 입국 금지를 밀어붙이는지, 그리고 왜 특정 국가의 난민 수용을 거부하는지 설명하겠다고 했다. 그래 놓고는 유럽에서 일어나는 테러 공격을 언급했다.

"어젯밤 스웨덴에서 무슨 일이 일어났는지 보라. 도무지 믿을 수가 없다!"

정말 도무지 믿을 수가 없다. 전날 스웨덴에서는 아무 일도 일어나지 않았기 때문이다.

그로부터 2주 전인 2월 초에 백악관 고문 켈리앤 콘웨이는 이라크 난민 두 명이 켄터키주 볼링그린에서 '대참사'를 주도한 일이 있다며 난민 수용에 반대했다. 오바마 정부 시절에 있었던 일을 말하는 것이었다. 실제로 2011년에 볼링그린에서 두 명의 이라크인이 돈과 무기를 이라크의 알카에다로 보내려다가 체포되어 중형을 선고받은 일이 있지만, 테러나 공격은 없었다.

트럼프는 이미 선거 유세 기간부터 백악관이 이슬람의 공격을 은폐하고 있다며 전 정부를 비난했다(트럼프가 오바마는 무슬림이라고 주장했던 것을 기억하자). 이런 비난에 대응해 오바마 정부는 트럼프가 지적한 78건의 공격에 관해 시기와 장소를 비롯한 모든 정보를 공개했다. 그러자 트럼프는 국제적 극비 사항이었던 니스, 파리, 베를린 테러까지 폭로했다.

트럼프는 미국 대통령이 된 후에도 오바마 전 대통령을 비난했고, 2017년 3월 10일에는 자신의 트위터에 이런 글을 올렸다.

"끔찍하다! 대선 결과가 발표되기 직전에 오바마가 트럼프 타워를 도청했다는 사실을 방금 알았다." 그는 계속해서 이렇게 썼다. "닉슨의 워터게이트 스캔들(닉슨 재선 당시 야당 사무실에 도청장치를 설치한 것이 발각되어 관련자들이 체포된 사건으로 닉슨은 스스로 대통령직을 사임했다-옮긴이)과 다를 바 없다."

그러고는 전직 대통령을 "저급한 인간!"이라고 표현하기도 했다. 2주 뒤 미국 연방수사국FBI 국장과 국가안전보장국NSA 국장은 청문회 모두발언에서 트럼프의 도청 주장을 뒷받침하는 정보를 찾지 못했다고 밝혔다. 저급한 인간은 다른 곳에 있는 듯하다.

2017년 5월에 트럼프는 UN의 부실 경영 문제를 지적했다. 이 국제 기구가 지난 2000년부터 예산을 140퍼센트 늘리고 직원 수를 두 배로 늘렸다는 내용이었다. 두 주장 모두 거짓이었다. 그 기간에 UN본부 예산은 20퍼센트 증가했으며, 전 세계 UN 직원 수는 5만 2,000명에서 4만 6,000명으로 오히려 감소했다. 그러나 사실과 관계없이 트럼프는 미국의 UN 지원을 대폭 줄였다.

2017년 8월에 스페인 바르셀로나에서 일어난 이슬람 무장단체의 테러에 관해 도널드 트럼프는 이런 트윗을 썼다.

"미국의 퍼싱 장군이 붙잡힌 테러리스트에게 한 일을 참고해라. 이후 35년간 급진적인 이슬람 테러는 일어나지 않았다!"

언론은 오랜 검색 끝에 이 이상한 트윗이 무슨 의미인지 알아냈다. 20세기 초에 미군이 스페인 식민지였던 필리핀을 점령할 당시 이를 반대하는 모로Moro 이슬람 반군 세력을 진압했는데, 당시 사령관 존 퍼싱 장군이 반군 50명을 체포했다. 그는 병사들에게 총알을 돼지 피에 적셔 49명을 총살하고 1명은 풀어주어 남은 반군들에게 경고의 메시지를 보내라고 명령했다. 그 후 25년이 넘도록 테러 공격이 일어나지 않았다는 이야기가 전해진다. 문제는 이 이야기가 사실이 아니라는 점이다. 퍼싱 장군의 처형 일화가 처음부터 끝까지 만들어진 얘기라는 건 진즉 밝혀졌다.

2017년 9월에 도널드 트럼프는 UN총회 연설에서 아프리카 대륙의 발전을 축하하며 남비아Nambia 공화국의 보건 체계를 칭찬했다.

그런데 남비아라니, 어디에 있는 나라인가? 아프리카 대륙에 존재하는 비슷한 이름의 나라는 감비아Gambia, 잠비아Zambia 그리고 나미비아Namibia뿐이다.

앞서 등장한 사건들 외에도 트럼프가 충분히 알지 못하고, 잘못된 정보를 인용하고, 사실을 왜곡하고, 거짓 정보를 퍼뜨린 일은 무수히 많다. 문제는 그런 발언 하나하나가 정부 정책을 홍보하거나 본인의 인기를 강조한다는 점이다. 예컨대 2017년 7월 트럼프는 보이스카우트 집회인 잼버리에서 연설한 후 미국 보이스카우트 총재에게서 전화가 와 연설이 최고라고 칭찬했다고 말했다. 물론 그런 전화는 없었다. 전 대변인 스파이서의 뒤를 이어 2017년 7월부터 트럼프의 입이 된 세라 허커비는 완고한 입장을 유지하며 이렇게 말했다.

"그 발언이 거짓말이라고 볼 수는 없다."

분명 트럼프와 그의 측근은 진실이 자신들의 선전을 방해하도록 내버려 두지 않는 듯하다. 그들은 진짜와 가짜의 구분을 어렵게 하고 현실과 허구, 진실과 거짓을 서로 뒤섞으며 심지어는 틀린 것이 옳다고, 옳은 것이 틀리다고 주장한다. 예컨대 어떤 사실이 그의 기분을 맞춰 주지 못한다면 그것은 틀린 사실이 된다. 문제는 트럼프의 그런 전략이 건강한 공화국의 기반을 흔들고 있다는 것이다. 공통의 관심사에 대해 적어도 이론적으로는 합리적이고 민주적으로 논의해야 할 대중이 이제는 각자의 주장을 내세우며 상대에게 반대만 할 뿐이다. 토론이 이뤄져야 할 자리에서 꼭두각시 인형들의 연극만 벌어지고 있다.

도널드 트럼프는 자기 발언이 허위임을 밝혀낸 언론에 반박하는 대신 그저 '가짜 뉴스 미디어'라고 비난하는 입장을 취한다. 그에겐 진실 공방에서 승리할 가능성이 없음은 물론 반박할 의향조차 없기에 허위를 밝혀내는 언론의 신뢰성을 깨뜨리는 데 주력한다. 방송사들과 〈워싱턴포스트〉나 〈뉴욕타임스〉 같은 대형 신문사는 자유(진보)주의 진영에 치우쳐 수십 년간 대중을 속여온 거짓말쟁이들이 되고 말았다. 트럼프는 마음에 들지 않는 언론에 "당신들은 가짜 뉴스다!"라고 외치고 '기득권'에 대한 서민의 분노를 이용하는 트윗을 썼다.

"가짜 뉴스를 내보내는 언론은 나의 적이 아니라 미국 국민의 적이다!"

트럼프에겐 어떤 발언이나 주장이 옳은지 그른지는 중요하지 않아 보인다. 그저 자신의 기분과 세계관, '옳은 것 같은 느낌'에 부응하면 그만이다. 2018년 1월 26일, 트럼프는 다보스에서 열린 세계경제포럼에서 기자들을 향해 즐겁다는 듯이 말했다.

"여러분, 가짜 뉴스입니다! 〈뉴욕타임스〉의 가짜 뉴스라고요!"

2017년 6월 트럼프와 그의 측근들을 대상으로 '러시아 스캔들'이 제기되자, 수사를 위해 임명된 로버트 뮬러 특검팀을 트럼프가 해산시킨 사실에 관해 〈뉴욕타임스〉와 〈워싱턴포스트〉가 보도한 내용을 두고 한 말이다. 하지만 그를 지지하는 방송사 폭스뉴스마저도 두 매체가 보도한 사실을 인정할 수밖에 없었다. 대통령 측은 뮬러 특검팀에 해임 압박을 하면서 진상 조사를 방해했다는 의혹을 계속 부인했다. 하지만 백악관 법률고문 도널드 맥갠이 자기 직책을 걸고 트럼프의 지시를 끝까지 거부했다는 사실이 알려졌다. 대통령의 특검팀 해임은 사법부에 대한 행정부의 개입이며 모든 헌법 국가의 근간이 되는 삼권분립을 해치는 행위다.

2018년 1월 〈워싱턴포스트〉가 트럼프 대통령 취임 1주년을 기념해 집계한 '거짓 또는 혼란을 일으킨 주장'의 수는 2,000건이 넘었다. 이 보도에 대한 보복으로 트럼프는 허위 내용을 보도한 언론사에 주는 '가짜 뉴스 상'을 만들어 2018년 1월 17일 〈워싱턴포스트〉와 〈타임〉, 〈뉴스위크〉에 수여했다. 그뿐만이 아니다. 트럼프의 트위터를 팔로우하는 4,200만 명의 지지자들이 투표를 통해 CNN, 〈뉴욕타임스〉, ABC뉴스를 가짜 뉴스 미디어 1~3위로 선정하기도 했다.

〈뉴욕타임스〉의 칼럼니스트 브렛 스티븐스는 분석 보고서에 이렇게 썼다.

"대통령은 사실을 바탕으로 제기된 의혹에 대해 사실을 근거로 대응하지 않는다. 오히려 의혹을 평가하는 과정에서의 사실이 더 중요한 것처럼 대응한다."

그 과정에서 중요한 것은 대중의 감정이 충족되는 것뿐 아니라, 부유한 상류층과 트럼프 자신의 알려지거나 숨겨진 실질적인 이익이다. 이들의 이익은 목적이 수단을 정당화하는 방식으로 실현된다. 트럼프는 이런 트윗을 썼다.

"만약 내가 CNN, NBC, ABC, CBS, 〈워싱턴포스트〉나 〈뉴욕타임스)의 가짜 뉴스를 믿었다면 결코 백악관에 입성하지 못했을 것이다."

사업가이자 억만장자인 트럼프는 정치를 할 때도 사업을 하듯이 행동한다. 사업을 하려는 사람은 협상에서 자신의 입지를 우세하게 만들어야 한다. 승리는 정직한 사람이 아니라 설득력 있는 사람에게 돌아간다. 그렇기에 과장과 왜곡, 조작은 계속된다.

트럼프 대통령은 영향력 있는 사람이 되려는 욕구가 매우 강하다. 이 욕구는 그로 하여금 정치가 아닌 분야에서도 진실을 왜곡하게 했다. 뉴욕에 있는 트럼프 타워는 공식적으로 68층 건물이지만, 실제 층수는 58개다. 트럼프의 모습이 담긴 2009년 3월 1일 자 〈타임〉 표지가 2017년 초반까지 플로리다에 있는 트럼프의 골프클럽(그리고 다른 골프클럽 세 곳)에 걸려 있었다. 그러나 이날 간행된 〈타임〉지는 없었으며 그런 표지 역시 만들어진 적이 없다. 가짜 표지였던 것이다.

우리는 지금 현실과 상상이 뒤섞이고, 희망 사항이 진실을 이기며, 가짜 뉴스가 공식 뉴스가 되는 '탈진실post-truth의 시대'에 살고 있다. 도널드 트럼프가 대통령이 되면서 이런 시대가 열렸다고는 보기 어렵다. 대통령을 어린아이라거나 자아도취자, 신경증 환자라고 모독하는 것은 적절하지 않다. 또한 트럼프를 국민의 대표자로 선출한 미국 사회가 유아적이고, 우월감에 빠져 있으며, 신경증에 걸려 있다고 싸잡아 비난하는 것도 옳지 않다. 그보다는 더 근본적인 원인을 찾아

사회적·경제적·문화적 발전 과정을 돌아봐야 한다. 예를 들면 가난한 백인 서민층 그리고 재산과 안전을 걱정하는 중산층을 관찰해보자. 이들 중 많은 이들이 무력감을 느끼며 외부 권력, 이를테면 자유(진보)주의 언론이 자신들의 목소리를 은폐하고 자신들의 운명을 쥐고 있다고 느낀다. 세계화가 진행되는 동안 특권층보다 한참 뒤처지게 된 중산층은 안정적인 수입이 있었고 미래를 낙관적으로 바라볼 수 있었던 과거를 그리워한다. 그 시대에는 느낌과 진실이 대부분 일치했다. 그러나 우리 시대의 진실은 모습을 바꾸었다. 가짜 뉴스가 진실이 되고 말았다.

보수주의 백인 도널드 트럼프는 정치적이고 경제적인 구원을 상징하는 존재다. 그는 성공을 위해 수단과 방법을 가리지 않는 인물의 생생한 사례이며, 사람들의 부러움을 받는 성공한 사업가다. 성공한 사업가는 다른 어떤 국가보다도 개인의 행복과 불행이 자기 손에 달려 있다고 보는 미국 사회에서 사람들이 가장 바라는 바다. 트럼프는 자본주의자로서 대중의 소비 통로를 많이 만들었지만, 정치인으로서 대중의 정치 통로는 별로 만들지 않았다(자기 자신을 위한 통로를 제외하고는). 대신 환상을 만드는 창작자로서 새로운 거짓 작품을 만드는 데는 성공했다. 상류층이 부유해지면 가난한 사람들에게 더 많은 혜택이 돌아간다고 대중이 믿게 한 것이다.

환상을 만드는 과정에서 중요한 역할을 하는 것은 종교와 영화, 방송이다. 다른 서구 국가들보다 미국의 대중문화에서 이들이 차지하는 비중은 무시할 수 없다. 종교는 그 자체로 경험적인 사실을 초월하는 영역이며, 어떤 경우에도 신앙이 모든 지식을 대체할 수 있다. 방송은 객관적인 현실과 동떨어진 특정한 현실을 보여준다. 마지막으로 영화는 영상을 통해 실제로 있음 직한, 만들어진 현실에 사람들이 푹 빠져들게 한다. 특히 최근에는 장편영화와 다큐멘터리의 경계가 모호해지는 추세다.

그러나 가장 핵심적인 원인은 현재의 경제 상황이다. '문제는 경제야, 바보야!(It's the economy, stupid!)' 트럼프는 자본주의 경제를 대변한다. 돈을 제외하면 그에게 현실적인 것은 아무것도 없다. 중요한 것은 이익 · 배당 · 성공이며, 무엇이 옳고 무엇이 그르냐는 아무런 의미도 없다.

제 명예를 걸고 맹세합니다!

—

작가 슈테판 츠바이크가 평범한 진리를 잘 드러내 주는 그림을 소개한 적이 있다. 불행한 왕비 마리 앙투아네트의 초상화 아래에 '정직과 정치는 함께할 수 없다'라는 문장이 쓰여 있는 작품이다. '저 위에 있는 분들'이 항상 정직한 방법으로 행동한다고 믿는 사람은 순진한 사람일 것이다. 이해관계와 돈이 걸려 있고 영향력을 행사해야 할 때, 중요한 자리를 손에 쥐어야 하거나 권력을 유지해야 할 때는 정치인들도 다른 모든 사람처럼 수단과 방법을 가리지 않는다. 그런 측면에서 이들은 실제로도 대중의 대표다. 다만 대중의 대표는 사적인 개인이 아니라서 항상 공공의 이익으로 이해되는 일반 대중의 이익을 위해 일해야 한다.

그런데 이 수상쩍은 공공의 이익을 위해 거짓말을 해도 될까. 2008년 9월 15일, 미국 투자은행 리먼 브라더스 사태로 세계적인 금융위기가 심화됐을 무렵 독일 총리 앙겔라 메르켈과 재무부 장관 페어 슈타인브뤼크는 기자회견을 열고 독일 정부의 입장을 발표했다.

"독일 국민의 예금은 안전하다."

그것은 의도가 담긴 거짓말이었다. 최악의 경우 4조 유로(약 5,000조 원-옮긴이)에 달하는 예금액을 회수할 수 없는 상황이었다. 메르켈과 슈타인브뤼크는 국민을 안심시키는 발언으로 예금자들이 모든 예금을 인출하는 사태를 막고자 했다. 이미 뱅크런이 시작되어 200유로와 500유로권 지폐 부족 현상이 일어났고, 은행들이 파산하고 은행 간 거래가 정지되기 직전이었다. 특히 은행 간 거래가 정지되면, 미국 부동산 가격 폭락으로 독일의 부동산 금융 지주회사인 하이포 리얼 에스테이트HRE, Hypo Real Estate도 파산할 위험이 있었기 때문에 반드시 막아야 했다(그러나 결국 HRE는 구제금융으로 1,300억 유로에 달하는 공적 자금이 투입된 끝에 국유화됐다).

메르켈과 슈타인브뤼크에게는 대중을 속여야 할 이유가 있었다. 이들은 세계 경제를 완전히 바닥까지 침체시킬 수 있는 금융 시스템

붕괴를 막고 싶었고, 최대한 시간을 벌고 싶었다. 그런데 이것이 정말 모든 이들의 이익을 위한 것이었을까? 만약 세계 금융경제 시스템이 근본적으로 개혁됐다면 세상이 더 나아지지 않았을까? 어쨌든 독일 유권자들이 메르켈과 슈타인브뤼크를 뽑은 이유는 대안을 제시하는 대신 현재의 균형을 유지하고 독일을 '앞으로도 똑같이' 이어가기 위함이었으니 제 할 일은 다 한 셈이다.

1964년에 한나 아렌트는 에세이 〈진실과 정치〉에 이렇게 썼다.

"정치가들이 진실만 말한다고 믿는 사람은 아무도 없으며, 정치가의 미덕이 정직이라고 생각하는 사람도 아무도 없다. 거짓말은 대중 선동가만이 아니라 정치인과 고위 공무원들의 정당한 기술로 여겨진다."

이는 정치인들이 끊임없이 거짓을 말한다는 이야기가 아니라 보통 사람들보다 더 많은 거짓말을 한다는 뜻이다.

2016년 여름, 쾰른의 언론인학교에서는 네 차례의 토론회에서 독일 정치가들이 했던 발언을 분석했다. 그 결과 우익 정당인 대안당의 당시 당대표 프라우케 페트리의 발언이 진실과 가장 거리가 먼 것으로 나타났다. 발언 중 4분의 1, 정확히는 26.3퍼센트가 허위였다. 독일 언론을 '가짜 뉴스'라고 비난했던 정당의 당대표로선 부끄러운 결과였다. 나머지 정당들에선 녹색당 카트린 괴링에카르트와 좌파당 카티야 키핑의 허위 발언이 각각 15.9퍼센트, 사회민주당 토마스 오페르만이 9퍼센트였고, 기독민주당 아르민 라셰츠가 가장 적은 6.5퍼센트였다.

이 분석 결과는 또 다른 에피소드를 가져왔다. 페트리가 이 결과에 이의를 제기하며 '검증할 수 없거나 판단할 수 없는 사실'이 '허위 사실'처럼 간주됐다고 주장한 것이다. 그러나 언론인학교는 분석 과정에서 검증할 수 없거나 판단할 수 없는 사실이 담긴 발언을 평가에 포함시키지 않았기 때문에 이 반박의 근거 역시 허위였다.

즉흥적으로 발언해야 하는 토론장에선 불명확한 근거를 제시하고 수치를 헷갈리는 경우가 생길 수 있다. 인간 기억력의 한계일 뿐 의도적으로 사실을 왜곡한 것이 아니기 때문이다. 그러나 습관적으로 허위 주장을 하는 건 다른 문제다. 준비된 연설의 경우도 마찬가지다. 과거의 발언 중에는 독일 슐레스비히홀슈타인주 주지사였던 우베 바르셸이 1987년 9월 18일 기자회견 중에 했던 "다시 말하지만, 제 명예를 걸고 맹세합니다"가 유명하다. 당시 바르셸은 경쟁자였던 사회민주당 후보 비외른 엥홀름을 뒷조사하고, 비방하는 소문과 탈세 의혹을 퍼뜨리라고 명령했다는 의혹을 전면 부인했다. 발언 전문은 이렇다.

"저는 오늘 존경하는 슐레스비히홀슈타인 시민 여러분과 전 독일 국민에게 제 명예를 걸고 맹세합니다. 다시 말하지만, 제 명예를 걸고 맹세합니다. 저에 대한 이런 의혹에는 아무런 근거가 없습니다."

많은 이들이 기억하는 사건 중에는 '슈피겔' 스캔들도 있다. 1962년 10월 26일 독일 시사 잡지 〈슈피겔〉 편집국이 국가 기밀 누설 혐의로 압수수색을 당했다. 이와 함께 발행인인 루돌프 아우크슈타인이 투옥됐으며, 10월 10일 자에 게재됐던 나토군에 관한 기사('조건부 방어 상태'라는 제목이었다)를 쓴 콘라트 알러스가 스페인에서 체포됐다. 당시 독일 국방성 장관 프란츠 요제프 슈트라우스가 이 일에 개입했다는 의혹을 받았지만, 본인은 부인했다. 그해 10월 30일에 프랑크푸르트 석간지 〈아벤트포스트〉와 했던 인터뷰에서 슈트라우스는 이렇게 말했다.

"나는 개인적으로 또는 연방 국방성의 책임자로서 이번 기밀 관련 수사에 아무런 개입도 하지 않았다고 확언할 수 있다."

11월 3일에 뉘른베르크 석간지 〈8시 신문〉에도 동일한 입장을 발표했다.

"그 사건에 개입한 적이 없다. 말 그대로 나는 아무런 관련이 없다."

마지막으로 슈트라우스는 11월 9일에 열린 국회에서 "이 사건과 관련한 모든 절차에 일절 개입한 적이 없다"라고 발표했다.

그러나 진실은 반대였다. 슈트라우스는 법무부 장관 볼프강 슈탐베르거(자유민주당 소속)에게 직접 수사를 지시했으며 알러스를 체포하라고 명령했다. 사실이 밝혀지자 슈트라우스는 1962년 11월 30일에 장관직을 사임했다.

슈트라우스의 경우와 달리 '바르셸' 스캔들은 오늘날까지도 명쾌하게 밝혀지지 않았다(우베 바르셸이 갑자기 죽었기 때문이다). 이제 사람들은 바르셸의 경쟁자 엥홀름에게 쏟아진 정치 공작을 바르셸의 공보비서관이었던 라이너 파이퍼가 주도했을 가능성을 의심한다. 이처럼 정계에서 누군가에게 책임을 떠넘기는 일은 전혀 새로운 게 아니다.

예를 들면 도널드 트럼프가 대선 후보로 선출된 2016년, 클리블랜드 공화당 전당대회에서 그의 아내 멜라니아가 찬조연설을 했다. 그녀는 무례하고 저돌적인 사람으로 유명한 트럼프가 사실은 부드럽고 다정한 사람이라는 점을 강조하며 자신의 이야기도 덧붙였다. 어릴 적부터 부모님이 "인생에서 성취하고 싶은 것을 위해 열심히 노력하고, 스스로 말한 것을 반드시 지키고, 말과 행동을 같게 하고 약속은 꼭 지키며, 다른 사람을 존중해야 한다"라고 가르쳤으며, 그런 가치와 도덕을 말로 가르치는 것을 넘어 당신들의 삶으로 직접 보여주었다는 내용이었다.

그런데 우리는 똑같은 내용을 들은 적이 있다. 2008년 8월 25일에 열린 덴버 민주당 전당대회에서 영부인 미셸 오바마가 했던 찬조연설에서 말이다. "버락과 나는 많은 가치를 공유하고 있다." 특히 "스스로 말한 것을 반드시 지키고, 인생에서 성취하고 싶은 것을 위해 열심히 노력하고, 말과 행동을 같게 하고 약속은 꼭 지키며, 개인적으로 알든 모르든, 같은 의견을 가지든 아니든 다른 사람을 존중하고 인정하는 것이다"라고 했다. 그러면서 미셸 오바마는 "남편과 함께 이런 가치들을 다음 세대에 전달할 것"이라고 했다. "왜냐하면 우리 아이들과 이 땅의 모든 아이가 성취의 한계는 오로지 자신들의 꿈과 의지에 달려 있다는 것을 깨닫기 바라기 때문이다."

이 대목 역시 멜라니아 트럼프의 연설에서 발견된다. "우리는 이런 가치들을 앞으로 올 다음 세대에게 전달해야 한다. 왜냐하면 이 땅의 아이들이 자신들의 성취의 한계가 오직 꿈을 향한 열정과 의지에 달려 있다는 것을 깨닫길 바라기 때문이다."

처음에 트럼프 선거캠프는 반대 진영 퍼스트레이디의 연설문을 표절했다는 의혹을 전면 부인했다. 멜라니아 트럼프도 자신이 연설문을 직접 썼으며 '약간의 도움'을 받았다고 주장했다. 그렇지만 결국 더는 부인할 수 없는 상황이 되자, 선거캠프의 한 여직원이 실수를 저질렀다는 쪽으로 마무리돼 그녀가 모든 책임을 지게 됐다.

정치가의 발언은 누구의 발언인가? 이제 우리는 언론 전문가가 정치가와 동행하며 그가 발언할 내용을 써준다는 사실을 알고 있다. 그보다 덜 알려진 사실은 마르크스-레닌주의를 주장하고 개혁한 대표적인 사상가이자 정치가였던 마오쩌둥도 자신의 사상을 전부 직접 만들어내지 않았다는 것이다. 470번의 연설 중 그가 연설문을 직접 작성한 것은 220번뿐이며, 자신의 이름으로 발표한 100건의 문서 중 그가 직접 쓴 것은 12개뿐이다. 정말로 '마오쩌둥 사상'을 가지고 있었던 것은 마오쩌둥의 정치비서 천보다와 그의 사람들이었고, 이들이 그 사상을 개발했거나 최소한 기초를 닦았다.

독일 전 대통령 리하르트 폰 바이츠제커가 직접 쓴 것인지 쓰게 한 것인지 알 수 없지만, 1985년 10월 9일 자 〈타게스차이퉁〉의 두 면에 걸쳐 게재된 대통령의 도서박람회 기고문은 그의 글과 연설을 짜깁기한 것이 분명했다. 기고문의 제목은 '목표는 인간이다'였으며 인류애적 교양의 중요성, 인간과 세계를 향한 우호적인 태도를 강조하는 내용이 주를 이뤘다. 여러 명언, 예컨대 '백발 족장'으로 불리는 서독 국가대표 감독 유프 데르발의 유명한 문장 '고속도로에서 항상 1차선만 타는 사람은 연료를 유용하게 쓰지 못하고 금방 힘의 한계에 부딪힌다' 등으로 구성되어 있었다. 그런데 바이츠제커는 오히려 이런 상황을 즐기며 동조했다.

그가 도서박람회장을 둘러보던 중 〈타게스차이퉁〉 부스에 이르자 수행원이 서명을 남길 것인지 물었는데, 기사를 읽어본 바이츠제커는 깜짝 놀라며 말했다.

"이 기사는 내가 쓴 게 아니군요." 하지만 이내 진지한 말투로 "편집자들은 어쨌든 자신들이 원하는 바를 실행하지요"라고 말하고 기사 아래에 서명을 남겼다.

자신이 원하는 바를 실행한 사람은 또 있다. 제42대 미국 대통령 빌 클린턴은 임기 중인 1998년 1월 26일, 자신이 직접 마련한 기자회견에서 1995년에 백악관에서 인턴으로 일했던 모니카 르윈스키와의 스캔들에 대해 입장을 밝혔다.

"저는 르윈스키 양과 어떤 성적 관계도 가지지 않았습니다."

그러나 모니카 르윈스키는 그의 정액이 묻은 드레스를 증거로 지니고 있었다. 그녀는 백악관 인턴십을 마친 뒤 펜타곤에 취직했는데, 동료인 린다 트립의 충고에 따라 드레스를 보관했다. 후에 그 동료는 르윈스키가 세계에서 가장 강한 권력을 지닌 남자와 구강성교를 했다는 사실을 세상에 폭로했다.

빌 클린턴은 혈액 샘플을 제출하던 순간에도 구강성교 사실을 단호히 부인했다. 대배심원단(형사 사건 피의자의 기소 여부를 다수결로 결정하는 평시민 집단)에게도 그는 인턴 직원과 성적인 접촉을 가진 적이 없다고 맹세했다. 마침내 법원이 대형 스캔들의 중요 증거물인 드레스에 대한 유전자 검사를 명령하자 그는 무죄 호소를 멈추고 르윈스키와의 '부적절한' 관계를 인정했다.

그럼에도 이 스캔들을 이용해 민주당 대통령을 탄핵하려 했던 공화당은 자신들의 목표를 이루지 못했다. 전통적으로 미국은 자기 죄를 인정하고 반성하며 개선하려는 노력을 보이는 사람에게 동정표를 보내기 때문이다. 클린턴이 정직한 수사 협조를 맹세했음에도 인턴과의 관계를 부인했기 때문에 미국 하원은 위증과 법집행 방해 혐의를 근거로 탄핵 절차를 시작했다. 하지만 상원은 21일 동안의 토론을 거친 후에도 과반수가 탄핵에 동의하지 않았다. 결국 1999년

2월 12일에 탄핵 절차는 기각됐다. 물론 클린턴은 대가를 치러야 했다. 법원을 모독한 대가로 임기가 끝난 뒤 5년간 변호사 자격을 박탈당했으며 9만 달러의 벌금을 내야 했다.

정치인에게는 자기 나라에서만이 아니라 국제적으로도 높은 명성을 누리는 것이 중요하다. 이를 위해 루마니아 전 대통령이자 당 지도자였던 독재자 니콜라에 차우셰스쿠는 독특한 지시를 내렸다. 자신의 생일이 다가오면 각국 지도자들이 보내는 축하 메시지를 가짜로 작성해 대중에게 공개하게 한 것이다.

정치인의 행동과 연설만 가짜로 만들어지는 것은 아니다. 정치인이 가짜일 수도 있다. 실제로 존재하지 않았던 정치인 베르너 요크처럼 말이다. 독일 부모당은 처음에 그를 당의 홍보 책임자로 임명하고 2007년에는 당대표로 세웠으며, 이에 대한 보고서를 빠짐없이 작성해 연방의회 행정부의 신뢰를 얻었다. 당의 수입에 비례해 지원되는 정당 국고보조금을 받기 위한 기부금 영수증이 그의 이름으로 발행됐다. 그러나 2009년에 그 모든 것이 허위라는 사실이 밝혀졌다. 요크를 비롯한 몇몇 당원은 실제로 존재하지 않았고, 단지 정당 계좌에 기부하는 당원의 수를 늘려 100만 유로 단위의 공공보조금을 타내기 위해 만들어진 인물들이었다. 부모당 창립자 디터 골케와 브란덴부르크주 주지사 브리안 우팅, 재정 담당관 마누엘라 베를리히(이 세 명은 진짜 존재한다)는 법원으로부터 관대한 경고만 받았을 뿐

벌금이나 보호관찰 명령은 피했다. 받은 공공보조금을 사적으로 이용하지 않았고, 허위 사실이 들통나자마자 국고에 전액 반환했기 때문이다.

동명이인

2013년 12월 13일 자 터키 신문 〈휴리예트〉의 유럽 판 표지는 엄청난 관심을 받았다. 독일 저개발국 원조 부서를 총괄하는 책임자로 전 축구 선수 게르하르트 뮐러가 임명됐다는 내용이 실렸기 때문이다. 그는 1945년생으로 독일 국가대표팀 출신이고, FC 바이에른 뮌헨의 전설적인 축구 스타이자 '득점 폭격기'로 불리는 인물이다.

사실 독일 총리 앙겔라 메르켈이 새로운 부서의 책임자로 임명한 사람은 1955년에 태어난 기독민주당 정치인 게르하르트 뮐러였다. 물론 그도 동명의 축구 선수 뮐러처럼 독일 남부 태생이며, 바이에른 뮌헨에서 뛰진 않았지만 바이에른 지역에서 평생 정치를 했다. 연방 농식품부 정무차관으로 일하고 있던 그를 2012년에 임시 대통령직을 맡은 바 있는 호르스트 제호퍼가 고위공직자_{Kader}(이 독일어 단어는 국가대표 선수단을 뜻하기도 한다-옮긴이) 후보로 추천한 것이었다.

92퍼센트 찬성으로는 부족해

국회 내 투표율이 85퍼센트라면 다소 부족한 편이지만, 국민의 투표율이 85퍼센트라면 성공적인 선거를 치렀다고 볼 수 있다. 게다가 선거 참여자의 92퍼센트가 정당연합(정책이나 이념이 같은 정당들이 모인 공조 체제로, 구동독의 경우는 사회주의-옮긴이)에 표를 주었다면 정부는 투표 결과에 만족해도 될 듯하다. 그런데 이 정도에 만족하지 못하고 더 많은 표를 원한 이들이 있었다.

1989년 5월 7일 저녁, 구동독 TV 저녁 뉴스에 선거위원장 에곤 크렌츠가 출연해 투표 결과를 발표했다. 국민의 98.77퍼센트가 투표에 참여했으며 그중 98.95퍼센트가 정당연합에 표를 던졌다는 내용이었다. 동독에서 이런 투표 결과가 나오는 일은 무척 드물었다. 40년간 동독에서 정당연합의 지지율은 단 한 번도 99퍼센트 미만으로 떨어진 적이 없었다. 1.05퍼센트의 반대표는 14만 2,000명의 당 노선 이탈자를 의미했고, 이는 역대 최다 인원이었다. 소련의 고르바초프 정책(페레스트로이카와 글라스노스트, 경제 활성화를 위한 개혁과 개방 정책을 의미한다-옮긴이)을 지켜보던 동독 국민들의 불만이 커지면서 동독에도 개혁을 촉구하는 분위기가 생겨났지만, 집권자들은 최소한의 수준만 허용해왔다.

정당연합은 이어질 사태를 전혀 예상하지 못했다. 이번 개표 때는 많은 지역에서 국민 선거위원단이 공개 집계 상황을 지켜봤고, 득표 결과를 직접 기록했다. 예를 들어 베를린의 바이센제 지역에선 선거 참관 단체들이 67곳의 투표소 중 66곳을 지켜보면서 찬성 2만 5,797 표와 반대 2,261표가 나왔음을 직접 확인했다. 그런데 다음 날 동독 공식 일간지 〈노이에스 도이칠란트〉에서는 선거 결과를 발표하면서 찬성 4만 2,007표와 반대 1,011표라고 했다. 참관인들은 깜짝 놀랐다. 투표소 한 곳은 감시하지 못했지만 찬성 1만 5,000표가 늘어난 데다 반대표는 오히려 줄었기 때문이다. 자유 단체 바이센제, 그린 네트워크 아르케, 열린 노동 바이마르 등 독립적인 선거 참관 단체들은 전국적으로 선거 참여율이 85퍼센트 미만이며 그중 반대가 7~8퍼센트라고 계산했다. 다시 말해 투표율 중 반대가 7~8퍼센트로 찬성률이 92~93퍼센트였다는 얘기다.

민권 운동가들은 부정 선거에 대한 84건의 무효소송을 제기했다. 검찰 수사가 이루어졌으나 아무런 결과 없이 마무리됐다. 1989년 5월 19일 카를-하인리히 보르헤르트는 동독 검찰 총장으로서는 처음으로 지방법원에 출석했는데, 이 자리에서 거짓말을 했다.

"선거 관련 소송은 검찰 개입 없이 진행됐다. 다만 소송이 길어져서 기한이 만료되면 관할 법원은 처벌할 만한 범죄가 없었다고 결론짓고 발표를 해야 한다."

정부 기관의 무능함은 불만을 불러일으킨다. 그 후 동독에서 벌어진 일이 역사의 단죄를 잘 보여준다(독일은 1년 뒤인 1990년 10월에 통일됐다-옮긴이).

부재자 투표의 조작 가능성

부정 선거는 독재자 또는 독재 집권당이 통치하거나 러시아처럼 반민주적인 국가에서만 일어난다고 생각하기 쉽다. 하지만 선거 조작은 민주연방 공화국인 독일에도 존재한다.

예를 들면, 2014년 지방 선거 당시 남부 바이에른 지역의 소도시 가이젤회링에서 치러진 선거는 기독사회당에 유리하도록 조작됐다. 기독사회당은 그때까지 한 번도 그 지역에서 이긴 적이 없었다. 그러나 2014년에는 시의회 20석 중에서 절반이 넘는 11석을 차지했으며, 기독사회당 후보였던 헤르베르트 리히팅거가 자유유권자당 후보 베른하르트 크렘펠을 이기고 시장으로 선출됐다.

그 외에도 이 선거에는 독특한 점이 많았다. 약 500명에 달하는 폴란드와 루마니아 출신 슈파겔(흰색 아스파라거스-옮긴이) 수확 노동자들이 선거 직전에 유럽연합EU 시민으로서 유권자로 등록했다. 465명이 투표에 참여했는데, 그중 460명이 우편을 이용하는 부재자 투표를 했다. 놀랍게도 이들은 몹시 복잡한 누적투표제와 복수투표제에 대해 잘 알고 있었고, 거의 모든 표가 기독사회당의 다섯 후보에게 쏟아졌다. 다섯 후보는 바이에른 기독사회당 대표이자 그들을 고용한 슈파겔 농장주 로제-마리 바우만, 그녀의 사촌, 그녀의 농업회사 직원, 그리고 그녀 딸의 남자 친구인 헤르베르트 리히팅거였다.

의문이 생기는 부분은 또 있었다. 노동자들이 거주지로 등록한 숙소는 비어 있었고, 부재자 투표용지를 우편으로 보낼 만한 우편함이 근처에 한 개도 없었다는 것이다. 결정적으로 바이에른주 범죄감식반이 조사한 결과 투표용지를 작성한 사람은 많아야 다섯 명이며, 투표용지 460장 중 433장에 동일한 펜이 사용된 것으로 밝혀졌다. 그리고 노동자 85명에겐 투표권이 없다는 사실도 밝혀졌다. 유럽연합 시민이 되려면 해당 지역에 3개월 이상 거주하며 생활한 증거가 있어야 하기 때문이다.

결국 지방 선거는 2015년 2월에 다시 치러졌다. 로제-마리 바우만은 사태에 대한 모든 책임을 지고 기독사회당 대표직을 사임했다. 여기에는 나머지 당원을 살리려는 목적도 있었는데, 결과는 성공적이었다. 헤르베르트 리히팅거가 압도적인 차이로 당선됐으며, 기독사회당은 시의회에서 고작 하나의 의석만 잃었다.

반면 슈텐달 출신의 기독민주당 시의원 홀게르 게브하르트는 대가를 톡톡히 치러야 했다. 2017년 3월에 지방법원은 그에게 299건의 선거 조작과 문서 위조죄로 가석방 없는 2년 6개월의 징역형을 선고했다. 2014년 5월 25일에 행해진 지방 선거에서 한 사람의 대표 투표자가 다른 33명의 투표용지를 걷어서 제출하는 방식으로 부재자 투표 서류를 조작해 허위 투표권을 행사했기 때문이다. 게브하르트는 이런 방식으로 부재자 표 중 689표를 자신에게 돌릴 수 있었는데, 이는 전체 유권자의 11.3퍼센트에 달하는 비율이었다. 현장 투표소에서는 약 2만 9,000명의 시민 중 0.5퍼센트에 해당하는 148명만이 그에게 표를 던졌다. 검찰의 수사 결과 고용지원센터에서 부재자 투표를 한 유권자의 표가 그런 식으로 이용됐음이 드러났다. 그곳은 게브하르트가 일하는 곳이었다.

지방 선거뿐 아니라 의원 선거와 총선까지도 부재자 투표로 조작될 가능성은 분명 존재한다. 물론 정당한 유권자의 표가 압도적으로 많기 때문에 큰 영향을 미치진 못하겠지만, 선거 결과를 뒤집을 가능성을 아예 배제할 순 없다. 선거 사무소에서 집계한 후 선거관리위원회에 허위 자료를 보낼 수도 있다. 그 자리에서 바로 사진을 찍어 SMS로 전송하는 것이 가장 쉬운 방법이지만, 이미지 형태의 결과 자료는 언제든지 합성할 수 있으며 원본이 서류 형태로 보관된 경우에만 이미지가 위조됐음을 입증할 수 있다. 게다가 집계 과정에서 실수가 생길 수 있고, 부재자 투표용지가 허위로 작성되거나 중간에 뒤바뀔 수도 있다. 물론 선거에 결정적으로 영향을 미치기 위해서는 이 모든 조작을 전국적으로 행해야 한다. 알려진 바로는 아직까지 전국적 차원의 조작은 없었다.

2017년 독일 총선 당시 만들어진 웹사이트 'VoteBuddy.de'는 투표하러 갈 시간이 없거나 투표할 마음이 없는 유권자라면 부재자 투표용지를 정말 투표하고 싶어 하는 친구Buddy에게 넘기라고 홍보했다. 선거 조작을 적극적으로 권장하는 듯하지 않은가? 사실 그 웹사이트는 베를린의 문화난장Culture jamming (재미있고 파괴적인 방식으로 소비 위주, 권력 위주의 대중매체를 변화시키려는 운동-옮긴이) 집단 '펭! 콜렉티브Peng! Collective'의 작품이었다.

허위 테러 경고

———

2016년 9월, 독일 슈타데에서 독일 대안당 당대표이자 직업 경찰이었던 라르츠 제만이 전단을 배포했다. '슈타데의 진짜 안전'이라는 빈정대는 제목 아래에는 사진이 실려 있었는데, 붉은 깃발의 장대를 든 검은색 옷차림의 남성이 길바닥에 넘어져 기어가는 경찰을 향해 장대를 휘두르고 있었다. 남자의 등에는 파시즘 반대를 상징하는 로고가 그려져 있었고, 사진 한가운데에는 '땅에 떨어진 법치국가'라는 문구가 쓰여 있었다. 독일 북부에서 뭔가 심각한 일이 벌어지고 있다!

그런데 사실 그 사진의 배경은 슈타데가 아니라 아테네였고, 최근도 아니라 2009년에 찍힌 사진이었다. 검은 옷을 입은 남자의 등에 독일 파시즘을 반대하는 로고도 없었으며, 제만이 직접 합성한 것이었다. 그게 다가 아니었다. 법의 수호자여야 하는 이 경찰관은 사진 원작자 마일로스 비칸스키에게 허락도 받지 않고 원본을 사용했고 작가 이름을 표시하지도 않았다. 비칸스키는 사진들을 이미지 전문 사이트인 게티이미지Getty Images를 통해 유료로 제공하고 있었으나 제만은 다른 경로로 파일을 입수했다.

대안당 지역위원회는 "우리가 사용한 이미지는 익명의 사진가가 최근에 많은 합성을 거쳐 만든 작품으로 수년간 인터넷에 배포됐던 사진이다"라고 설명하며 지식재산권 침해 사실을 부정했다. 또한 허위 뉴스를 배포했다는 의혹에 대해서는 "좌익 언론이 주도하는 정치적 선동"이라고 주장하며 〈슈타데 타게블라트〉, 〈타게스차이퉁〉, 〈슈테른〉, NDR(북독일 방송국)을 비난했다.

제바스티안의 이발소

오스트리아 총리 제바스티안 쿠르츠는 내무부 통합비서관이던 시절, 무슬림이 사회에 더 잘 통합될 수 있도록 종교 간 대화 캠페인을 벌였다. 그는 이민자 중 성공한 운동선수와 예술가, 사업가를 '사회통합 대사'로 임명해 학교에서 강연을 하게 하며 이슬람이 오스트리아 사회의 일부라는 사실을 강조했다. 그는 이민자를 받아들이면 더 풍요로워질 수 있다는 의미의 구호 '통합은 주고받는 것이다'를 내세웠다. 이 캠페인은 2011년부터 2013년까지 계속됐다.

이후 쿠르츠는 외무부 장관이 됐다. 그리고 2017년 총선 기간에는 완전히 다른 목소리를 내기 시작했다. 그는 생각을 바꿨을 뿐 아니라 몇 가지 사실도 바꾸어버렸다.

오스트리아 빈대학교의 종교교육학자 에드난 아슬란은 쿠르츠 내무부의 지시로 국가 재정 지원을 받아 독일 내 이슬람 유치원에 대한 학술 연구를 하고 있었다. 그런데 선거 기간이 되자 쿠르츠는 이 연구가 사회 통합을 방해하는 사업이라며 당장 중지해야 한다고 주장했다. 그는 아슬란이 제출한 서류를 903곳이나 수정한 뒤 자신의 주장을 뒷받침하는 근거라며 언론에 공개했다. 서류는 철자와 구두점이 바뀌고 몇몇 문장 구조가 바뀌었을 뿐 아니라 중요한 주제의 문장까지 반대로 바뀌어 있었다. 원본에선 무슬림 부모가 중요하게 생각하는 가치가 '존중, 안정감, 자녀의 개성, 위생, 자녀의 만족감, 시간 엄수, 사랑, 따뜻함과 보호, 독립성, 규칙 이행의 투명성'으로 되어 있으나, 수정된 서류에는 '부모는 자신들의 자녀가 이슬람 가치들을 전수받는 것을 무엇보다 중요하게 생각한다'라고 쓰여 있었다. 또한 원본에는 자녀가 유치원에서 '자립심을 기르고 다른 이들을 존중하며 사랑이 많은 사람으로 자라길' 바란다고 되어 있었지만, 수정본에서는 자녀를 '주류 사회의 도덕적 영향을 받지 않길 원한다'라고 되어 있었다. 언론에 공개된 수정본을 접한 아슬란은 처음에 몹시 당혹스러운 반응을 보였다. 며칠 뒤 외무부와 대화를 나눈 그는 제출한 서류를 다시 수정하겠다고 발표했다.

SNS에서 '제바스티안의 이발소('가위질'을 뜻함–옮긴이)'에 대한 비아냥이 돌기도 했으나 선거에는 영향을 주지 못했고, 제바스티안 쿠르츠 내각은 2017년 10월 선거에서 승리했다. 2017년 말 쿠르츠의 국민당은 극우 정당인 자유당과 연정을 시작했다. 이 연립정부의 대변인으로 지명된 인물은 운첸주리어트 출판사와 미디어다양성협회의 공동대표이자 인터넷 언론사 운첸주리어트 대표인 알렉산더 회페를 이었다. 뉴스 포털 버즈피드Buzzfeed는 2013년부터 2017년까지 운첸주리어트를 통해 배포된 최다 클릭 수의 뉴스 10개 중 절반이 가짜 뉴스라고 밝혔다. 그 가짜 뉴스는 모두 난민과 이민자 문제에 관한 내용이었다.

정치에서의 풍자란

한때 선거 포스터의 후보들, 예컨대 정치인 프란츠 요제프 슈트라우스의 얼굴에 히틀러 수염을 그려 넣는 장난이 유행한 적이 있다. 요즘 사람들은 더 정교하고 독창적인 낙서 수단을 이용하기에 이를 알아채려면 조금 더 시간이 걸린다. 2017년 독일 국회의원 선거에서도 이런 장난을 볼 수 있었다.

자유민주당은 후보로 크리스티안 린드너를 내세웠는데 공약에 관한 홍보를 많이 하지 않았다. 이에 다른 정당들이 즉시 비판에 나섰다. 그리고 얼마 안 가 '#린드너의말lindnersprueche'이라는 해시태그를 단 다음과 같은 내용의 트윗이 주목을 받았다.

"얼굴이 잘생겼으니 다른 내용은 볼 것도 없지 않나?"

하지만 이 해시태그는 자유민주당이 아니라 녹색당이 만든 것으로 밝혀졌다. 자유민주당 대변인 닐스 드로스테는 이런 위선적인 행동을 '녹색당의 반칙'이라고 표현했다.

정당이 노동자 권리, 법치국가, 동물보호, 엘리트 등용, 풀뿌리 민주주의 같은 가치를 내세워 대안당 지지자들의 표를 얻는 건 몹시 어려운 일이다. 이런 상황에서 재미있는 정치를 표방하는 풍자당 Satirepartei(기성 정치에 불만을 느껴 창당된 정당으로 인종차별과 폭력에 반대한다-옮긴이)이 자신들의 상상력과 끈기를 증명해냈다.

독일에서 가장 많은 페이스북 팔로워를 보유한 정당은 대안당이다. 2016년 11월부터 풍자당은 31개의 지지 단체 안으로 침투하기 시작했다. 이들은 점차 단체 구성원의 신뢰를 얻었고, 마침내 단체의 리더 자리에 오르게 됐다. 2017년 9월 3일 일요일, 이들 단체의 이름이 갑자기 변경됐다. '고향 사랑'은 '후무스 사랑'으로, '가우란트 팬클럽'은 '보아텡 팬클럽'으로, '샤리아-독일에서 더 늘어날 것인가?'는 '샤키라-독일에 언제 또 올 것인가?'로 바뀐 것이다(후무스는 중동에서 즐겨 먹는 음식을 말하며, 가우란트는 대안당 정치인이고 보아텡은 대안당으로부터 인종차별을 당한 적이 있는 축구 선수, 샤리아는 이슬람 율법이고 샤키라는 콜롬비아 가수다-옮긴이).

약 18만 명의 대안당 지지자들은 단체명이 변경된 것을 알고 깜짝 놀랐다. 그런데 더 놀라운 것은 실제 회원수가 18만 명보다 훨씬 적다는 사실이었다. 풍자당은 대안당에 대해 "로봇이 회원처럼 활동하고 있다"라고 설명했는데, 이른바 봇Bot을 이용해 인터넷 단체를 운영해온 것이었다. 봇은 사람 대신 자동으로 짧은 문장이나 글을 복제해 SNS에 글을 쓰는 소프트웨어 프로그램으로, 이를 통해 같은 생각을 가진 사람이 엄청나게 많은 것 같은 분위기를 만들어낸다. 풍자는 건설적인 깨달음을 줄 수 있으며, '긍정적인 것은 어디에 있지?'(소설가 에리히 케스트너의 풍자시에 등장하는 문구-옮긴이)라는 유명한 질문에 대해 '지금, 여기'라는 답을 주기도 한다.

이번에는 지지자들이 아니라 익명의 기자가 최고 권력자를 비난했다. 2016년 12월 24일 헝가리 세케슈페헤르바르에서 발행된 신문 〈페예르 지역신문〉에는 헝가리 총리 빅토르 오르반의 인터뷰가 실렸다. 인터뷰에서 총리는 정부가 국민의 의견을 계속해서 수렴하기 때문에 헝가리가 아주 안정된 국가라고 자부하면서, 놀랍게도 "물론 전혀 쓸모없는 의견들이긴 해"라고 덧붙였다. 열악한 국민보건제도에 대해 묻자 오르반은 "간호사의 임금은 2017년과 2018년에 꾸준히 인상될 것"이라며 "솔직히 말하면 병원의 시체 수도 늘어날 것"이라고 덧붙였다.

편집장 실라 하이날과 IT 책임자 에르너 클레슈카가 체포돼 조사를 받았지만 당일 풀려났다. 그들이 삭제할 부분을 미처 반영하지 못한 걸까, 아니면 편집 시스템에 외부인이 침입한 걸까? 신문사 사장이자 과두 정치가인 뢰린츠 메자로스에겐 상관없었다. 그는 오르반 총리의 최측근이다.

죄더 어록

—

2017년 12월 16일 뉘른베르크에서 열린 기독사회당 전당대회에서 마르쿠스 죄더가 2018년 바이에른주 정부 선거 후보로 선출됐다. 언론은 야심 가득한 이 정치인에 대해 정보들을 쏟아냈고 비판도 아끼지 않았다. 그중에서 〈쥐트도이체차이퉁〉이 공개한 죄더의 거친 발언들이 흥미롭다.

"그는 트램에 무임승차하는 사람들의 신상정보를 인터넷에 공개하고 싶어 했고, 국회의 녹색당원들에게 약물검사를 받게 하려 했다. 또 '케빈이 너무 많으니 클라우스라는 이름을 많이 지어야 한다'라며 아이들이 적절한 이름을 가져야 한다고 주장했다."

사실 여부를 확인하지 않아도 적어도 두 개의 독립적인 출처를 제시하면 되는 것이 저널리즘의 관행이므로, 〈쥐트도이체차이퉁〉 편집부는 해당 내용을 검색해보고 2007년 〈슈테른〉과 2017년 3월 〈타게스차이퉁〉을 출처로 밝혔다.

다만 조금만 더 검색했더라면 그들은 〈타게스차이퉁〉의 온라인 아카이브에서 2004년 1월 6일에 슈테판 쿠즈마니가 쓴 기사 '죄더 어록'을 발견했을 것이며, 당시 기독사회당 당비서였던 그가 내뱉은 놀라운 발언을 더 많이 찾아낼 수 있었을 것이다. 이를테면 그는 "기독사회당은 터키에 EU 정회원 자격을 주는 것에 전혀 반대하지 않는다"라며, "다만 터키 인구의 3분의 2가 기독교로 개종하기로 결심한다면 그렇다"라고 덧붙였다. 과장된 표현을 통해 자신의 보수적인 생각을 분명히 표현한 마르쿠스 죄더 식 반어법이다(죄더는 그로부터 얼마 후인 2018년 3월 16일에 바이에른주 주지사로 선출됐다).

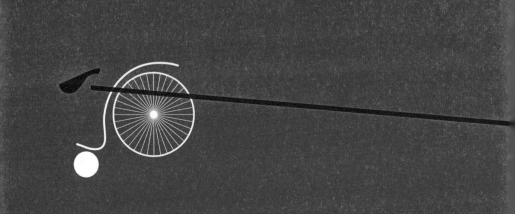

2장

네 번째 권력

기적과 불가사의한 현상들
—

오보는 신문이 생기기 전부터 있었다. 15세기 말부터 이미 전단과 인쇄물이 가짜 뉴스를 실어 날랐다. 사람들을 놀라게 한 사건 하나를 예로 들면, 1490년에 뉘른베르크 주민들이 받은 전단에는 콘스탄티노플(지금의 이스탄불―옮긴이)의 하늘에서 광선이 내려와 터키군 주둔지를 없애버렸다는 내용이 담겨 있었다. 전단에는 날개를 단 여성 형상이 그려져 있었다. 형상의 다리는 털 달린 사자의 다리였고, 허리에서 나온 두 개의 뱀 꼬리가 뒤쪽에 그려진 머리 셋 달린 기사의 발목을 휘감고 있었다. 그리고 사람처럼 눈과 코가 달린 반달, 왕관을 쓴 태양, 별이 장식되어 있었다.

불가사의한 사건은 1516년에도 일어났다. '로마에서 어미 말이 토끼를 낳았다'라고 쓰인 전단에는 암말의 다리 아래에 망아지가 아니라 토끼가 그려져 있었다. 1531년에는 오스트리아 잘츠부르크의 숲에서도 놀라운 일이 벌어졌다.

"잘츠부르크 주교의 일꾼들이 숲속에서 괴상한 동물을 사로잡았다. 늙고 털이 많은 동물은 수염 난 사람의 머리에, 네 개의 다리와 날카로운 발톱을 가지고 있었다. 일꾼들이 주교의 성에 가두었더니 그 동물은 아무것도 먹거나 마시려 하지 않았고 끔찍하게 병들어 죽었다."

이들 소식은 분명 사실보다는 허구를 더 많이 담고 있으며 동일한 메시지가 숨어 있다. 잘못 태어난 괴물의 존재는 확실하지 않지만, 앞의 이야기에선 특이한 기상 현상, 특히 남부 유럽에선 흔치 않은 북극 오로라 현상이 야영하던 군인들에게 두려움과 공포를 불러일으켰을 것이다. 오로라 목격담이 입소문을 타고 중부 유럽까지 가는 동안 여러 버전으로 바뀌었고, 마침내 화가들에 이르러 상상력을 가득 품은 이미지가 됐을 것이다.

1490년 전단의 글에는 제목이 없었다. 그러다가 16세기부터 초기 인쇄업자들이 현대 신문의 전형적인 형식을 채택하면서 전단의 형태도 바뀌었다. 두꺼운 헤드라인과 커다란 이미지가 인쇄 면의 윗부분을 장식하고 본문은 그 아래에 자리했다. 1547년에는 목판을 이용해 가로 형태로 인쇄한 '실제로 일어난 기적적인 사건'이라는 전단이 등장했다. 인쇄 면을 가득 채운 본문은 오스트리아 케른텐에 내린 곡물 비에 관한 뉴스였다.

16세기에는 이런 기괴한 자연현상에 관한 묘사들이 책으로 만들어졌다. 그중 하나가 1552년에 아우크스부르크에서 인쇄된《징조의 책Wunderzeichenbuch》이다. 삽화와 글로 이루어진 이 책은 구약성경의 계시로 시작해 현재의 징후들, 예컨대 혜성과 또 다른 태양, 일식과 월식, 기상 이변, 지진, 괴생명체, 재앙과 종말을 예견하는 여러 가지 사건의 이야기로 끝이 난다. 이런 내용이 거짓 소문일 뿐인지 또는 어디까지 믿을 수 있는 내용인지는 알 수 없다. 린다우 근처 마을에서 발견된 몸통이 두 개 달린 비둘기에 대한 객관적이고 구체적인 뉴스를 읽어보면 아무래도 허위 보도는 아닌 것 같다.

"1550년에 린덴 지역의 리켄스호펜이라는 마을에 그림과 같이 다리 네 개와 몸통 두 개가 달린 비둘기가 발견됐다."

이런 내용이 아우크스부르크에서 인쇄된 것은 우연이 아니다. 이 도시는 이미 근대 초기부터 유럽은 물론 바다 건너에 있는 나라에까지 영역을 확장하고 물자를 교환했다. 교역을 위해서는 다른 나라의 경제, 정치, 군사적 상황에 대한 지식이 필수적이었다. 그래서 통신원들이 필수적인 정보를 각 나라에 전달했고, 그와 함께 사람들의 흥미를 끌 만한 소프트뉴스(오락적인 내용의 뉴스-옮긴이)도 실어 날랐다.

《징조의 책》은 르네상스 이후 신과 세계에 대한 새로운 관점을 제공해주었다. 중세에는 지상의 모든 존재가 숨겨진 기독교적 진실을 드러내기 위해 존재한다고 여겨졌지만, 점차 실제로 만지고 느낄 수 있으며 경험되는 현실 자체가 중요성을 가지게 됐다. 물건을 사고팔며 자본을 교환하고, 멀리 떨어진 나라의 시장에 진출하기 위해서는 당장의 현실을 알고 있어야 했다. 즉 지금 생겨난 새로운 이야기, 다른 지역의 상황에 대한 '뉴스'가 필요했다. 합리적으로 행동해야 하는 상인들에게 최신 소식이 필요한 것은 당연한 일이다.

한편 자본을 중시하는 새로운 분위기 가운데서 여전히 중세적 가치관을 지니고 종교심이 깊은 사람들은 점점 세속적으로 변해가는 사회에 신이 분노하고 있다는 징조를 찾아내고 싶어 했다. 《징조의 책》이 들려주는 얘기들 말이다. 그래서 신비로운 사건에는 항상 다음 문장처럼 논리적이지 않고 자의적인, 종교적인 동기가 담긴 해석이 따라다녔다.

"1351년 12월의 어느 날 밤 자정 무렵, 하늘에 혜성이 보이고 강한 바람이 불었다. 그리고 불타는 나무 기둥이 하늘에서 떨어졌다. 그것은 교황과 황제의 깊은 불화를 나타내는 징조다."

그렇다면 정상적인 상식의 잣대를 들이대고 이렇게 편향된 추론과 생각들을 무조건 잘못됐다고 말할 수 있을까? 분명한 것은 당시 사람들도 전단과 소책자, 아우크스부르크의 《징조의 책》 같은 예언서에 담긴 많은 소식을 도무지 믿을 수 없는 사실로 간주했다는 점이다. 다만 당시 사람들이 소문을 대하던 마음가짐과 오늘날 우리가 가짜 뉴스를 대하는 마음가짐은 같지 않다.

기자에서 작가로 변신한 벤 헥트

'지진이 시카고를 산산조각 냈다.' 〈시카고 데일리뉴스〉는 이와 같은 헤드라인을 걸고 미시간호 옆 링컨파크에 생긴 지반 균열 사진을 네 개의 지면에 가득 채웠다. 진동 때문에 찬장의 접시가 덜거덕거리다가 바닥으로 쏟아져 내렸다는 지역 주민의 목격담도 싣고 있었다.

〈데일리뉴스〉가 거대한 호수에 접한 이 대도시에서 독점으로 뉴스를 발표해 여러 쇄를 찍어내는 동안, 경쟁 언론사는 눈을 의심하며 왜 이 정도의 사건을 알아채지 못했는지 자문하고 있었다. 그들은 그럴 수가 없었다. 거짓 보도였기 때문이다. 기자 벤 헥트와 사진기자가 두 시간 동안 땅을 파 깊은 도랑을 만든 다음 사진을 찍은 것이었다.

벤 헥트는 1910년에 열여섯 살의 나이로 〈시카고 데일리저널〉 편집부에 들어갔고 스무 살에 〈시카고 데일리뉴스〉로 옮겼다. 특별한 사건이 발생하지 않아 기삿거리가 없으면 스스로 기사를 지어냈다. 1925년까지는 그렇게 해도 문제가 없었다. 그러다 마침내 문제가 터졌다. 헥트는 루마니아 공주가 왕실이 정해준 남자와 결혼하지 않으려고 애인과 함께 미국으로 도망쳤다는 기사를 썼다. 그녀는 현재 그리스 식당에서 점원으로 일하고 있다며, 행복하게 웃고 있는 아름다운 여성의 사진을 함께 실었다.

그런데 사진기자가 거리에서 촬영한 여성은 완전히 다른 사람이었다. 훗날 벤 헥트는 신문사 사장 이스트먼이 신문 한 부를 들고 편집부로 들어와 고함을 쳤던 일을 자서전에 자세히 썼다.

"대체 누가 이 망할 매춘부 얼굴을 1면에 실었어? 이건 글로리아

스탠리라고! 이곳 시카고에서 술집에 드나드는 멍청이는 다 그녀를 알고 있단 말이야!"

이스트먼 역시 그 멍청이들 중 한 명이었고, 벤 헥트는 그날로 해고됐다.

이후 그는 〈시카고 리터러리 타임스〉에서 잠시 일한 뒤, 상상력을 동원한 글을 쓰기 시작했다. 단편과 장편소설, 뮤지컬 각본을 썼는데 여러 차례 영화로도 제작된 희곡 〈특종 기사〉로 브로드웨이에서 성공한 뒤에는 할리우드로 진출했다. 그곳에서 지금은 고전이 된 〈몽키 비즈니스〉를 비롯하여 〈역마차〉, 〈오명〉, 〈로프〉, 〈바운티호의 반란〉 등을 썼다. 그는 다른 작가의 시나리오를 탁월하게 각색하는 재능도 있었다. 그가 각색한 작품 중에 〈바람과 함께 사라지다〉가 있다. 그는 메릴린 먼로의 자서전《마이 스토리My Story》도 대필했다. 또한 자신의 인생에 관해《시카고에서 보낸 1001번의 오후A Thousand and One Afternoons in Chicago》라는 책을 펴냈는데, 내용이 전부 사실인지는 모르겠다.

아, 4월이구나!

———

언론은 국가의 네 번째 권력이다. 언론은 정치·경제·사회를 냉철하고 비판적인 관점으로, 거리를 두면서도 자세히 관찰하며 민주적인 사회를 유지하는 데 필수적인 정보를 공유한다. 이것이 너무 심각하고 진지해지지 않기 위해서는 아이러니라는 양념이 필요하다. 그래서인지 수십 년 전부터 4월 1일에는 지면과 방송에 만우절 농담을 끼워 넣곤 했다. 예를 들면 1976년에 영국 방송사 BBC는 천문학자 패트릭 무어를 라디오에 출연시켜 정확히 9시 47분에 명왕성이 목성 뒤에 서게 돼 지구 중력이 약해질 것이라고 발표하게 했다. 중력이 약해지면 몸이 가벼워지므로 그때 점프하면 공중에 뜰 수 있으리라고 말이다. 100명이 넘는 청취자가 방송이 나온 뒤 방송사에 전화를 걸어 점프 실험에 성공했다고 알리기도 했다. 이럴 때 우리는 달력을 봐야 한다. 그날은 4월 1일이었다.

2015년에는 독일 의사들이 과학 잡지 〈빌트 데어 비센샤프트〉에 과도한 휴대폰 사용을 걱정하는 글을 썼다. 통화할 때 팔을 구부려야 하므로 향후 인류의 팔 길이가 짧아질 거라는 내용이었다. 물론 잡지가 4월호에 한해 허용한 장난 기사였다. 실제로 휴대폰 중독이 일상생활에 미치는 심각한 영향에 대한 우려의 분위기가 있었기 때문에 큰 재미를 선사한 장난이었다.

　만우절 장난이나 가짜 뉴스는 다른 건조한 뉴스들보다 더 쉽게 기억에 침투할 수 있다. 1995년 4월 1일에 〈쥐트도이체차이퉁〉은 '패티를 위한 파렴치한 범죄'라는 기사를 내보냈다. 유전자 조작이 된 터보피그(성장 속도가 빨라서 넉 달이면 도축 가능한 돼지 품종-옮긴이)의 갈빗대 수를 늘려서 키운다는 내용이었다. 기사가 너무 충격적이어서 이

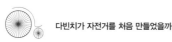

를 취재하기 위해 수많은 언론사가 농장으로 달려가기도 했다. 〈쥐 트도이체차이퉁〉은 심각한 가짜 뉴스를 너무 많이 내보내는 바람에 결국 만우절 기사의 재미를 망치고 말았다. 그래서 편집부는 가짜 뉴스에 가짜라는 사실을 표시하기로 결정을 내렸다.

가짜 뉴스가 일상이 되어버리자 재치와 해학이라는 무기는 날이 무뎌졌다. 2014년에 풍자 잡지 〈티타닉〉은 자사 홈페이지에 "독일 언론의 많은 만우절 농담은 너무 웃겨서 매년 다시 등장하곤 한다"라고 쓰고는, 그 한 가지 예라며 다음 농담을 소개했다. "175년마다 돌아오는 4월 1일은 금요일이다. 13일의 금요일." 이들은 또 1년 내내 만우절처럼 가짜 뉴스를 내보내면 어떻겠냐고 제안하면서 "정말 재미있었던 만우절 뉴스는 4월 1일이 아니라 5월 6일, 8월 27일, 그리고 10월 19일에 등장했다"라고 썼다.

조작, 왜곡, 날조, 속임수

진실과 허구, 사실과 의견, 정보와 가십의 경계선을 분명히 그을 수 없다는 점, 그리고 고의적이든 아니든 언론이 그 경계선을 더욱 흐리게 한다는 사실이 문제다. 1960년대에 미국에서 시작된 뉴저널리즘은 문학적 서사 이론에 기반을 두고 있다. 특히 프라하 출신 언론 작가 에곤 에르빈 키슈가 개척한 생생한 르포르타주 문학은 혼합 체계를 정착시켰다. 혼합 체계란 진실을 확실하고 자세히 조사하되, 이야기는 매혹적이고 몰입되도록 쓰는 것을 말한다. 객관적인 사실을 바탕으로 잘 팔릴 만한 이야기를 만들면 대중에게 더 잘 전달할 수 있기 때문이다.

저널리즘과 문학 사이의 경계가 불분명해지자 시간이 갈수록 점차 대중적인 주제와 기사가 매체에 녹아들었고, 진지한 논평과 가벼운 가십의 구분도 점차 사라지게 됐다. 하네스 하스와 지안-루카 왈리슈는 1991년에 제출한 논문 〈문학적 저널리즘 또는 보도 문학?〉에서 이런 과정을 "보도 대신 이야기, 분석 대신 짐작, 사건 대신 사람, 형식 대신 문체"라고 소개했다. 감성이 중요해졌고 사실과 허구의 경계가 무너지는 일은 중요하지 않게 됐다. 하지만 그다음에 벌어지는 일이 문제다.

스위스 출신 기자 톰 쿠머는 1996년부터 2000년까지 〈슈피겔〉, 〈차이트〉, 〈슈테른〉, 〈타게스안차이거〉 같은 독일어권 신문과 잡지의 미국 특파원으로 일했다. 특히 〈쥐트도이체차이퉁〉에서 발행하는 잡지 〈쥐트도이체차이퉁 매거진〉에서 일할 때는 취재를 위해 수많은 할리우드 스타를 인터뷰했다. 예를 들면 찰스 브론슨, 조니 뎁, 데미 무어, 브래드 피트, 샤론 스톤 같은 배우를 비롯하여 가수 코트니 러브, 전 권투 선수 마이크 타이슨, 그리고 재계 사모님(이자 현 미국 대통령의 딸) 이방카 트럼프를 인터뷰한 기사를 실었다. 이방카에게는 앤

디 위홀의 문장을 인용하기도 했다. 그런데 2000년 5월에 잡지 〈포커스〉가 그의 가짜 인터뷰를 폭로했고, 톰 쿠머는 자신이 일하는 방식을 '경계선 저널리즘Borderline Journalism'과 '개념 예술'이라고 표현하며 정당화했다. 자신이 저널리즘과 문학을 합쳐서 일반적인 현실 이해에 의문을 제기하고 자기 생각과 인용 몽타주를 통해 더 깊은 진실을 발견해온 것이라고 말이다. 이를 위해 그는 스타의 발언들, 예컨대 "사람들은 바다 소금으로 마사지하는 시간을 더 많이 가져야 한다"(데미 무어로 추정)라거나 "나는 가슴으로 장난을 친다. 자랑하려는 게 아니라 역겨움을 표현하기 위해서"(코트니 러브로 추정)를 지어냈다.

가짜 인터뷰를 이용해 돈을 벌고 편집자에게 기삿거리를 넘겨주던 쿠머는 그 뒤 몇 년간 자취를 감추었다. 〈쥐트도이체차이퉁 매거진〉의 최고 편집자 울프 포샤르트와 크리스티안 캐멀링은 인터뷰가 가짜임을 알고도 묵인했다는 책임을 지고 자리에서 물러났다. 캐멀링은 과장광고로 유명한 광고회사에 들어갔고, 포샤르트는 언론을 떠나지 않고 몇몇 신문사를 거쳐 2016년에 슈프링어 그룹 신문 〈벨트〉의 편집국장이 됐다.

톰 쿠머는 2005년에 다시 활동을 시작했다. 〈베를리너차이퉁〉에 두 개의 오래된 기사를 짜깁기해서 낸 보도가 금방 발각됐고, 4년 뒤인 2009년에 스위스 잡지 〈보켄차이퉁〉에 '영토 없는 국가'라는 제목으로 쓴 미국 슈퍼볼에 관한 기사가 데이터 조작 논란을 일으켰다. 다시 4년 후에 그는 스위스 주간지 〈벨트보케〉, 〈르포타젠〉과 계약을 맺었다. 하지만 2016년에 계속해서 표절 의혹이 쏟아졌다. 〈노이에 취르허 차이퉁〉은 그가 〈슈피겔〉과 〈쥐트도이체차이퉁〉, 〈차이트〉 등의 기사를 베꼈다고 보도했다.

그 뒤로 쿠머는 저널리즘을 포기하고 작가로 데뷔했다. 그리고 다시 붙잡혔다. 2017년에 출간된 그의 소설 《니나와 톰Nina & Tom》이 캐시 애커의 《이판사판 고등학교Blood and Guts in High School》, 프레데리크 베그베데의 《9,990원》, 리처드 포드의 《록스프링스Rock Springs》에 담긴 문장들을 표절했기 때문이다. 이 사실을 발견해 보도한 〈쥐트도이체차이퉁〉 기자 토비아스 크니베는 베낀 부분을 빼면 부분적으로 창의력이 돋보이는 책이라며 칭찬(?)을 남겼다.

"제 상황을 아시지 않습니까."

미국의 영화배우이자 두 아이를 입양한 톰 크루즈가 잡지 〈분테〉의 인터뷰 담당자 귄터 스탐프에게 한 말이다. 이 말은 편집장 프란츠 요제프 바그너의 허락 아래 "나는 아이를 낳을 수 없다. 의학적으로 말하면 무정자증이다"로 바뀌었다.

이 기사에 대해 톰 크루즈는 6,000만 달러의 손해배상 소송을 제기했다. 그는 나중에 너그럽게 소송을 취하했으나 스탐프는 해고됐다. 바그너는 계속 일하며 타블로이드 신문 〈B.Z.〉와 〈빌트〉, 주간지 〈빌트 암 존탁〉으로 옮겼다. 모두 슈프링어 그룹이다.

제이슨 블레어는 〈뉴욕타임스〉의 스타 기자였다. 그는 2002년에 워싱턴을 공포에 떨게 했던 무차별 연쇄 저격 사건을 보도하고, 2003년 4월에는 이라크 전쟁에서 부상당하고 외상을 입은 병사들이 있는 베데스다 해군병원(메릴랜드)을 방문한 생생한 르포 기사를 작성해 주목을 받았다. 얼마 후 그의 기사 전부 또는 일부가 날조된 것이라는 사실이 밝혀졌고, 그의 기자 인생은 끝이 났다.

다른 일간지 기사를 베끼는 것부터 전혀 존재하지 않았던 일을 지어내는 것까지 다양했던 그의 조작 인생은 2001년 가을에 시작됐다. 뉴욕 세계무역센터가 테러로 붕괴된 후 매디슨 스퀘어 가든에서 열린 자선 콘서트를 방문 취재해야 했는데, 집에서 편안히 TV 뉴스를 보며 상상력을 동원해 보도 기사를 지어낸 것이다. 그것은 곧 습관이 됐다. 블레어는 현장을 취재하는 척하면서 집에 앉아 전화로 인터뷰를 하거나 이야기를 지어냈다.

처음에는 죄책감을 느꼈으나, 어쨌든 2년간 계속 그렇게 일했고 심지어 승진도 했다. 게다가 그처럼 기사를 쓰는 기자가 그뿐인 것도 아니었다. 공신력 있는 매체로 꼽히는 〈뉴욕타임스〉임에도 현장에 가는 대신 집이나 사무실에서 전화를 걸어 취재하고, 목격한 것이 아니라 들은 것을 쓰는 기자가 몇 있었다. 높은 기대감 때문에 기자들은 항상 좋은 기사를 써야 한다는 압박을 받았다. 그래서 코카인을 흡입하고 상습적으로 기사를 조작했다.

제이슨 블레어는 기사를 쓸 때 일부는 지어내고 일부는 다른 기사를 베꼈다. 게재된 기사를 논평하고 재구성하는 일은 저널리즘에서 일반적이고 자연스러운 관행이다. 다만 말테 레밍처럼 너무 적나라하게만 하지 않으면 된다.

2003년, 블레어의 허위 기사가 밝혀지고 몇 주가 지나지 않은 시점에 레밍은 하필 〈뉴욕타임스〉에 실린 기사를 베꼈다. 2003년 6월 22일 자 〈뉴욕타임스〉 '패션 & 스타일' 섹션에 워런 세인트 존이 쓴 칼럼 '메트로섹슈얼이 온다'가 실렸다. 베를린 〈타게스슈피겔〉의 워싱턴 특파원이던 레밍은 이를 재구성해 재빨리 기사를 썼고, 6월 26일 자에 '맙소사!'라는 제목으로 실렸다. 이 기사는 이틀 뒤 경쟁 일간지 〈타게스차이퉁〉을 통해 표절 사실이 공개됐다.

"〈타게스슈피겔〉에 실린 실질적인 주장, 부연하는 세부 설명, 개인 인터뷰는 모두 나흘 전 〈뉴욕타임스〉에 실린 세인트 존의 기사에서 베낀 것이다. 레밍이 한 일이라고는 중간중간 요약하면서 원래 기사를 독일어로 번역한 것뿐이다."

1980년 9월 28일 〈워싱턴포스트〉 1면에 여덟 살짜리 마약 중독 소년 지미에 대한 충격적이고 잘 정리된 기사가 실렸다. 이 기사를 쓴 재닛 쿡은 이듬해 퓰리처상을 받았고, 대중의 관심이 쏟아지자 정치적으로도 이슈가 됐다. 이에 매리언 배리 시장은 기자회견에서 시 당국이 헤로인에 중독된 이 소년을 알고 있으며 관리하고 있다고 말했다. 그리고 얼마 지나지 않아 시 정부는 매우 유감스러워하며 소년의 죽음을 알렸다.

하지만 실제로는 경찰과 사회복지부가 3주 동안 도시를 뒤졌으나 소년을 찾지 못했다. 당연한 일이다. 재닛 쿡이 지어낸 이야기이기 때문이다. 헤로인에 중독된 여덟 살짜리 흑인 소년 지미는 애초부터 존재하지 않았고, 워싱턴에 마약이 통용되는 상황을 지적하고자 만들어낸 가상의 인물이었다. 이는 실태를 잘 전달하기 위해서라면 상상력을 동원해도 괜찮다는 잘못된 신념이 만들어낸 결과였다.

재닛 쿡은 이 신념을 지미의 기사에만 적용한 것이 아니었다. 입사가 어렵다는 〈워싱턴포스트〉에 지원하는 과정에서 자신의 프로필을 부풀리거나 허위로 기재했다는 사실도 드러났다. 그녀는 오하이오주 톨레도대학교를 정식으로 졸업하지 못했고, 지역신문인 〈톨레도 블레이드〉에서 기자상을 받은 적이 없었으며, 파리의 소르본대학교에 다닌 적도 없고, 4개국어를 구사하지도 못했다.

프랑스 언론인 알렉시스 데바트는 2007년에 유력 매거진 〈폴리티크 앵테르나시오날〉에 게재한 두 개의 인터뷰를 허위로 작성한 혐의로 고소당했다. 당시 미국 대통령 후보였던 버락 오바마, 미 연방준비은행 의장 앨런 그린스펀과의 인터뷰였다. 인터뷰를 계기로 잡지가 유명해지자 빌 클린턴과 전 미국 국무부 장관 콜린 파월, 마이크로소프트 창업자 빌 게이츠, 그리고 전 UN 사무총장 코피 아난 등이 인터뷰를 날조한 기자를 공개적으로 비판했다. 데바트는 두 유명인의 인터뷰

답변을 이들의 공개 연설에서 따왔으며, 해당 매거진의 편집장 패트릭 와이즈맨이 허락한 일이었다고 해명했다.

데바트의 시련은 그것으로 끝나지 않았다. 그가 테러와 안보 전문가로 인정받으며 미국 ABC 방송에 출연해서 했던 발언과 잡지 〈내셔널 인터레스트〉에 썼던 기사도 진위 의혹을 받게 됐기 때문이다. 예를 들면 그가 이란의 수니파 지하조직에 대해 쓴 기사와 이란을 사흘간 재빨리 침공하려던 미 국방성의 계획에 대해 제공한 정보들은 진실 여부가 확인되지 않았다. 또한 그가 프랑스 국방성 장관의 자문위원으로 활동했다는 것과 이슬람 금융법에 관한 문제를 두고 독일은행과 일본무역협회에 자문을 제공했다는 내용 역시 근거가 확인되지 않았다. 그가 지금도 어디서 누구에게 자문을 제공하고 있는지는 확인되지 않는다. 다만, 2007년 9월 이후로 언론 활동을 멈춘 것만은 분명하다.

대부분의 조작, 왜곡, 날조, 속임수는 전혀 드러나지 않거나 뒤늦게 발견된다. 더는 해로운 영향을 끼치지 못하는 경우에는 너그럽게 용서받기도 한다. 전 독일 총리 게르하르트 슈뢰더 내각에서 문화부 장관을 지낸 언론 출판인 출신 미하엘 나우만은 1978년부터 1983년까지 〈차이트〉에 글을 쓰며 특별 주제 섹션인 '사건기록'의 책임자로 일했다. 2017년에 출간된 그의 자서전《운 좋은 인생Glück gehabt. Ein Leben》에서 그는 〈차이트〉의 다른 부서에서 이런저런 상황을 목격했다고 썼다.

"〈차이트〉 잡지 보도는 대개 자료실을 뒤지다가 막판에 완성"됐고, 취재기자는 "비자도 비행기 티켓도 없이, 뻔뻔함과 잘 팔릴 만한 가제목을 손에 쥐고 아프가니스탄, 중국, 일본 등의 국가를 골라서 다녀왔다."

미하엘 나우만은 이를 '언론의 수치'라고 표현했다. 그는 그런 기사 작성법이 〈슈피겔〉에서도 행해졌다고 썼다.

"당시에는 현장 취재 대신 언론사가 소유한 방대한 기록 자료를 저자를 밝히지 않고 기사로 내보내는, 이른바 '재구성' 방식이 흔한 일이었다."

이 말에는 반쯤 용서할 수 있지 않냐는 암시가 숨어 있다.

용서받을 만하게 보이는 경우는 진실과 허구가 섞여 있을 때, 특히 위대한 인물의 이야기일 때다. 이를테면 19세기 말 독일의 가장 중요한 사실주의 소설가로 꼽히는 테오도어 폰타네는 작가로 활동하기 전 10여 년간 기자로 일했다. 19세기 중반에 독일 신문사들은 외국으로 특파원을 더 많이 보내라는 압박을 받았다. 취재 대행사의 보고에 의존하지 않을 수 있고 다른 신문사보다 경쟁력을 키울 수 있기 때문이다. 폰타네는 프로이센의 런던 대사관 출입 기자로서 〈크로이츠차이퉁〉에 현지 상황을 보고했다. 그런데 사실 그는 자기 집에 머물면서 런던에서 발행된 신문을 읽고 계속 현지 소식을 보고했다. 런던 체류 비용이 너무 비쌌기 때문이다. 미국의 독문학자 페트라 맥길렌이 박사 논문에 쓴 바에 따르면 폰타네는 현지에서 발행된 신문 내용을 분석한 뒤 세부 내용을 지어냈다고 한다. 예컨대 1861년에 런던 툴리스트리트에서 발생한 엄청난 화재를 보도하기 위해 그는 영국 경찰을 잘 아는 친구를 고안해내고, 그를 통해 일반인이 들어갈 수 없는 화재 현장을 직접 취재했다고 쓰면서 자신의 보도에 신뢰감을 주는 드라마틱한 요소를 추가했다.

폰타네는 양심의 가책을 느끼지 않았던 것으로 보인다. 오히려 일어난 사실에 감각적인 상상을 더해 생동감을 입히는 일을 자신의 임무로 봤다. 소설가로서 테오도어 폰타네는 가짜 통신원 활동을 통해 가상의 사건을 고안하고, 만들어낸 사물과 인물을 현실적으로 묘사하며, 소설 속 인물의 관점에서 다양한 입장과 가치관을 받아들이는 법을 배웠을 것이다. 그에게 중요한 것은 진실이 아니었다. 그의 소설《예니 트라이벨 부인Frau Jenny Treibel》에 나오듯 "중요한 것은 숨겨진 인간성"이었다.

진정한 허풍선이
—

카를 마이는 19세기의 뮌히하우젠이라고 할 수 있었다. 뮌히하우젠 남작은 18세기의 실존 인물로 허풍쟁이 귀족으로 알려져 있으며, 그의 모험담을 토대로 루돌프 에리히 라스페와 고트프리드 아우구스트 뷔르거가 《허풍선이 남작 뮌히하우젠》을 썼다. 여행 작가인 카를 마이 역시 무용담을 많이 지어냈던 것으로 보이는데, 그는 자신의 모험담은 실제 경험한 것이며 자신이 쓴 소설의 주인공 올드 섀터핸드와 카라 벤 넴지가 자기 자신이라고 주장했다.

축구 관계자 미하엘 마이어는 카를 마이를 자신의 롤모델로 삼았다. 이야기 작가로 데뷔한 것이 아니라, 독일 분데스리가 축구클럽 보루시아 도르트문트의 구단 경영진으로서 말이다. 그는 1990년대 초부터 보루시아에 대해 '가장 아름다운 허구 이야기'를 쓰는 사람에게 카를 마이 상을 수여했다. 1992년에는 도르트문트 지역신문 기자가 상을 받았다. 그는 '베스트팔렌 스타디움에서 벌어질 형제의 전쟁'이라는 제목으로 보루시아 홈구장에서 벌어질 바이에른 뮌헨 팀과의 경기에 대해 썼다. 형제인 크누트 라인하르트(도르트문트)와 알로이스 라인하르트(뮌헨)의 대결 구도에 관한 기사였다. 그는 기사에 현실감을 더하기 위해 형제의 어머니 인터뷰까지 실었다. 물론 두 명의 라인하르트는 형제가 아니었고, 어머니 인터뷰도 가짜였다.

수상자들은 상품으로 인디언 텐트나 카를 마이의 작품을 받았다. 1994년 수상자는 타블로이드지 기자로 보루시아 도르트문트 감독이 교체된다는 가짜 기사를 실감 나게 썼다. 1996년에는 〈빌트 암 존탁〉 기자에게, 2001년에는 〈베스트펠셰 룬트샤우〉 편집자에게 카를 마이의 소설 《독수리 아래서 Unter Geiern》가 수여됐다. 두 지면 모두 도르트문트 클럽이 수천만 유로 수준의 심각한 재정난에 처했다고 보도했기 때문이다.

2003년에는 비슷한 기사로 스포츠 잡지 〈키커〉가 상을 받을 뻔했다. 그런데 대신 마이어가 경영자 자리에서 물러날 위기에 처했다. 실제로 심각했던 구단의 재정 상황을 공개하지 않고 대중을 계속 속였기 때문인데, 결국 2005년에 사임하게 됐다. 그 자신이 카를 마이상 후보였던 셈이다.

빠른 것보다 안전이 우선이다
—

'빠른 것보다 안전이 우선'이라는 말을 들어본 적이 있을 것이다. 분초를 다투는 최신 뉴스 경쟁에서도 언론은 반드시 검토 단계를 거쳐야 한다.

2013년 4월 15일 보스턴 마라톤 대회 도중 테러가 발생했을 때, 사상자가 시시각각 증가했지만 전부 틀린 정보였다. 일간지 〈보스턴 글로브〉가 발표한 사망자 수는 46명이었다가 100명까지 증가했고, 다시 64명으로 감소하더니 마지막으로 130명이 됐다. 그러나 실제 사망자는 3명이었고 260명이 부상당했다.

4개월 전인 2012년 12월 12일에는 미국 코네티컷주의 소도시 뉴타운에 있는 샌디훅 초등학교에서 정신질환자가 총기를 난사해 20

명의 어린이와 7명의 성인이 목숨을 잃었다. 한 미국 방송사는 라이언 란자라는 범인의 이름을 확보하자마자 이를 방송에 내보냈고, 곧이어 그의 사진이 방송에 송출됐다. 그 시각 라이언 란자는 사무실에 앉아 TV로 자신이 저질렀다고 하는 뉴스를 보고 있었다. 진짜 범인은 그의 동생 아담 란자였다.

독일 매체도 비슷한 일을 저질렀다. 2016년 독일 베를린 브라이트샤이트플라츠에서 열린 크리스마스 마켓에 테러가 벌어진 직후 한 파키스탄 남성이 체포됐다. 빠르게 대응했다는 평가를 받기 위해 경찰은 그를 범인으로 낙인찍었고, 언론은 자세히 조사하는 대신 경찰 발표를 일제히 기사로 내보냈다. 그러나 나중에 그 남성은 범인이 아닌 것으로 확인됐다.

2017년 1월 17일에 〈슈피겔 온라인〉, 공영방송 ARD의 뉴스 프로그램 〈타게스샤우〉를 비롯한 여러 매체는 연방 헌법재판소가 극우파 정당인 국가민주당에 정당 활동 금지 판결을 내렸다고 보도했다. 당시 독일 헌법재판소장 안드레아스 포스쿨레는 판결문의 첫 문장만 읽은 상태였다.

"독일 국가민주당은 (…) 헌법에 위배되며 (…) 금지된다."

이 문장이 결론처럼 들렸기 때문에 정보채널 피닉스Phoenix는 안심하고 판결을 전달했다. 왜냐하면 판결문의 이어지는 문장이 '민주주의에 대한 심각한 타격'이었기 때문이다. 그러나 포스쿨레는 단지 정당 금지 신청서의 문장을 읽은 것뿐이었다. 그리고 이 신청은 기각됐다. 국가민주당이 민주주의를 위협하기에는 너무 빈약한 정당이었기 때문이다.

시간의 압박, 충분하지 않은 준비 그리고 자료(여기서는 사법부나 법원의 진행 방식, 평결 관행)에 대한 부족한 정보가 오보를 일으킨다. 부족한 외국어 능력도 비슷한 결과를 야기할 수 있다. 2017년 1월 29일에 여러 매체가 〈빌트〉의 인터뷰에 의문을 제기했다. 〈빌트〉는 도널드 트럼프가 NATO(북대서양조약기구)를 'obsolete(쓸모없게 된, 시대에 뒤진)'라고 표현한 것을 듣고 미국 대통령이 해당 군사조약기구를 '불필요한' 존재로 여긴다고 보도했다. 잘못된 해석이었다. 이 맥락에서 영어 단어 'obsolete'는 '시대에 뒤떨어짐'을 의미했다. 사전을 한 번만 참고했더라면 뉘앙스를 제대로 포착할 수 있었겠지만, 귀중한 몇 분을 그런 데 쓰긴 어려웠을 것이다.

귀중한 시간을 아끼고 경쟁에서 이기려면 미리 작성된 기사가 필요하다. 가끔 독자들은 아직 일어나지 않은 사건의 보도를 접하기도 한다. 사건이 일어나기도 전에 기사가 실수로 노출될 때가 종종 있어서다. 교양인의 주간지로 일컬어지는 〈차이트〉에서도 이런 일이 벌어졌다. 독자들은 2017년 1월 11일에 상연될 개관 기념 음악회의 비평 기사를 음악회가 시작되기도 전에 온라인 페이지에서 읽어볼 수 있었다.

단독 보도의 추락

—

대중매체는 사람들을 끌어모은다. 특히 사회에 영향력을 끼치기를 원하는 사람들, 그리고 야심과 허영심이 현실 감각보다 큰 사람들이 매체에 매혹된다. 기자가 대단한 이야기를 지어내면, 사람들이 이 이야기를 실어 나른다. 정치인이나 전문가뿐 아니라 한 번쯤은 사회의 중심이 되고 싶어 하는 일반인들이 뉴스를 퍼 나른다.

공신력 없는 매체가 전하는 자극적인 뉴스를 진지하게 들을 필요는 없지만, 그렇다고 그런 뉴스에 진실이 전혀 없는 것은 아니다. 2015년 3월 28일에 〈빌트〉 두 면을 가득 채운 마리아의 인터뷰에 진실이 없다는 근거가 어디 있는가. 직업이 승무원인 그녀는 나흘 전에 프랑스 알프스에 추락한 저먼윙스 항공기 부기장 안드레아스 루비츠의 전 여자 친구였다. '살인 조종사 여자 친구가 들려주는 이야기'가 1면 헤드라인이었고, 그 아래에 두꺼운 글씨로 다음과 같은 문장이 배치됐다.

"그는 조만간 모두가 자신의 이름을 알게 될 거라고 말했어요. (…) 밤마다 그는 비행기가 추락하는 꿈을 꿨어요. (…) 그는 자신이 기장이 되지 못한 것에 분노했어요."

인터뷰 기사 안쪽에 굵은 글씨가 또 있었다.

"안드레아스는 대화를 하다가 갑자기 자제력을 잃곤 했어요."

다른 매체와 경쟁할 때는 가능한 한 자극적인 이야기를 쓰는 것이 좋다. 더 선정적일수록, 더 '듣보잡'일수록(이런 표현을 써도 된다면) 좋다. 그리고 제일 좋은 것은 이런 기사를 최초로, 그리고 단독으로 보도하는 것이다. 마리아와의 인터뷰는 〈빌트〉만 따낸 단독 보도였다. 그럴 수밖에 없는 것이 지어낸 이야기였기 때문이다. 그 여성이 승무원인 건 맞지만, 루비츠의 여자 친구였던 적이 없으며 심지어 친하게 지낸 적도 없었다. 그런데도 〈빌트〉는 "지난해 두 사람이 5개월간 유럽 비행을 함께하며 호텔에서 비밀스러운 시간을 보냈다"라고 보도했다. "본지 기자 욘 푸텐푸라칼이 그녀의 신원을 조회했다. 그는 이 승무원과 살인 조종사가 다른 승무원들과 함께 비행기 앞에서 찍은 사진을 확인했다." 〈빌트〉는 이 사진이 그녀의 신원과 이야기를 뒷받침해줄 만한 충분한 증거라고 생각했던 것이다!

반면 민영방송 RTL은 그렇게 생각하지 않았다. 가십 기사를 보도할 때도 사실 여부를 까다롭게 검증하는 것으로 알려진 이 방송사 제작진은 마리아가 뻔뻔스럽게 지어낸 이야기를 제보했을 때 믿지 못하겠다며 거절했다.

기이한 가족사
—

오이디푸스는 아무것도 모른 채 친부를 살해하고 친모와 결혼했다. 진실을 알게 됐을 때 그는 자신의 눈을 뽑아버리고 망명 생활을 했다. 오이디푸스 콤플렉스의 유래가 되는 이 고대 신화는 진실을 알지 못한 어느 가족의 비극적인 이야기지만, 유일한 이야기는 아니다. 또 하나의 이야기가 1942년에 출간된 알베르 카뮈의 소설 《이방인》에 등장한다. 젊은 남자가 25년 만에 많은 재산과 아내와 아이를 데리고 고향으로 돌아온다. 그는 가족을 다른 곳에 머물게 하고 자기 정체를 드러내지 않은 채 자신의 어머니가 운영하는 여관에 방을 얻는다. 그의 친모는 이 손님에게 현금이 많다는 것을 알게 된다. 한밤중에 그녀는 딸과 함께 그를 살해한다. 다음 날 아침 그의 아내가 여관을 찾아온다. 죽은 손님이 누군지 알게 된 어머니는 목을 매어 자살하고, 여동생은 우물에 몸을 던진다.

카뮈의 소설에서는 한 죄수가 감옥에 있던 낡은 신문에서 이 이야기를 읽는다. 그 이야기는 실제로 오래된 이야기다. 작가 한스 라이만이 한 해 동안 발표된 문학 작품들을 평가하고 중간중간 흥미로운 이야기를 끼워 넣어 1952년부터 1968년까지 발행한 잡지 〈리터라찌아〉 첫 호에 등장하는 이야기다. 잡지에 따르면 이 이야기는 실제로 있었던 것으로, 1932년 파사우의 어느 신문에 게재됐다고 되어 있다. 시베리아에서 복무하다 보헤미안 숲 국경 도시로 돌아온 군인이 정체를 숨기고 부모의 여관에 숙박했는데, 현금을 지니고 있어서 밤중에 부모에게 살해당했다. 당시 체코슬로바키아의 도시 노이언에서 벌어진 일이다.

한스 라이만과 친하게 지냈던 작가 에리히 케스트너가 이 이야기에 관심을 가지고 더 깊이 알아보고자 했다. 노이언을 찾아가니 사람들이 그를 제비제 마을로 보냈는데, 그곳 사람들은 아는 바가 없었다.

한편 라이만은 우연히 다른 이야기를 발견했다. 1846년에 출간된 책《악명 높은 범죄자들의 생애 Lebensbeschreibungen berüchtigter Räuber》에 수록된 사건이다. 1809년에 지키라는 이름의 헝가리 말장수가 빈에서 고향으로 돌아가던 중 바코니 산지의 마을에서 밤을 보내게 됐다. 밤 중에 술 취한 사람이 갑자기 방에 들어오자 겁에 질린 지키는 침대 밑에 숨었다. 낯선 남자는 침대에 쓰러져 잠이 들었다. 잠시 후 여관 주인이 방에 들어와 그를 죽이고는 지키의 돈 가방을 들고 나갔다. 지키는 바로 경찰서로 달려갔고, 경찰이 늦은 밤 거리에 서 있던 주인을 붙잡았다. 그는 이웃 마을 축제에 놀러 간 아들이 돌아오길 기다리고 있었다.

이름과 시기, 장소가 정확히 언급되지만 이 이야기도 거의 사실이 아니다. 실제로 벌어진 일은 1810년, 즉《악명 높은 범죄자들의 생애》가 출간되기 36년 전의 것이다. 괴테가 소개한 낭만파 극작가 차하리아스 베르너의 비극〈2월 24일〉이, 제목과 걸맞게 2월 24일에 바이마르 궁정극장에서 초연됐을 때의 일이다. 이 단막극의 클라이맥스는 알프스 여관에서 아무것도 모르는 부모가 아들을 죽이는 장면이다.

문제는 이 연극도 최초가 아니라는 사실이다. 오리지널은 베를린에서 발행된 신문 〈보시센차이퉁〉인 듯하다. 1727년 85호에 이런 기사가 실렸다.

"파리, 7월 7일. 코르베이 출신의 한 남자가 부모와 거의 연락하지 않고 인도에서 18년간 체류하다가 지난주에 갑자기 코르베이에 돌아왔다. 그는 자신을 잘 아는 대부를 찾아가 정체를 숨기고 부모의 여관에 숙박하며 경제 활동을 하다가 부모를 놀라게 하고 싶다고 말했다. 그런 일은 실제로 벌어졌다. 그에게 돈이 많은 것을 보고 그의 부모가 밤중에 그를 살해하고 마당에 시체를 묻었기 때문이다. 어느 날 대부가 그 여관을 찾아왔다. 아들의 자취는 찾을 수 없고 부모에게서 이상한 변화를 감지한 그는 시청에 이를 신고했고, 시청 사람들이 집을 찾아와 수색하던 중 시신 몸통이 발견됐다. 시신의 머리는 다른 곳에 파묻은 것이다."

여기까지는 모두 한스 라이만이 들려준 이야기다. 그는 이야기를 마치며 이렇게 물었다. "그렇다면 〈보시센차이퉁〉 기자는 친자 살인 이야기를 어디서 훔쳤을까요?"

국수를 귀에 걸다
—

'펭귄은 비행기나 헬리콥터를 바라보면 뒤로 넘어진다.' 아르헨티나와 영국의 포클랜드 전쟁이 한창일 때 처음 등장한 이 보고서는 수

년간 언론을 떠돌았다. 보고서의 요지는 이 새들이 스스로 일어나지 못하기 때문에 죽지 않게 하려면 사람이 세워줘야 한다는 것이었다. 이 문제가 너무 심각한 반응을 불러일으키자 2000년 11월에 영국의 남극 탐사대 연구진이 해결을 위해 나섰다. 그들이 4주 동안 펭귄의 집단 서식지 위를 날아다녔으나 새들은 아무런 관심도 보이지 않았다. 물론 그곳은 평소 항공 소음이 거의 없는 지역이었다.

일어나지 못하는 펭귄 이야기를 만들어낸 익명의 저자는 아마도 고개를 뻣뻣하게 들고 똑바로 서서 두 발로 걷는 펭귄을 보고 아이디어를 얻었을 것이다. 뉴욕 하수 시스템에 악어가 산다는 도시괴담이나 독일 동물원 슈투켄브로크에서 변비에 걸린 코끼리를 돕기 위해 사료에 설사약을 섞었다가 대량의 배설물에 질식해 죽었다는 조련사 이야기 역시 동화만큼이나 허구적인 요소가 가득하다.

끔찍하게 흥미로운 사건은 거의 과거에만 일어났다. 오늘날 도시괴담을 깨우고, 먹이를 주고, 나아가 중독되게 하는 원동력은 대부분 사회적·인종적·종교적 편견이다. 예를 들면 어떤 아주머니가 슈퍼마켓에서 계산하려고 줄을 서 있었다. 그녀 앞에 선 남성은 중동 사람이었는데, 물건을 계산한 뒤 서류봉투를 잊고 그냥 나가버렸다. 아주머니가 봉투를 들어보니 100달러짜리 지폐 뭉치가 들어 있었다. 그녀는 남자 뒤를 쫓아가 봉투를 건넸다. 그 남자는 몹시 고마워하며 감사의 표시로 아주머니에게 이렇게 말했다.

"다음 주 크리스마스 마켓에는 절대로 나가지 마세요. 그곳에서 무서운 일이 일어날 겁니다!"

2016년 12월 19일에 베를린 브라이트샤이트플라츠의 크리스마스 마켓에 버스가 돌진해 12명의 사상자를 낸 테러를 암시하는 것이 분명하다.

이와 유사하게 친한 사람들 사이로 퍼지며 기회가 생기면 잡담처럼 이야기할 수 있는 것이 바로 가짜 뉴스다. 사람들은 자신의 세계관과 맞기만 한다면 뉴스의 진위를 확인하지 않고 곧장 말로 전하거나 인터넷에 게시한다.

2015년 12월 31일 밤에 쾰른 중앙역에선 많은 여성이 외국인에게 물건을 빼앗기고, 괴롭힘과 성추행을 당했다. 1년 후에도 같은 일이 반복된 듯했다. 2017년 2월 6일 자 프랑크푸르트 판 〈빌트〉 표지는 '프랑크푸르트 고급 쇼핑가를 뒤덮은 성폭력'을 보도했다. '많은 수의 이민자'가 새해 전야에 여성들에게 폭력을 휘둘렀다는 내용이었다. 기사는 길가에서 야만적인 일이 일어났다고 말하는 어느 술집 주인의 인터뷰와 함께 이리나라는 목격자의 증언을 싣고 있었다.

"그들이 내 치마 속으로 손을 넣었어요."

〈빌트〉의 보도를 의심하며 추적하던 베를린 판 〈타게스차이퉁〉 기자에게 이 술집 주인은 아랍어로 대화하는 30명가량의 젊은 남성들이 술집에 들어와 외부에서 가져온 음료를 마시고, 또 30명가량의 다른 남성들이 거리에서 무례한 행동을 하며 지나가는 여성들에게 치근댔다고 이야기했다. 경찰은 부르지 않았다고 했다.

"그런 상황은 저 혼자 처리할 수 있습니다."

물론 혼자 처리할 수 있었을 것이다. 그런 상황이 일어나지 않았으니 말이다. 이 사건은 처음부터 끝까지 거짓이었다. 〈빌트〉가 제보를 아무 의심 없이 내보냈는지, 아니면 거짓 보도를 꾸몄는지는 확실하지 않다. 제보자는 "외국인에게 특별히 나쁜 감정은 없다"라는 말을 남기고 모습을 감췄다.

뉴스를 지어내는 일은 좌익이나 우익의 문제가 아니며, 허위 사실을 제보하는 것과도 아무런 관련이 없다. 어떤 이야기를 쉽게 믿는 경향 역시 특정한 정치적 성향과 관계가 없다.

2014년은 시리아와 이라크 대부분 지역을 점령한 '이슬람국가', 이른바 IS가 가장 위세를 떨친 해였다. IS는 이슬람 법전인 샤리아를 이용하여 여성을 억압하고 다른 종교인들을 살해했다. 심지어 어린 소녀와 여성들에게 할례를 강요하기도 했다! 영국 BBC와 아랍 방송 알자지라, 프랑스 통신사 AFP는 2014년 7월 27일에 일제히 이 뉴스를 내보냈다. 독일에서는 〈프랑크푸르터 알게마이네 차이퉁〉 등이 이 끔찍한 뉴스를 보도했다.

이 소식을 언론에 알린 인물은 이라크에서 활동하는 UN 구호단체 소속 재클린 배드콕이었다. 그녀는 IS의 지도자 아부 바크르 알

바그다디가 발표한 파트와Fatwa(이슬람법에 따른 결정이나 명령-옮긴이)에 열한 살부터 마흔여섯 살까지 모든 여성의 성기를 잘라내야 한다는 내용이 담겨 있다는 사실을 제보했다. 하지만 이 UN 특사가 입수한 것은 가짜 정보였다. 파트와처럼 생긴 그 문서는 1년 전부터 인터넷에 떠돌던 것으로 작성 날짜가 2013년 7월 11일로 되어 있지만 작성자를 확인할 수 없었다. IS가 발표한 것은 아니었다. 어떤 이슬람 극단주의자의 잔인한 열망이었을 수도 있고, 반대로 이슬람을 너무 증오해서 또는 이슬람 광신주의를 경고하겠다는 의도로 어리석은 박애주의자가 만들어낸 쓰레기였는지도 모른다.

러시아 사람들은 거짓말을 그럴싸하게 늘어놓는 행동을 '국수를 귀에 건다'라고 표현한다. 2016년 1월 11일 월요일에 베를린의 마르찬 지역에 미성년자 실종 신고가 접수됐다. 실종된 인물은 2004년에 부모와 함께 러시아에서 독일로 이주한 열세 살 소녀 리사였다. 화요일 오후에 집에 돌아온 소녀는 경찰에게 피부가 검은 남성 세 명이 전철역 앞에서 자신을 차에 태웠고 어느 집으로 데려가 성폭행했다고 진술했다. 의학적 검사 결과 강간 흔적이 전혀 없었으나, 이미 파문이 크게 일어난 후였다.

극우 정당인 국가민주당은 '적어도 다섯 명의 외국인'이 '30시간 넘게' 소녀를 강간했다는 이야기를 퍼뜨렸다. 경찰이 독일인 한 명, 터키인 한 명, 러시아인 한 명이라고 발표했음에도 국가민주당은 '아랍 남성들'이고 난민일 것이라고 주장했다. 러시아 외무부 장관 세르게이 라브로프도 기자회견을 열어 독일 당국이 범인을 잡는 대신 "현실에 정치적 색깔을 칠하고 있다"라며 비난했다. 그는 또 독일과 러시아 국적을 동시에 보유한 열세 살 소녀를 '우리의 소녀'라고 표현했다. 러시아·독일 국제연합은 연방 총리 집무실 앞에서 집회를 열었고, 이 단체의 온라인 신문인 〈독일 민족의 목소리〉는 이 기회를 이용하여 정부의 이민 정책을 비난했다. 이 단체는 2008년에 국가민주당이 만든 단체들 중 하나였다.

러시아계 독일인은 비교적 독일 사회에 잘 통합되는 편이지만 독일에 살면서 외국인 취급을 당한다는 목소리가 작지 않다. 또한 당국이 이들의 존재를 잘 인지하지 못하는 반면 다른 이민자들은 더 많은 국가적 관심을 받는다. 그렇다 보니 2015년과 2016년에 수십만 난민이 환영을 받으며 독일로 들어왔을 때 이들은 크게 분노했다.

진실은 실종 사건 3주 뒤에 밝혀졌다. 소녀는 학교에서 나쁜 성적을 받아 부모에게 혼날 것이 두려웠고, 문제의 월요일인 1월 11일에 집으로 가지 않고 엄마와 단둘이 사는 친한 열아홉 살짜리 남학생 집에서 잠을 잤다. 그녀는 두려움에 거짓말을 지어낸 어린 가출 학생일 뿐이었다. 나쁜 친구들과 어울린 것 때문에 소녀를 혼낸 것은 부모였고, 앞서 말한 것처럼 독일인, 터키인, 러시아인이 아니었다. 성폭행은 없었으나 충분히 이용당했다. 선정적인 뉴스에 굶주린 언론과 정치가들에게 말이다.

마치 정치적 균형을 이루기 위한 것처럼, 죽은 난민에 관한 기사가 같은 달 또 한 번 헤드라인을 장식했다. 2016년 1월 27일 수요일 밤에 시리아 출신 스물네 살의 남성이 정신을 잃고 길바닥에 쓰러졌다. 그는 그날 온종일 연방 보건복지청 건물 앞에 줄을 서 있었다. 고열이 나는 청년을 자원봉사자 디르크 볼츠가 발견하고 구급차를 불렀지만 그는 병원으로 가는 도중 사망했다.

볼츠가 페이스북에 공개한 이 이야기는 빠르게 번졌다. 난민 구호단체 '모아빗 힐프트'의 자원봉사자들은 사건 당일인 수요일부터 슬픔의 표시로 팔에 검은 띠를 둘렀다. 그들이 옷과 생필품을 난민 신청자들에게 나눠주는 건물 앞에 흰색과 붉은색 플라스틱 컵에 담긴 양초들이 놓였다. 검은 종이로 감싼 노트에 시민들이 애도의 글을 남겼다.

한편 연방 상원은 밤사이에 어디에서도 난민을 들여보내지 않았다고 전했다. 소방서와 응급차량을 지원하는 재해 센터 어디에서도 구급차를 보낸 기록이 없었다. 디르크 볼츠는 연락이 닿지 않았으나 모아빗 행동단원들은 기자회견에서 그를 "누구보다 신뢰할 수 있는 사람"이라고 이야기했다.

그러나 신뢰는 다음 날인 목요일까지만 이어졌다. 볼츠가 침묵을 깨고 페이스북에 나타났다. 청년 이야기는 자신이 지어낸 것이고 시리아 친구들과 파티를 하다가 그런 바보 같은 생각을 하게 됐다며, 술을 너무 많이 마신 것 같다는 글을 남겼다. 그는 "정신적 · 육체적 한계까지 자신을 몰아붙여야 하는" 구호봉사 때문에 상황을 변화시키고 싶었고, 그러다 거짓 이야기까지 지어냈다고 고백했다. 난민들이 사회적 구제를 신청하거나 의료증명서를 발급받기 위해 실제로 온종일 복지보건청 앞에 줄을 서야만 하는 상황을 널리 알리고 싶어서 지어낸 이야기였다.

다시 균형을 이야기해보자면, 디르크 볼츠는 어리석은 박애주의자 쪽인 듯하다.

순위와 명성

——

어떤 자동차가 제일 인기가 많을까? 2013년 말, 유럽 최대의 자동차 클럽 ADAC는 매년 그랬듯 1,900만 명에 달하는 회원들을 대상으로 투표를 진행했다. 그리고 2014년 1월 16일에 결과를 발표했다. 무려 3만 4,299표를 받아 최고 인기 모델로 선정된 차는 폭스바겐 골프였다.

사실 그 득표수는 부풀려진 것이었다. 3만 4,299명이 아니라 3,271명이 골프에 투표했지만 자동차 클럽이 엄청난 투표수로 대중의 관심을 끌기 위해 투표 참여자 수를 조작한 것이다. ADAC 홍보실장 미하엘 람스테터는 순위만큼은 조작하지 않았다고 말했다. 득표수 2위를 차지한 BMW 3 시리즈는 다른 매체 순위에서는 한 번도 5위 안에 든 적이 없다.

ADAC뿐 아니라 ZDF, HR, NDR, RBB 그리고 WDR 같은 방송사들도 같은 해에 진행한 여러 온라인 투표 결과를 조작했다고 인정했다. 공영방송 ZDF는 '독일어권 최고의 여성과 남성'을 뽑는 투표를 진행한 뒤 남성 후보 중 31위였던 프란츠 베켄바워를 9위로, 10위였던 프랑크발터 슈타인마이어를 6위로 바꾸었고, 여성 후보 중 10위였던 헬레네 피셔를 5위로 바꾸었다. 2014년에 SWR 방송사는 〈방송용 순위 작성 가이드〉까지 제작했는데, '의무 사항' 부분에 "투표 결과에는 반드시 편집부가 개입해야 한다"라고 명시되어 있다. 이해하기 쉽게 바꾸면 이렇다. "최종 순위는 편집부가 결정한다."

'독일 북부에서 가장 인기 있는 오토바이'든 '노르트라인베스트팔렌 주에서 가장 인기 있는 공원'이든, 이런 대중 투표는 사람들의 의견이 크게 영향을 끼치지 않는 분야에서 벌어지는 (유사) 민주주의 놀이로 전락했다. 투표 결과는 거의 의미가 없다. '가장 멋진 퇴장'에 관한 투표에서 인기 가수 하워드 카펜데일의 은퇴가 1위이고 전직 수상 빌리 브란트의 사임이 5위였다는 결과만 봐도, 이렇게 만들어진 순위 목록이 대단하지 않다는 사실이 분명해진다. 대중의 선택을 깎아내리려는 뜻은 아니다. 오히려 서커스에는 진지하게 참여하지 않는 편이 지혜롭다는 얘기다. 앞서 말한 투표에서 카펜데일은 64표를 얻어 1위에 올랐고, 빌리 브란트는 28표를 얻었다.

그런데 주관이 뚜렷하지 않은 유권자의 표가 자신조차 생각하지 못한 방식으로 결과를 만들어내는 경우가 있다. 사소한 내용에 관한 투표는 물론, 중요한 선거 때도 그렇다. 여론조사 결과가 전체 유권자에게 영향을 줄 수 있는 이유는 대부분의 사람이 다수의 실제 의견 또는 다수의 의견이라고 느껴지는 것에 동조하는 경향을 보이기 때문이다.

예를 들면, 바이에른주의 일간지 〈뮌히너 메르쿠어〉가 뮌헨 공항에 세 번째 활주로를 신설할지 말지에 관해 온라인에서 찬반 투표를 실시한 적이 있다. 그 결과 참여자의 54퍼센트가 새 활주로에 반대했고 43퍼센트는 찬성했다. 이때 또 다른 실험이 함께 진행됐다. 투표에 참여한 사람이 인터넷 쿠키를 삭제하면 30회까지 투표가 가능했으며, 공유기를 재부팅해 다른 IP 주소로 접속한 경우 역시 30회까지 계속 투표할 수 있었다. 녹색당 의원 디르크 빌트는 그런 방식으로 자신이 원하는 쪽으로 투표 결과를 조작할 수 있는지 시험해봤는데, 실제로 한 시간 동안 182회 투표하여 반대 비율을 58퍼센트까지 끌어올릴 수 있었다.

여기서 알 수 있는 건 무엇일까? 만약 어떤 매체가 〈뮌히너 메르쿠어〉와 유사하게 '독자 참여 설문 조사'를 진행하면서 이를 독자들과의 소통으로 여긴다고 주장해도, 이런 좁은 해석 뒤에는 분명 더 큰 정치적 의도가 숨어 있을 수 있다는 것이다.

눈속임

우리가 보는 사진들에 무수한 보정과 필터가 적용됐다는 사실을 모르는 사람은 이제 없다. 게다가 다양한 사진·영상 편집 프로그램이 개발되어 이미지를 조작하기가 더 쉬워졌다. 굳이 비교하자면, 오늘날 영상 편집 수준은 영화의 진짜 같은 시각적 특수효과에 조금 못 미치는 정도다.

인터넷에 떠도는 영상 중 코스타 콩코르디아호(초대형 호화유람선으로 2012년에 침몰함-옮긴이)가 폭풍우 속에서 침몰하는 영상은 조작된 것이다. 이 최고급 유람선은 파도가 거의 없는 바다에서 암초에 부딪혀 침몰했다. 시리아 내전 당시 총알이 오가는 와중에 소년이 여자아이를 안전한 곳으로 끌어내는 짧은 영상은, BBC의 조사 결과 몰타 필름스튜디오에서 제작한 것이었다. 한때 러시아 인터넷에는 미국인 청소년이 자기 방으로 들어가는 영상이 떠돌았다. 소년이 방문을 열자 벌거벗은 남성들이 성기를 드러낸 모습의 거대한 사진이 벽 전체에 붙어 있다. 이 영상은 미국의 타락상을 보여주는 증거처럼 공유됐지만, 원래 영상에서 벽에 걸린 건 트럭 포스터였다.

TV 방송은 방송국의 내부 확인 절차가 있기 때문에 사람들을 속이기가 쉽지 않다. 반면 일반인이 제작하는 방송에는 그런 필터링 과정이 없다. 누구나 조작된 사진과 영상을 인터넷에 올릴 수 있고, SNS와 스마트폰 덕분에 광고와 선전이 순식간에 퍼져서 사람들의 분별력을 흐리게 한다.

조작에는 항상 정치적 의도만 숨어 있는 것은 아니다. 사실 제보나 솔직한 평가처럼 보이는 사진과 영상 뒤에 상업적 이익이 숨어 있는 경우도 많다. 예를 들면, 화를 내거나 욕하는 유명인의 파파라치 사진은 무척 고가에 팔린다. 이런 사진은 오히려 유명인들을 향한 폭력이 존재한다는 결정적인 증거이지만, 사진을 보는 사람들은 알지 못한다. 이런 파파라치는 보통 2인조로 움직이며 한 명이 스타를 모욕하고 다른 한 명이 스타를 촬영하는데, 영상이나 사진에 동료 파파라치는 등장하지 않는다.

2014년 크리스마스 즈음에 〈빌트〉 온라인 독자들은 쾰른-본 공항에서 인기가수 헤르베르트 그뢰네마이어가 가방으로 파파라치를 공격하는 영상을 즐겁게 감상할 수 있었다. "자제력을 잃었어"라는 목소리가 영상에 등장한다. 두 명(?)의 제보자(여기서 벌써 의혹이 생긴다)가 록 가수의 폭행을 고발한다. 하지만 영상 판독 결과 그뢰네마이어의 가방은 파파라치에게 닿지 않았다. 또한 의료진은 피해를 주장하는 피해자에게 특별한 부상이 없다고 보고했다. 마지막으로 피해자가 증거로 제출한 영상이 고의로 편집된 것임이 확인됐다. 그뢰네마이어의 진술에 따르면 파파라치는 그의 여자 친구와 아들을 계속 괴롭혔다. 이로 인해 법적인 상황이 역전됐다. 현행법은 자신의 초상권을 지키기 위해 방어할 수 있고 필요시 조치를 취할 수 있게 되어 있다. 즉 그뢰네마이어는 자신을 방어할 권리가 있으며, 누군가가 자신의 가족을 (파파라치 언어로) '쏘아댈' 경우 무력을 사용해 막을 수 있었다.

사진은 거짓말을 할 수 있으며, 움직이는 사진도 마찬가지다. 앞으로는 사진 조작이 지금보다 더 쉬워질 것이다. 지금도 사람의 입 모양과 제스처를 다른 사람이 따라 할 수 있게 하는 소프트웨어가 존재해 사진만 있으면 어떤 정치인이 전혀 하지도 않은 말을 한 것처럼 영상을 만들어낼 수 있다. 또는 그 정치인의 실제 발언을 조각조각 잘라내 완전히 새로운 발언을 만들고 목소리를 입힐 수도 있다(이 방법은 더빙 영화에서 원래 성우가 세상을 떠났을 때 유용하게 쓰일 수 있다. 이탈리아에서 만든 고전 서부 영화 〈석양의 무법자〉 최초 독일어 더빙 버전은 거의 30분 분량 정도가 편집됐다. 나중에 무삭제판이 재개봉됐을 때 편집 부분을 다른 성우가 더빙하면서 최대한 비슷하게 따라 했으나 몹시 거슬렸다).

요즘에는 사람을 삼차원으로 스캔하여 아바타를 만들고 컴퓨터 게임에서 움직이게 만들 수도 있다. 이런 기술을 통해 미래에는 실존 인물을 복제한 캐릭터가 영화에 배우로 출연하거나 TV 뉴스의 특파원으로 활동할 수 있을 것으로 보인다.

미시간대학교의 '텍스트 투 이미지 생산적 상호적대 합성Generative Adversarial Text to Image Synthesis(C-GAN을 통해 텍스트로부터 이미지를 생성해내는 것-옮긴이)' 연구팀은 자르브뤼켄 막스-플랑크 전산정보연구소와 협력해 단순 묘사를 바탕으로 진짜 같은 영상을 만들어내는 시스템을 개발했다. '스키를 신은 사람 서너 명이 눈 위에 서 있다'라는 문장을 프로그램에 입력하니 파란 하늘 아래 눈 덮인 겨울 산에 서 있는 사람들의 사진이 출력됐다. 존재하지 않는 풍경에 존재하지 않는 사람들이 마치 실제로 촬영한 사진처럼 생겨난 것이다! 머지않아 프로그램은 사진에 만족하지 않고 영상을 만들어낼 것이다. 사진에 등장한 사람들은 소프트웨어 프로그램의 도움을 받아 진짜 같은 가짜 목소리로 진짜 사람처럼 말하게 될 것이다.

많은 기업이 실제 목소리를 유명인의 목소리처럼 들리게 바꾸는 스마트폰 앱을 개발하고 있다. 스마트폰으로 하는 모방 놀이가 사람들에게 재미를 선사할 수 있기 때문이다. 그러면 라디오의 라이브 인터뷰도 조작이 가능하다. 영상 기술이 발달하면 TV와 인터넷 생방송도 가능해질 것이다.

미국이 IS를 지원한다고?

—

'미국이 이슬람국가IS의 지하드 무장단체와 몰래 공모하고 있다!' 2017년 11월 14일에 러시아 국방성이 충격적인 정보를 공개하여 세계를 놀라게 했다. 드론으로 촬영한 항공사진이 증거 자료로 제출됐다. 이 흑백사진은 'USA 전투 부대가 IS를 지원하고 있음'을 보여주었다.

그러나 이 놀라운 사진이 몇 시간 뒤 러시아의 올무가 됐다. 그 사진은 컴퓨터게임 'AC-130 건쉽 시뮬레이터' 동영상 중 한 장면이었기 때문이다. 러시아 국방성은 즉시 사진을 삭제하고, 가짜 뉴스를 내보낸 책임을 협력 업체 직원에게 떠넘겼다.

인상적인 이야기를 지닌 남자

브라질의 사진작가 페르난도 코스타 네토는 2017년 11월 자신의 인터넷 칼럼을 통해 "에두 마틴스가 죽었다"라고 알렸다. 잠깐! '에두', 그러니까 에두아르도 마틴스가 살아 있던 적이 있었나? 그는 종군기자이자 열렬한 서핑 팬으로 알려져 있다. 그가 찍은 사진들이 브라질 잡지와 미국의 〈월스트리트저널〉, 프랑스 〈르몽드〉, 영국의 〈텔레그래프〉, 러시아 〈이즈베스티야〉에 실렸다. 아랍의 〈알자지라〉와 독일의 〈도이체벨레〉는 근동 지역에서 IS가 벌이는 잔학 행위에 대한 그의 르포 기사를 내보냈다. 그는 시리아와 이라크에서도 기사를 썼다. 그의 인스타그램 팔로워는 6만 명이고 트위터 팔로워는 12만 명이다.

팔로워 수는 진짜였다. 그의 존재가 가짜였을 뿐이다. BBC는 2017년 7월에 마틴스의 사진과 영상을 그의 인터뷰와 함께 보도했고, 이 영웅에 대해 더 깊이 조사하려고 하다가 페르난도 코스타를 비롯해 실제로 그를 만난 사람이 전 세계에 한 명도 없다는 점을 발견했다. BBC는 집요한 조사 끝에 이 매력적인 서른두 살의 남성과 약혼했다는 여성 다섯 명을 찾아냈으나, 이들이 모두 채팅앱으로 그와 대화했을 뿐 실제로 만난 적은 없다는 사실을 알아냈다.

모든 사람이 놀랐으나, 영국의 서핑 전문가 막스 헵워스 포비에겐 까무러칠 만큼 놀랄 일이었다. 마틴스가 인스타그램 계정에 올린 프로필 사진이 자신의 사진이었기 때문이다. 도둑질은 그게 다가 아니었다. 마틴스가 다른 사진작가들의 사진을 도용한 사실이 드러났다. 그는 다른 작가의 사진을 거울로 반전시킨 뒤 디지털 특수효과로 편집하거나 확대해 보정했다. 그 기술이 얼마나 뛰어났는지 세계적인 이미지 전문 회사 게티이미지와 주마프레스Zuma Press 등이 그가 훔쳐서 수정한 사진을 구입하기도 했다.

논란이 커지자 '에두아르도 마틴스'는 모든 인터넷 계정을 삭제하고 사라졌다. 이제 아무도 그의 영화 같은 인생 스토리를 읽고 놀라지 않는다. 스물다섯 살의 나이로 오랜 암 투병 끝에 병을 극복하고 완전히 새로운 인생을 시작해, 상파울루에서 자원봉사자로 난민을 돕다가, 중근동의 가자 지구로 들어가고, 아프리카에서 에이즈에 걸린 아이들을 돕다가, 마침내 억압과 전쟁 범죄에 노출된 사람들의 비극적인 사진을 찍어 세계에 알리기로 작정했다. 정말 멋진 남자가 아닌가!

그는 또 영웅이었다! 〈리카운트 매거진〉과의 인터뷰에서 그는 한 소년이 화염병에 맞은 것을 보고 아이를 안전한 곳으로 안아 옮겼다는 이야기를 했다.

"종군기자가 일하는 지역에선 그런 일이 흔히 벌어지지만, 저는 기자이기 이전에 사람이니까요."

인상적인 이야기를 지닌 남자! 그런데 그가 유일하진 않아 보인다. 에두아르도 마틴스가 잠적하기 전에 마지막으로 연락한 사람인 페르난도 코스타 네토는 이렇게 말했다.

"나는 더 많은 에두아르도가 있을 거라고 확신한다."

여성을 위한 자리는 없다
—

오리지널조차 가짜였다. 2015년 1월 11일에 파리에서는 150만 명의 인파가 이슬람 테러리스트의 공격으로 숨진 프랑스 풍자 주간지 〈샤를리 에브도〉의 직원과 유대인 식료품점 희생자를 추모하기 위해 거리 행진에 나섰다.

행렬의 맨 앞줄에는 EU 집행위원장 장클로드 융커를 비롯해 베냐민 네타냐후 이스라엘 총리, 프랑수아 올랑드 프랑스 대통령, 앙겔라 메르켈 독일 총리, 마무드 아바스 팔레스타인 수반, 마테오 렌치 이탈리아 총리 등 세계 40개국 정상들이 섰다. 사실 이 정치인들은 진짜 추모 행렬의 맨 앞에 선 것이 아니라 가까운 대로에서 사진을 찍기 위해 대열을 갖춘 것뿐이었다.

어쨌든, 정치인과 시민이 연대한 모습을 찍은 이 사진은 전 세계에 배포됐다. 엄밀히 말하면, 대부분의 국가로 배포됐다. 그런데 이스라엘의 초정통 유대교 신문 〈해모디아〉는 사진에서 모든 여성을 지워버렸다. 대열 중간에 있던 앙겔라 메르켈, 왼쪽에 있던 파리 시장 안 이달고, 왼쪽 끝에 서 있던 EU 외교안보대표 페데리카 모게리니가 사라졌다. 완벽하게 잘라낸 것도 아니었다. 모게리니의 왼쪽 손이 사진에 남아 있다. 〈해모디아〉의 독실한 유대교 신자 독자들에겐 다행스럽게도, 손만으로는 성별이 드러나지 않았다.

대부분의 조작, 왜곡, 날조, 속임수는
전혀 드러나지 않거나 뒤늦게 발견된다.

3장

소문이 생겨나는 곳

정보의 암시장

'독일에 2,000만 명의 무슬림이 살고 있으며, 이는 전체 인구수의 21 퍼센트에 달한다.' 이 통계는 가짜다. 이것이 사실이라면 독일 인구가 1억 명이어야 한다는 생각이 대부분의 사람에겐 잘 떠오르지 않는 듯하다. 진짜 통계 자료에 따르면 독일 8,000만 명 인구 중 무슬림이 차지하는 비율은 5퍼센트 정도다.

특히 이전 어느 때보다 많은 난민이 독일로 들어온 2015년과 2016년 사이에는 이방인을 향한 두려움이 더해진 소문, 공포를 조장하거나 난민 혐오를 유발하는 괴담이 빠르게 퍼져나갔다. 인터넷 커뮤니티와 일상 잡담을 통해 가짜 뉴스는 점점 불어났다. 난민이 슈퍼마켓에서 물건을 훔치고 처벌받지 않았다, "메르켈이 돈 줄 거야"라고 외치며 계산을 마친 노인의 장바구니를 마음대로 가져갔다, 옷가게에 들어가 낡은 옷은 탈의실에 벗어두고 새 옷을 입은 채 돈도 내지 않고 나갔다, 피부가 검은 청소년들이 수영장에서 독일 소녀들을 마음대로 만졌다, 외국인이 '우리' 여성들을 성폭행했다, 주 정부가 난민에게 무료로 운전면허증을 발급해줬다, 오스트리아 케른텐에서는 망명을 신청한 20명의 난민이 매달 2,000유로(약 260만 원-옮긴이)를 더 타내려고 단식투쟁을 시작했다 등 갖가지 소문이 퍼졌다. 이를 두고 프랑스 사회학자 장 노엘 캐퍼러는 '정보의 암시장'이라고 표현했다.

약 5개월 뒤인 2016년 초에 생긴 인터넷 사이트 'hoaxmap.org'는 난민에 관한 소문 385개를 수집해 진위를 조사했다. 실제 있었던 일은 하나도 없었다! 지역신문과 경찰 조사 보고서를 참조하고, 피해를 입었다고 주장하는 사람들을 인터뷰한 결과 전부 거짓으로 드러났다. 예를 들어 독일 노르트라인베스트팔렌주의 오버하우젠 지구대는 페이스북에 난민이 공원에서 열두 살짜리 여아를 성추행하고 때렸다는 글을 올렸다. 여론을 모으기 위해 지어낸 이야기였다. 또 어떤 페이스북 유저는 난민을 적극적으로 받아들인 도시 로스타우의 체험동물원에 대한 글을 올리면서 "야만적이다! 그들이 염소를 잡아 모닥불에 구워 먹고 있다"라고 썼다. 거짓말이었다. 로스타우에는 체험동물원이 없기 때문이다. 과거 동서독 시절에는 멧돼지와 사슴, 염소를 키우던 '야생 공원'이라는 이름의 숲이 있었으나 통일 후 없어졌다.

어떤 소문은 황당무계한 거짓말이었으나, 어떤 이야기는 난민이나 유색인이 어떤 범죄를 저질러 경찰에게 잡혀갔다는 식의 그럴듯한 내용이었다. 이런 이야기들은 경찰 고발과 언론 제보로 이어지기도 한다.

"처음에는 열아홉 살과 스물여섯 살의 아프간 남성 두 명이 세 명의 여학생을 지켜보다가, 뒤를 따라가면서 휴대폰으로 사진을 찍고 동영상을 찍었다. 잠시 후 이민자로 보이는 20명에서 30명의 다른 사람들이 합류해 피해 여학생들을 따라가며 성적으로 희롱하고 괴롭혔다."

슐레스비히홀슈타인주의 도시 킬에 있는 소피엔호프 쇼핑센터에서 일어난 사건이라면서 경찰이 2016년 2월 26일에 발표한 내용이다. 그로부터 6주 뒤인 4월 8일, 검찰의 공식적인 정정 발표가 있었다.

"여학생들은 동영상도 사진도 찍히지 않았고, 수십 명의 이민자도 없었다."

이런 종류의 정정은 재미있는 이야기를 망치고 상상의 여지를 없애버리기 때문에 환영받지 못하고 무시당한다. 사건은 없던 일로 종결됐으나 소문은 이미 충분히 돌고 돌았다. 게다가 새로운 사건의 발생으로 이전 사건은 잊히기 마련이다.

소문이 빨리 퍼지게 하려면 유명인을 끌어들이면 된다. 2016년 1월 13일에 독일 대안당 정치인 베아트릭스 폰슈토르히가 자신의 페이스북에 글을 남겼다.

"내기해도 좋다. 앙겔라 메르켈은 임기가 끝나면 독일을 떠날 것이다. 신변 안전을 위해."

1월 24일에 그녀는 안네 빌의 토크쇼에 출연해 앙겔라 메르켈이 남미로, 아마 칠레로 갈 것 같다고 말했다. 1991년에 망명하여 죽을 때까지 칠레에서 살다가 생을 마감한 동독 여성 정치인 마르고트 호네커를 떠올리게 하는 이야기였다. 두 달 뒤에는 그것이 입증된 것처럼 말했다. 2016년 3월 5일 자 〈슈피겔〉에 이야기한 내용이다.

"메르켈이 재산을 벌써 외국으로 빼돌렸다는 이야기를 내부자에게 들었다."

더 효과적인 방법은 글에 사진과 영상을 첨부하는 것이다. 2015년, 파리 테러 성공을 축하하기 위해 무슬림들이 모였다는 내용의 글이 영상과 함께 SNS에 올라왔다. 그러나 첨부된 영상은 2009년에 런던에서 열린 크리켓 월드컵 우승을 기념하기 위해 파키스탄 팬클럽이 모인 영상이었다.

또 독일에서 있었던 사례를 보자. 2016년에 인터넷에 올라온 한 장의 사진은 뮌헨에 있는 성 게르트루트 교회 앞에서 무슬림이 교회 벽을 바라보고 서서 소변을 보는 듯한 뒷모습을 보여주었다. 하지만 그래 보였을 뿐이다. 우선 그 사람은 무슬림이 아니라 에티오피아 출신의 기독교인이었고, 노상방뇨를 한 것이 아니라 교회에 앉을 자리가 없어서 자기 고향에서처럼 벽을 잡고 서서 기도한 것이었다. 게다가 성 게르트루트 교회에선 이미 8년 전부터 예배 때마다 그런 풍경을 볼 수 있었다. 이 사진과 함께 오해를 불러일으키는 글을 '세계

인터넷(국가민주당이 잘 쓰는 말)'에 올린 인물 중 한 명이 전 국가민주당 당대표이자 현 EU 의원 우도 포크트다. 그는 오해가 다 풀린 뒤에도 글을 지우지 않다가 어느 방송사 취재팀이 인터뷰를 요구하자 글을 지웠다.

그는 가능하면 오랫동안 진실을 멀리하고 자신의 의견을 고집하고자 했다. 이런 대응 방식은 이제 보편적인 것이 되어버렸다. 앞서 베를린의 열세 살 소녀 리사가 이민자에게 납치되어 성폭행당했다는 뉴스가 아이의 거짓말이었다는 게 밝혀졌을 때, 한 시민은 방송국과의 인터뷰에서 냉담하게 말했다.

"진실이든 아니든, 나는 그 이야기를 믿는다."

한나 아렌트는 "대중에게 설득력 있는 것은 진짜 사실이나 만들어진 사실이 아니라, 일관된 환상이다"라고 말했다. 그녀가 틀렸다. 이제 사람들은 일관성도 문제 삼지 않는다. 독일 남부 바덴뷔르템베르크주 촐레른알프의 초원에 양이 보이지 않자 즉시 많은 사람이 그 이유를 알아냈다. '난민들이 가축을 훔쳐 가서 잡아먹었어!'

노엘 캐퍼러는 "소문은 집단 토론 과정에서 즉흥적으로 생기는 이야기다"라고 말했다. 일단 어떤 사건이 일어나면 대중은 무슨 일이 일어났는지 궁금해한다. 궁금증을 해결해줄 설명을 찾는다. 소문 주변으로 몰려든다. '난민들이 그랬대!' 궁금증에 대한 진짜 답은 목동들이 매년 겨울이 되면 양들을 덜 추운 다른 목초지로 이동시킨다는 것이다. 그럼에도 소문은 사라지지 않았다. 일간지 〈촐레른알프 쿠리어〉의 미하엘 뷔르츠 기자는 이런 이야기를 들려주었다.

"병원 대기실에서 기다리던 사람들이 이 주제로 이야기를 하기 시작할 때 그 자리에 양치기도 있었다. 그가 자기 직업을 소개하며 자신이 치는 활발한 양들에 대해 이야기했지만 사람들이 그의 말을 중간에 끊었다. 양치기는 기가 막혔으나 사람들을 설득하길 포기했다."

어떤 증거나 증인, 공식 정정도 소문을 막을 수 없다. 그 이유는 소문이 논리와 이성을 뛰어넘는 감정적인 만족감을 주기 때문이다. 심지어 정부나 경찰의 공식 정정 발표는 권력의 이익 때문에 진실이 억압되고 있다고 믿게 하는 역효과를 가져오기도 한다.

소문은 항상 존재했다. 소문은 정치 · 경제 · 사회 측면에서는 권력 · 돈 · 명예 같은 실질적인 이익을 얻기 위해 이용되며, 가정이나 일상에서는 험담 · 기분전환 · 자극을 향한 인간적인 필요를 채워주는 수단이었다. 옛날과 다른 점은 소문이 이제 인터넷을 통해 더 빠르게 더 멀리 퍼질 수 있게 됐으며 가상공간에서 증인과 증거를 조작하기 쉬워졌다는 것, 그리고 익명이라는 특성상 책임이 사라지기 때문에 비열한 행위도 거침없이 하게 됐다는 것이다.

소문은 나쁜 개인이 만드는 가짜 뉴스다. 분명한 것은 가짜 뉴스가 뿌리를 내리려면 토양에 이미 적절한 세계관과 적절한 이념이라는 비료가 뿌려져 있어야 한다는 것이다. 2016년에 하버드대학교와 유니버시티 칼리지 런던이 공동으로 수행한 연구에서 피험자들은 기후 변화에 관한 보고서를 전달받았다. 기후 변화를 대수롭지 않게 생각했던 사람들은 경고가 담긴 보고서에도 별 감흥이 없었고 기존에 하던 생각도 바꾸지 않았다. 보고서의 증거들을 보여주었음에도 그들은 여전히 기후 변화를 중요하지 않게 여겼다. 반면 이전에도 기후 변화를 두려워했던 사람들은 정반대의 반응을 보였다. 연구의 결론은 이것이다. 대부분의 사람은 자기 생각을 거스르는 사실은 거부하지만, 자기 생각과 비슷한 내용은 즉시 받아들인다.

이게 전부라면 다행일 것이다. 그러나 가짜 뉴스와 소문이 가진 독은 또 다른 방식으로 작용한다. 어떤 가짜 뉴스는 더 쉽게 믿어진다. 이미 들어본 적이 있는 핵심 개념이 그 속에 담겨 있기 때문이다. 비판적이고 분석적으로 생각하는 사람들조차 같은 내용을 반복해서 들으면 시간이 지날수록 내용을 조금씩 받아들이기 시작한다. 한 번 더 반복하는 것만으로도 신뢰도가 상승한다. 그럴 때 비슷한 소문이 들리면 생각이 단단히 자리 잡을 수도 있다. 예컨대, '앙겔라 메르켈이 외국으로 나가진 않았지만 익명의 내부자가 말했듯 재산은 외국으로 빼돌렸을지 모른다'라고 말이다.

한편 소문은 사고방식을 바꿀 계기가 되기도 한다. 계속되는 악의적인 소문에 혐오 감정이 생겨날 수 있지만, 인간을 존중하는 마음으로 진실을 꿋꿋이 지켜간다면 진실이 승리할 수도 있다. 우리가 질문해야 할 것은 누가 말했느냐다. '거짓 언론'으로 평가받는 언론사일까? 노엘 캐퍼러는 이미 20년 전에 이렇게 말했다.

"소문이 강하게 퍼지는 이유는 공식적인 정보채널은 물론 국가기관이 신뢰를 잃었기 때문이다."

당시 이상적인 해결책을 몰랐던 그는 시간이 진실을 밝혀준다고 생각했다. 그래서 즉각 소문을 부정하거나 논쟁하거나 사실을 제시하는 대신, 소문이 잠잠해지길 기다려 적절한 시점에 반박할 수 없는 사실을 제시하고 소문의 진원지를 비판하는 것이 가장 좋은 방법이라고 설명했다.

드레스덴대학교의 열정적인 학생들은 전혀 다른 생각을 했다. 2016년 8월에 학생들은 작센 사회복지부와 술집연맹의 지원을 받아 12만 개의 맥주병 뚜껑에 문장을 인쇄하고 여러 술집을 찾아가 손님들에게 대화를 청했다. 어떤 맥주병 뚜껑에는 '난민은 기초생활보장 수급자보다 더 많은 돈을 받는다'라는 문장이, 어떤 뚜껑에는 '독일이 전 세계의 이민자를 다 받고 있다'라는 문장이 찍혀 있었다. 누군가가 그 내용이 옳다고 주장하면 학생이 뚜껑을 뒤집어 보여주었다. 전자의 뒷면에는 '망명 신청자 지원법에 따라 망명 신청자는 매달 354유로를 받으며, 기초생활보장 수급자는 404유로를 받는다'라는 문장이, 후자의 뒷면에는 '전 세계 6억 5,000만 인구 중에서 0.7퍼센트만이 독일에 망명을 신청했다'라는 문장이 인쇄되어 있었다.

이 대학생들의 '정치 교육'이 의도한 이른바 '눈앞에서 팩트 체크 하기'가 열매를 맺어 술집 손님들의 생각에 변화가 생겼는지는 불확실하다. 설령 변화가 생겼다고 하더라도 이런 소규모의 노력은 별 실익이 없다. 게다가 실제로 소문이 퍼지는 장소는 사람들이 술집에 들어가기 전후에 찾는 곳, 바로 인터넷 소통 공간이다. 이곳에서 페이스북은 가짜 뉴스를 널리 퍼뜨리는 중요한 매체다. 그래서 '페이크북 Fakebook'으로 불리기도 한다.

아동 성노예, 여성 인신매매
—

2016년 12월 4일, 한 가정의 가장인 에드거 M. 웰치는 워싱턴 피자 가게 카밋핑퐁에 들어가 소총을 발사했다. 아무도 다치지 않았지만 그를 연행한 경찰은 그의 몸에서 권총을 하나 더 발견했다. 이 남성이 피자가게에 총기를 난사하게 한 것은 2016년 10월부터 SNS를 통해 인터넷에 퍼진 기괴한 뉴스였다. 이 피자가게가 소아성애자들을 위해 아동을 성노예로 매매하고 포르노를 제작하고 있으며, 심지어 힐러리 클린턴과 민주당 선거 대책본부장 존 포데스타, 그 밖에 민주당의 몇몇 정치인이 연루됐다는 내용이었다.

이 뉴스를 이용해 도널드 트럼프 선거캠프는 경쟁자 힐러리 클린턴을 비방했고, 심지어 전 국방정보국장 마이클 T. 플린도 관련 뉴스를 자기 트위터에 올렸다. 트위터와 페이스북, 인스타그램의 수많은 이용자가 이 가짜 뉴스를 주목하고 퍼 날랐으나 총 대신 글로 공격하는 데 그쳤다.

온라인 페이지도 운영하는 〈뉴욕타임스〉나 〈워싱턴포스트〉 같은 진지한 매체와 팩트 체크 사이트 '스놉스Snopes'가 즉각 이 뉴스가 가짜 뉴스임을 밝혔으나, 이미 생각이 굳어진 뉴스 옹호자들은 이를 받아들이지 않았다. 가짜 뉴스라는 보도가 발표되고 얼마 지나지 않아 조지아주 15선거구 대의원 스티븐 스미스는 아동 성 착취에 대한 뉴스가 가짜 뉴스가 아니라 '주류 언론'이 이를 덮으려고 내보내는 뉴스가 진짜 가짜 뉴스라는 트윗을 썼다. 그의 트윗은 수십 차례 리트윗됐다. 그런데 미국 대의원 중에 스티븐 스미스라는 사람은 없으며 조지아주에는 15선거구가 존재하지 않는다.

아동 포르노를 제작하고 여성을 인신매매한다는 등의 소문은 현대 사회에서는 비교적 드문 편이다. 그런데 엄격한 성도덕 규제가 풀린 직후인 1960년대 후반에 프랑스는 말 그대로 소문의 폭풍에 휘말렸다. 예를 들어 1966년에 루앙의 한 의류 상점이 여성을 인신매매한다는 소문이 돌아 비난을 받았다. 아무리 해명해도 소문과 비방이 끊이지 않자 상점 여주인은 도시를 떠났다. 1969년 5월에는 오를레앙의 양장점이 젊은 여성들을 탈의실에서 납치한다는 의혹을 받았다. 경찰이 상점 지하실에서 마취 상태로 매춘업소로 보내질 예정이던 여성 두세 명을 발견했다는 내용이었다. 다행히 이 가게는 시간이 지나면서 누명을 벗었다.

가짜 뉴스는 사실을 속일 뿐 아니라 사람들의 마음을 사로잡는다. 오를레앙의 양장점을 소문에 휩싸이게 한 것은 사진 잡지 〈누아르에 블랑〉에 실린 기사였다.

"그르노블에서 한 사업가가 고급 옷가게에 갔다가 사라진 젊은 아내의 행방을 찾고 있었다. 신고받은 경찰이 가게 지하실에서 깊이 잠든 사업가의 아내를 발견했다. 여성의 오른쪽 팔에서는 주삿바늘 자국이 발견됐다. 누군가가 마취 주사를 놓은 것으로 보인다."

잡지는 이것이 최근에 일어난 실세 사건이라고 했으나, 논란을 일으킨 책《성적 노예 L'Esclavage sexuel》에서 발췌한 내용이었다. 결국 상상력을 자극하는 홍보 수단이었던 것이다. 오를레앙처럼 여성 인신매매 소문이 도는 지역에서 '소문의 진원지'는 주로 여자 기숙사 학교였다. 노엘 캐퍼러는 이렇게 말했다.

"현실과 단절된 젊은 여학생들이 모여 생활하는 폐쇄된 환경은 성적 환상이 자라날 수 있는 비옥한 토양이며, 억압된 욕망은 그런 가상의 시나리오로 표출되기 마련이다."

또한 어린 딸이 보내는 편지 내용이 부모의 걱정과 두려움을 키웠을 것이 분명하다. 현대의 자녀들은 사회 현실과 격리되어 있지 않고 비디오와 인터넷이 주는 정보를 통해 현실적인 성 감각도 지닐 수 있게 됐다. 그러나 잘못된 성적 환상을 키우고 자극하는 것 또한 인

터넷이며, 그 수단이 합법이든 불법이든 성인과 청소년이 받는 영향
은 똑같다.

몬스터 주식회사

계속해서 새로운 생물 종이 발견된다. 그러나 몇몇 생물은 현재까지
존재한다는 주장만 있을 뿐 실제 증거는 발견되지 않고 있다. 이들
대부분은 의심의 여지 없이 상상력의 산물이며 사람들의 재미 추구
욕구를 충족시켜주기 위해 탄생했다.

1972년 독일 코미디언 로리오가 TV 만화 시리즈 〈카툰〉을 통해
세상에 소개한 야생 퍼그도 그중 하나다. 로리오는 언론인이자 동물
보호 활동가인 호르스트 슈테른의 TV 프로그램 〈슈테른의 시간〉을
패러디한 〈동물의 시간〉 영상을 제작했다. 이 영상은 동물의 모든 신
체적 특징을 개량하는 인간의 '파렴치함'을 다뤘다. 가면을 쓰고 호
르스트 슈테른으로 분장한 로리오는 '인상적인 사례'로 야생 퍼그를
소개했다.

"'말린 꼬리의 애완동물'이라는 기이한 별명을 가진 이 작은 동물
은 한때 우랄산맥부터 피히텔산맥에 이르는 유럽 숲을 다스리는 '지
배자'였다. 하지만 맹수를 가지려는 인간의 맹목적인 욕망 때문에 지
난 500년간 코를 잃어버렸고, '날카로운 퍼그 주둥이'도 사라졌다.

14세기 말 중년 여성들의 무릎에서 무척 거슬리는 존재였기 때문이다. 지금도 몇몇 개체가 숲에 살고 있으며 사냥에 도움이 되는 '짧고 강력한 사슴뿔'을 달고 있다."

숲의 야생 퍼그 이야기는 친근한 풍자에 해당한다. 반면 그 밖의 전설적 동물들은 진짜인지 가짜인지 구별하기가 쉽지 않다.

단연 유명한 동물은 스코틀랜드 산속 호수에 살고 있다는 네시다. 네시는 네스호에 출몰하는 괴물이다. 살아 움직이는 네시를 직접 본 첫 번째 목격자가 되기 위해 해마다 많은 여행객이 네스호를 찾는다. 하지만 지금까지 성공한 사람은 아무도 없다.

565년에 아일랜드 선교사 콜룸바 성인이 '개구리 같으면서 개구리는 아닌' 호수 괴물에게 공격당한 남성을 구했다고 전해진다. 이이야기는 사건이 일어나고 100년이 훨씬 더 지나 아일랜드의 아담난 성인이 콜룸바의 일생을 기록한 책《콜룸바의 전기 Vita Columbae》에 등장한다.

그러나 이 전기는 괴물이 존재한다는 증거를 제시하지 않았으며 지금까지 신고된 수천 건의 현지 주민, 관광객, 다이버, 연구자들의 제보에도 증거는 없다. 괴물의 소리를 녹음하기 위해 수중 음향 탐지기를 설치한 과학자들도, 네스호를 촬영해 누구든 구글 스트리트뷰로 네스호를 관찰할 수 있게 한 (호수의 물속까지 구경할 수 있다) 구글의 촬영자들도 네시가 존재한다는 증거를 인터넷에 올리지 못했다.

확실한 증거라고 제출된 것도 위조였음이 밝혀졌다. 1934년에 수면 위로 뱀 또는 공룡 같은 작은 머리와 긴 목이 올라와 있는 유명한 흑백사진이 공개됐으나 실은 촬영가가 장난감 잠수함에 30센티미터 길이의 나무 조각을 고정해 연출했다는 것이 밝혀졌다.

기자 마머듀크 웨드렐은 1933년에 점점 늘어나는 네시 목격담을 취재해달라는 일간지 〈데일리메일〉의 부탁을 받았다. 그는 상점에서 장난감 잠수함을 구입한 후 자신의 의붓아들인 크리스티안 스펄링에게 괴물 형상을 만들게 했다. 1934년 4월 19일에 사진을 찍고, 사진의 신빙성을 높이기 위해 유명한 외과 의사였던 로버트 윌슨의 이름으로 제출했다. 〈데일리메일〉은 몹시 기뻐하며 1934년 4월 21일에 사진을 게재했다.

비밀은 계속 지켜지다가 웨드렐이 죽은 뒤인 1994년 3월 12일에 그의 의붓아들에 의해 공개됐다. 1933년 12월에 호숫가에서 발견된 거대한 발자국은 금세 사실이 아닌 것으로 드러났으나 그것 역시 웨드렐의 장난이었던 것으로 보인다.

그로부터 70년 뒤인 2003년에 어떤 사람이 호숫가에서 수룡 플레시오사우르스의 등골뼈로 보이는 20센티미터가량의 기다란 화석 조각을 발견했다. 플레시오사우르스는 1억 5,000만 년 전에 멸종한 공룡인데, 네스호는 기껏해야 마지막 빙하기 후인 1만 2,000년 전에 담수가 채워져 호수가 됐다. 또한 화석이 묻힌 사암에 바다 해충이 낸 구멍이 있었다. 장난을 치고 싶었던 누군가가 근처 바다 해안에서 화석 조각을 발견하고 네스호에 가져다 놓았을 것으로 추정된다.

하지만 모든 제보가 거짓은 아니었다. 착각한 사람들도 있었다. 때때로 사람들이 목격한 목표를 향해 헤엄치는 검은 형체는 연어를 사냥하는 물개였다. 호숫물이 출렁이는 것은 파도였다. 파도는 호수의 좁은 지점에서 해안 바위를 때리고 반대 방향으로 이동하다가 새롭게 다가오는 물살과 만나 특이한 형태를 이루곤 했다.

어쨌든 1933년에 네시를 봤다는 제보가 굉장히 많아진 것은 확실하다. 그 이유는 단순하면서도 복잡하다. 우선 그해 7월에 고속도로가 개통됐다. 교통량이 많아지면서 많은 사람이 네스호를 찾았고 목격담도 증가했다. 다음으로 그즈음 한 서커스단이 네스호 주변에 천막을 쳤다. 서커스단 단장 버트럼 힐스는 괴물을 잡는 사람에게 2만 파운드, 오늘날로 치면 약 70만 유로(약 9억 2,000만 원-옮긴이)를 주겠다면서 코끼리들을 호수에서 수영하게 하며 사람들의 상상력을 자극했다. 게다가 그해에 영화 〈킹콩〉이 개봉했다. 영화에선 거대한 고릴라가 공룡과 싸우는 장면이 등장하는데, 네시를 이용해 사람을 모으려 하던 서커스단에게는 행운과 같았을 것이다.

그다음 해에도 호수에 수룡이 존재한다는 그럴싸한 소문은 끊이지 않았고, 기대감은 1972년에 절정에 달했다. 미국의 수중탐사 연구원 로버트 H. 라인스가 네시 탐사대를 꾸렸고, 1972년 11월 1일 기자회견을 하면서 "이 동물이 실제로 존재한다는 사실이 분명해졌다"라고 천명했다. 그가 증거로 제출한 사진은 수십 차례의 편집을 거친 것으로, 정밀 분석 결과 회오리치는 진흙임이 밝혀졌다. 이 동물은 조류학자이자 환경운동가 피터 스콧 경의 제안으로 너무 이른 시기에 네시테라스 롬봅테릭스Nessiteras Rhombopteryx(지느러미가 달린 괴물) 라는 학명까지 얻었다. 알파벳 철자 순서를 바꾸어 분석하면 '피터 S 경의 거짓 몬스터Monster Hoax by Sir Peter S'가 된다.

2012년에 보트 선장 조지 에드워즈가 찍은 괴물 사진 역시 미군 전문가가 분석한 결과 가짜인 것으로 드러났다. 네스호에서 25년 넘게 보트 사업을 운영한 에드워즈는 사진을 직접 조작했다. 조작이 드러난 뒤에도 그는 굴하지 않고 네스호에 기괴한 생명체가 살고 있다고 주장했다.

스코틀랜드 정부도 비슷하게 생각했는지 만일에 대비하여 네시를 보호해야 할 동물 종으로 지정했다. 예술가 집단 '더 두잉 그룹The Doing Group'은 영국의 EU 탈퇴에 관한 국민 투표에서 찬성이 과반수를 얻자 영국 정부에도 네시의 무제한 영주권을 신청했다. 하지만 아쉽게도 2017년 4월 11일, 이들은 언론에 영국 정부가 스코틀랜드 정부에 비해 유머 감각이 부족하다는 이야기를 전해야 했다. 영주권이 거절됐기 때문이다.

두 번째로 유명한 괴생물체는 히말라야에 살고 있다. 산악 가이드의 입담과 미디어에 종종 등장하는 예티Yeti다. 네팔과 티베트 원주민들은 예티를 설명할 때, 붉은 갈색 털로 뒤덮여 있고 두 발로 직립 보행을 하는 2미터의 설인이라고 말한다. 메티Meti라 불리는 멸종 위기에 처한 티베트불곰은 실제 목격자가 존재한다. 탐험가 라인홀트 메스네르는 한때 "예티는 2.20미터의 거구이며 주로 밤에 활동하고 야크를 먹는다"라고 말했다.

진짜로 설인을 봤다는 확실한 기록이 없기 때문에 예티는 상상의 존재로 남아 있다. 많은 사람이 예티의 증거라고 믿는 뼈와 이빨, 털과 배설물이 히말라야에서 발견됐으나 모두 다른 동물들의 것이었다. 2017년 11월에 미국 뉴욕주립대 버펄로 캠퍼스 연구팀은 설인의 샘플 9점을 분석한 결과 8점은 티베트불곰, 1점은 들개의 것이라고 발표했다. 눈 위에서 발견된 발자국도 티베트불곰의 발자국이거나 산악인들이 신는 눈신발 자국이라는 것이 확인됐다. 또는 2011년 10월 둘째 주에 러시아 케메로보주 당국이 알타이산맥에서 여러 개의 예티 흔적을 발견했다고 홍보한 것처럼 관광객을 끌어들일 목적으로 만들어졌을 수도 있다. 1960년에 산악인 에드먼드 힐러리와 말린 퍼킨스가 히말라야 원정 당시 네팔의 쿰부 빙하에서 가져온 이른바 예티의 머리털도 의심의 여지 없이 가짜였다. 분석 결과 염소 털이었다.

세 번째 신비한 존재는 키가 약 2미터에 몸무게가 200킬로그램이 넘는, 무겁고 강한 털북숭이 동물이다. 거대한 발로 북미 숲속을 걸어다닌다고 하여 '빅풋Bigfoot'이라는 이름이 붙었다. 캐나다 인디언 언어로 '사스콰치Sasquatch'로도 불리는데, '숲의 거인'이라는 의미다. 미국에선 빅풋 현장 탐사 조직이 산신령 같은 이 유인원을 추적하고 있지만 이제까지 아무것도 발견하지 못했다.

　수줍음이 많은 야수가 그런 이름을 얻게 된 이유는 1958년에 북부 캘리포니아 델 노르테의 어느 공사장에서 두 명의 인부가 괴물을 봤다며 땅바닥에 남은 거대한 발자국을 제보했기 때문이다. 주간지 〈훔볼트 스탠더드〉가 '목격자가 거대한 발(빅풋)을 봤다'라는 제목으로 기사를 내보냈다. 1967년에 거대한 발을 가진 곰의 영상이 발견되어 빅풋의 존재를 증명할 수 있게 된 듯했으나, 그것은 미국인 레이 월레스가 털 의상을 뒤집어쓰고 아내와 친구들을 쫓아가 놀래는 장면이었다. 2002년에 그의 아들이 마침내 빅풋의 비밀을 털어놓으면서 진실이 밝혀졌다. 1958년에 인부들이 발견한 것도 사실은 아버지 레이 월레스가 커다란 나무 신발을 신고 공사장 진흙에 발자국을 남긴 것이라고 말했다.

　하지만 월레스는 1996년에 찍힌 달리는 빅풋(실제로는 고릴라 의상을 입은 남자였다) 영상과는 아무 관련이 없다. 비슷한 것으로 2008년 여름 휴가철 내내 언론을 장식했던 '얼어 죽은 사스콰치 시체' 사진이 있다. 그 시체는 사실 살아 있는 사람이 분장한 것으로 드러났다. 미국 조지아주에 사는 매트 휘튼과 릭 다이어가 다이어의 동생에게 원숭이 의상을 입히고 냉동고에 들어가게 한 후 사진을 찍은 것이었다.

또한 미국에는 나방 인간, 즉 모스맨Mothman이라 불리는 괴물도 돌아다닌다. 처음 목격된 것은 1966년 11월 14일, 미국 웨스트버지니아주의 소도시 포인트 플레전트에서였다. 로저와 린다 스카베리 부부, 스티브와 메리 말레트 부부는 스카베리의 차를 타고 이동 중이었다. 밤 10시 30분경 그들은 어둠 속에서 2미터가량의 날개 달린 생물체가 건물 위에 앉아 있다가 자신들의 차 주변을 돌다 날아가는 것을 봤다. 11월 16일 자 지역 잡지 〈포인트 플레전트 레지스터〉는 '두 부부가 사람 크기의 새를 보다'라는 헤드라인으로 그날 밤의 사건과 그 '생명체'에 관해 자세히 쓴 기사를 내보냈다.

그다음 달에 이 생명체에 관한 묘사는 신장 4미터에 검은 피부를 가진 존재가 됐으며, 배트맨과 배트맨 시리즈에 등장하는 악당인 킬러모스Killer Moth(나방을 모티프로 하는 악당-옮긴이)가 합쳐진 듯한 '모스맨'이라는 음침한 이름을 얻었다.

수색견이 동원됐지만 모스맨은 발견되지 않았다. 그럼에도 불안감과 공포는 점점 커졌고, 불운을 가져온다는 비슷한 괴물이 인도 신화에 존재한다는 사실까지 알려졌다. 다음 해인 1967년 12월 15일에 포인트 플레전트와 이웃 마을인 카나우가를 연결하는 현수교 실버 브리지가 무너지면서 31대의 차량이 오하이오강에 추락하고 46명의 시민이 사망하는 사건이 발생하자 불안감은 히스테리로 발전했다. 교량 자재의 노후화, 콘크리트에 생긴 균열, 그리고 철강 지지대의 부식이 사고의 원인이었다. 하지만 많은 사람이 모스맨이 불행을 불러왔다고 믿었고, 몇몇은 날개 달린 이 생명체가 과거에도 재앙을 예고했다고 주장했다.

마침내 소총을 든 남자가 포인트 플레전트에 나타나 모스맨을 잡았고, 도시 주민 모두가 모스맨의 정체를 확인했다. 그것은 아주 희귀한 초대형 새, 버지니아 수리부엉이였다. '사람만 한 새'라는 표현은 적절한 것이었다. 모스맨은 새였고, 초대형 수리부엉이였거나 역시 아주 큰 새인 캐나다두루미였을 것이다.

모스맨은 붙잡혔고 불안감도 해소됐지만, 미국에서는 지금도 여전히 생명을 유지하고 있다. 1975년에 UFO 연구가 존 A. 킬이 쓴 소설 《모스맨The Mothman Prophecies》은 2002년에 같은 제목의 영화로도 만들어졌다. 영화 개봉 후 포인트 플레전트 외에도 미국 전역에서 모스맨을 목격했다는 제보가 종종 나오고 있다.

이번에 살펴볼 생명체는 남아메리카에서 활동하며, 유럽에는 잘 알려지지 않았다. 1995년에 중남미 푸에르토리코에서 처음 목격된 추파카브라Chupacabra는 1.5미터 길이의 괴물로, 주로 중남미 지역에서 출몰하며 가축을 습격해 흡혈귀처럼 피를 빨아먹는다. 이 야수에 대해서는 맹수를 향한 농부와 목동들의 증오가 표출되는 듯하다. 신문에 인쇄된 괴물의 모습은 굶주린 야생동물(또는 들고양이나 들개의 부패한 사체)처럼 보인다. 한편 추파카브라의 등에 삐죽삐죽한 뼈가 돋아 있고, 카멜레온처럼 피부색을 주변 환경에 맞춰 바꿀 수 있으며, 외계인처럼 커다란 머리와 돌출된 큰 눈을 가지고 있다는 묘사는 무궁무진한 상상을 불러일으킨다. 다만 2005년 8월에 텍사스 농부가 죽었다는 추파카브라 사진은 허술한 조작에 불과했다. 사체는 흔적도 없이 사라졌으나, 사진을 분석한 결과 코요테가 뜯어 먹은 죽은 짐승이라는 결론이 나왔다.

심심할 때마다 언론에는 이탈리아 가르다호의 괴물에 관한 기사가 등장한다. 보물 수집가 안젤로 모디나가 소나Sonar(물속 물체를 탐지하는 음향탐지기-옮긴이)로 호수 바닥을 탐색하던 중 비행기 잔해를 발견했고, 잔해 사이에서 수상한 뱀 같은 형체를 확인했다. 다이버들이 직접 물속에 들어갔으나 아무것도 발견하지 못했다. 유령이 아니라면 길이가 8미터에 달하는 철갑상어일 가능성이 존재한다. 하지만 이탈리아에서 이 민물 상어는 1960년에 멸종했다.

　2017년에 오스트리아 잘츠캄머굿 인근에 있는 몬트호에서는 철갑상어가 아닌 진짜 상어가 목격되고 사진도 여러 장 찍혔다. 마치 그림으로 그린 듯한 등지느러미는 인간을 공격하는 것으로 알려진 황소상어가 분명했다. 그러나 조작이었다. 이 상어는 민물에서 한 시간 이상 생존할 수 없기 때문이다. 그래픽 아티스트인 게랄드 헤르만이 재미 삼아 인터넷에 합성 사진을 올린 것으로 밝혀졌다.

몬트호의 상어는 장난이었지만, 가르다호와 그 외 호수의 괴물들은 어떻게 된 것일까? 현재까지 관찰된 바가 없고 포획한 사례도 없다. 그런데 캐나다의 모피송어는 이와 조금 다른 경우다. 17세기에 쓰인 서신에 모피송어 새끼가 언급된 이후 많은 사람이 캐나다의 얼어붙은 호수에 딱 어울리는 이 생물을 잡고자 몰려들었다. 마침내 1990년에 온타리오의 한 어부가 송어를 잡는 데 성공했다. 그는 물고기를 로열 스코티시 박물관에 기증했는데 송어에 하얀 토끼털이 감싸진 것을 보고 박물관 감정인이 어부를 나무랐다고 한다. 토끼털 송어를 버렸다가 대중의 비난을 받게 된 박물관은 똑같은 샘플을 직접 제작했고, 샘플은 현재 브리티시 박물관에 신화 속 유니콘의 뿔 등 비슷한 전시품과 함께 전시되어 있다.

'1620년 6월 오스트리아에서 항뮴멜Hangmümmel이라 불리는 희귀한 동물을 서너 명이 목격했다'라는 내용이 그로부터 8년 뒤 배포된 전단에 실렸다. 2018년 초, 독일 라인헤센 지역 소도시 알체이 시립미술관은 산악 염소와 비슷하게 생긴 항뮴멜의 박제표본을 전시했다. 무려 400년 전 표본을 전시하기로 한 이 기획자는 큐레이터 클라우스 마이발트였다. 그는 〈쥐트도이체차이퉁〉과의 인터뷰에서 이렇게 말했다.

"저는 사람들에게 무엇이 옳고 무엇이 그를 수 있는지 곰곰이 생각할 기회를 제공하고 싶었습니다. 세계는 우리가 생각하는 것보다 훨씬 더 복잡하니까요."

이번 주인공은 오스트리아나 캐나다의 호수가 아니라 컴퓨터와 스마트폰 화면에 산다. 포켓몬스터, 줄여서 포켓몬이다. 게임회사 게임프리크Game Freak의 사장 사토시 타지리가 개발하고 1996년에 닌텐도가 발매한 게임에 등장하는 가상의 동물들이다. 이 비디오 게임은 현재까지 2억 장이 넘게 팔렸다.

2016년에 발표되어 전 세계에서 7억 5,000만 회가 넘게 다운로드된 앱 '포켓몬 고'의 동물들은 심지어 현실 공간에서 움직이는 듯한 효과까지 지니고 있다. 앱은 위성항법장치GPS를 이용하여 게임 사용자의 위치를 파악하고 주변의 장소, 예컨대 공원 호수나 눈에 띄는 건물에 포켓몬을 배치하여 가상 게임 세계와 현실 세계를 연결한다.

다른 전설 속 존재들도 비슷하다. 전설 속 존재들은 사고 세계와 외부 현실의 결합으로 태어난다. 다르게 설명하자면, 전설적인 존재는 현실에 생각이 덧입혀져서 생겨난다. 이들 자체는 진짜가 아니라 상상력의 산물이지만, 재미를 위해 또는 알 수 없는 존재에 대해 깊이 뿌리내린 걱정과 두려움과 혼란이 표출되어 선의에서든 악의에서든 진지하게든 농담이든 현실에 존재감을 드러내는 것이다. 그러므로 멸종 위기의 동식물이 점점 늘어가는데도 네시나 빅풋, 예티 같은 존재는 인간 사회에서 계속 자리를 지킬 것이다.

36개의 노래를 외워 부르는 고양이가 있다!

'그는 들어가더니 나오지 않았다. 비밀 출구로 사라진 중개인!'

'악령을 쫓아내는 사제. 냉장고에 악령이 씌었어요!'

'몸매 유지를 위해 엄마에게 아이를 대신 낳게 한 여성'

타블로이드 언론을 패러디하고 가짜 뉴스만 전문으로 다루는 〈노이에 스페치알〉의 헤드라인들이다. 〈노이에 스페치알〉은 1993년부터 1996년까지 격주로 발행됐다. 이 신문의 기자와 디자이너들은 발행인 요아힘 슈타인캄프의 지휘 아래 허위 제보를 '대형 사고'로, 뉴스 조작을 '죽을죄'로 여기는 저널리즘의 이상인 사실주의와 객관성을 마구 침해했다. 그리고 가짜 이야기 만들기에 창의적인 욕구를 남김없이 발휘하고 사실을 왜곡, 각색하려는 언론 특유의 욕망에 자유를 허락했다. 편집자들은 단기간에 4만 명으로 늘어난 독자들에게 솔직한 인사를 건넸다.

"여러분도 잘 알다시피, 우리는 팩트가 거짓이냐에 대한 물음에 신경 쓰지 않는다."

〈노이에 스페치알〉은 선정적인 옐로 저널리즘과 타블로이드 잡지도 내보내지 않는 내용을 꾸준히 발표했다. 하지만 옐로 저널리즘은 살아남은 반면, 의도적으로 거짓 뉴스를 인쇄한 〈노이에 스페치알〉의 수명은 3년에 그쳤다. 계속되는 거짓 뉴스에 독자의 흥미가 떨어졌을 뿐 아니라 대부분의 기사('51명의 신부와 성관계를 맺은 매춘부')가 옐로 저널리즘이 내보내는 기사와 크게 다르지 않았기 때문이다. 또한 기자들이 기사를 쓰는 데 큰 노력을 들이지 않았던 탓도 있다. 자극적인 헤드라인만 있고 실제 기사 내용은 대체로 형편없었기 때문이다. 인쇄 실수와 여러 상스러운 언어 표현은 물론 낮은 품질의 사진, 맞춤법 오류, 편집 없이 인쇄한 듯한 기사 품질이 독자를 불쾌하게 했다. '아담과 하와의 유골이 발견됐다', '커다란 아기가 할머니를 짓눌러 숨지게 하다', '36개의 노래를 외워 부르는 고양이가 있다!'와 같은 헤드라인조차 큰 도움이 되지 않았다.

오히려 미국 여성 주간지 〈위클리 월드 뉴스〉가 큰 성공을 거뒀다. 이 주간지는 허풍처럼 '세계에서 유일하게 믿을 수 있는 신문'이라는 부제를 달았다. 창간호는 1979년에 발간됐는데, 말 그대로 길거리에 뿌리는 신문이었다. 그러다가 1980년대 들어 코믹한 가짜 뉴스 잡지라는 형태를 갖추었고, '네스호의 괴물이 새끼를 낳다'(1992년 4월 14일 자) 등의 기사는 순식간에 100만 명이 넘는 사람이 지갑을 열게 했다. 독자 중 일부는 창의적인 기사와 언론을 풍자하는 인터뷰에 높은 평가를 주었고, 순진하거나 의심이 많은 일부 독자는 세계에 악한 세력이 존재하며 음모가 있다는 자신들의 믿음을 확인받기도 했다. '북한에서 노아의 방주가 발견되다!', '벌꿰는 외계인의 원자로였다!', '중국의 대량살상무기 SARS'와 같은 헤드라인은 특히 신비주의자와 음모론자, 기독교 신자에게 뜨거운 관심을 받았다. 1988년

봄에는 슈퍼마켓에서 엘비스 프레슬리를 봤다는 어느 주부의 제보가 폭발적인 관심을 모았다. 그때부터 '엘비스가 살아 있다!'라는 소문이 미국 전역에 퍼져 지금까지도 많은 이들의 흥미를 유발하고 있다. 단지 소문의 진원지인 이 잡지만 2007년부터 존재하지 않을 뿐이다. 〈위클리 월드 뉴스〉는 인터넷 뉴스와의 전쟁에서 패해 흔적도 없이 사라졌다.

인터넷에서는 누구나 허위 제보를 하거나 거짓 소문을 만들어 무료로 세상에 퍼뜨릴 수 있다. 가끔 속는 것이 아니라 정기적으로 거짓이야기를 읽는 재미를 원하는 사람들에겐 이미 적당한 웹사이트들이 존재한다. 독일을 예로 들면 슈테판 지커만이 2008년에 만든 사이트 '포스틸리온'이 있다. 홈페이지 간판에 '진짜 뉴스들: 독립 언론, 빠른 정보, 1845년 창간'이라고 쓰여 있는 이 사이트는 400만 명이 넘는 이용자에게 가짜 뉴스를 제공하고 있다. 오스트리아의 '타게스프레세' 그리고 스위스의 '데어엔트휠러'에서도 이용자들이 수많은 가짜 사건을 주제로 대화를 나눈다.

가장 먼저 인터넷에 등장한 것은 미국 풍자 잡지 '어니언'이다. 1988년에 풍자 만화 잡지로 시작해 1996년에 정식 사이트가 만들어졌다. 가장 최신 사이트는 2014년에 생긴 '카바리스탄 타임스'로, 이슬람국가에는 풍자가 존재하지 않는다는 근거 없는 선입견을 깨주었다. 이 풍자 사이트는 파키스탄 사람이 운영하며 'NASA가 화성에서 알라의 존재를 확인하다' 등의 헤드라인을 내걸었다. 다만 2017년 1월 25일 자로 파키스탄 이용자만 들어갈 수 있게 하는 제한이 생겼다. 그래도 여전히 카바리스탄의 뉴스는 읽을 수 있다. 일간지인 〈파키스탄 데일리 타임스〉에도 연재되기 때문이다.

뉴스 제작자와 대중이 인터넷을 이용하며, 최근에는 발행인이든 독자든 모두 스마트폰으로 뉴스를 이용하기 때문에 오래된 매체는 점점 사라지고 있다. 2014년에 북부 독일 방송은 〈포스틸리온 24시 뉴스〉를 여섯 편 시리즈로 방영했고, 중부 독일 방송은 〈포스틸리온 라디오 뉴스〉를 송출했으며 같은 해에 《포스틸리온, 160년간 최고의 뉴스들Der Postillon. Das Beste aus 160 Jahren》이라는 책을 발간했다.

인쇄물이든 방송이든 온라인 뉴스든, 이런 매체는 옐로 저널리즘이나 타블로이드 잡지는 물론 진지한 언론과 심각한 뉴스에 대한 신뢰도마저 떨어뜨린다. 최초의 가짜 뉴스 매체는 대략 100년 전, 오스트리아 빈의 일간지 〈노이에 프라이에 프레세〉에 아더 슈츠가 자신이 만든 소책자 〈그루벤훈트〉를 끼워 넣은 것으로 알려져 있다. 12쪽짜리 〈그루벤훈트〉는 슈츠를 '공학박사 에리히 빙클러 에들러 폰 후벤그룬트'로 소개하며 1914년 오순절 특집으로 배포됐는데, 요청이 많아지자 2호를 발간하게 됐다. 이 소책자는 계간지로 만들어졌으나 제1차 세계대전이 발발하면서 성격이 바뀌었다. 전쟁 시에는 전혀 다른 내용의 가짜 뉴스가 배포되어야 하는 법이니까 말이다.

외계인이 온다!

1989년 11월, 벨기에에서는 미확인 비행물체UFO를 봤다는 목격담이 연달았다. 밤하늘에 계속해서 빛을 내는 수상한 물체가 나타났다는 것이다. 대부분의 목격자는 세 개의 광원이 삼각형 모양으로 배열됐다고 말했다. 그다음 달에는 1,000명이 넘는 사람들이 그런 물체를 봤다고 신고했다. 1990년 4월에 마침내 언론이 사진 한 장을 발표했다. 벨기에 발로니아주 베르비에 지역에 있는 작은 마을 쁘띠흐샹 상공에 네 개의 광원을 지닌 물체가 떠 있었다. 세 개의 광원에는 노란 줄무늬가 있었고, 중앙의 동그란 노란 광원 주위로 빨간 테가 둘려 있었다. 그 지역을 자주 지나는 NATO 기동대의 헬리콥터는 아니었다. 헬리콥터에는 그런 광원이 없기 때문이다.

그것은 외계인의 우주선이었을까? 아니다. 그로부터 20년 뒤인 2011년에 패트릭이라는 남자가 그 사진은 직장 동료에게 장난으로 보낸 사진이었다고 고백했다. 직장 동료들이 그것을 언론에 제보한 것이다. 그는 스티로폼으로 삼각형을 만들고 전구를 끼워 넣어 밝게 빛나게 한 뒤 검은 밤하늘을 배경으로 초점이 흔들리게 사진을 찍었다고 말했다. 마치 움직이는 비행물체가 있는 것처럼 말이다.

제2차 세계대전이 끝난 뒤 비행접시와 수상한 비행물체를 봤다는 제보는 1만 건이 넘었다. 이들 물체가 지구 밖에서 온 것이라는 증거는 전혀 없었다. 무엇인가가 발견되면, 그것은 늘 자연이나 사람이 만들어낸 것으로 판명났다. 예를 들어 언론에서 사람들에게 산 사진은 기상관측 풍선, 기괴한 모양의 구름, 비행기 위치등, 반사된 지상 조명의 빛, 드론, 신형 항공기, 로켓 테스트, 건축 자재 시장에서 파는 모조 비행접시와 우주선 모형 등이었다. 1965년에는 고든 포크너라는 남자가 영국 남서쪽 월셔 지역의 소도시 워민스터 하늘을 나는 비행접시를 촬영했고, 지역 일간지 〈데일리 미러〉가 1965년 9월 10일 자 지면에 그 흐릿한 사진을 실었다. 하지만 그의 친구가 1992년에 고백한 내용에 따르면 그 사진 역시 가짜였다.

독일의 UFO 목격 제보를 조사하는 연방 방위군이 설득력 있는 설명을 내놓았다. 외계 생명체가 가장 가까운 태양계에서 지구까지 오려면 적어도 4광년의 시간이 소요되므로 비현실적이라는 내용이었다. '무인 우주탐사선의 경우 지구까지 대략 3억 2,000년 동안 비행을 해야 한다. 잠시 들렀다 가기에는 그 노력과 시간이 아깝다. 따라서 이제까지 사람들이 목격한 외계인의 순간적인 방문은 불가능하다'라는 논리다.

신중한 검토 결과 UFO의 정체가 무엇인지 확인됐음에도 목격했다는 제보는 그치지 않는다. 게다가 200만 명의 미국인이 자신이 외계인에게 납치됐다고 주장한다. 여기에는 의학 전문가들이 가능한 설명을 내놓았다. 공중에 떠서 빛에 노출된 듯한 느낌은 잠에서 깨어날 때 뇌에 혈액을 공급하기 위한 생리적인 현상 때문에 생긴다. 또한 그 과정에서 잠재이식은 대중매체가 전하는 상상력 가득한 보도를 자주 접하면서 무의식중에 내면화된 가짜 이미지와 잘못된 기억을 불러내 꿈으로 송출하기도 한다.

알지 못하는, 그래서 두려운 외계의 존재가 있다고 믿는 또 다른 이유가 있다. 사람은 낯선 존재에 대한 두려움, 특히 외부로부터 오는 위험에 대한 두려움을 무의식중에 표출하기 때문이다. 1989년과 1990년 사이에 전후 질서가 무너지면서 UFO를 봤다는 사람들이 무척 많아진 현상은 충분히 이해가 된다. 비행물체를 봤다는 최초의 목격담도 냉전이 시작되고 나서 등장했다.

1947년 6월 14일경에 미국 뉴멕시코주의 로즈웰에서 북쪽으로 50킬로미터 떨어진 양 목장에서 윌리엄 브레즐은 수상한 파편을 발견했다. 미군은 이것을 비행접시의 파편이라 규정했다. 그 즉시 이 물체와 이름이 세계에 알려졌다. 1947년 7월 8일 지역 일간지 〈로즈웰 데일리 레코드〉는 '로즈웰 육군 비행장이 로즈웰의 목장에서 비행접시를 발견했다'라는 제목으로 기사를 내보냈다. 잠시 후 그 파편이 기상관측 풍선에서 떨어져 나온 파편에 더 가깝다는 정정 보도가 나갔지만, 우주인이 지구를 방문했다는 의혹을 가라앉히기엔 너무 늦은 시점이었다.

그러나 공식 정정 보도 역시 오보였다. 사실 뉴멕시코주와 애리조나주, 네바다주의 황무지에서 미군은 새로운 무기를 개발하고 시험 중이었다. 이곳에서 핵무기도 제작됐는데, 로즈웰에서 200킬로미터 떨어진 곳에 1945년 7월 16일 세계 최초의 플루토늄 폭탄이 떨어졌다. 이곳에서 날개 없는 항공기가 시험 비행을 했으며, 소련의 장거리 미사일과 핵무기 실험을 감지하고 기록하기 위한 음향관측 풍선도 이곳에서 만들어졌다. 극비 활동을 감춰야 했던 미군은 진실을 알리는 것보다 대중을 속이는 편을 택했다.

비밀이 있는 듯한 대응은 무성한 추측이 나돌게 했다. 비교적 늦게 관심을 받았지만 가장 큰 파장을 몰고 온 소문은 1947년에 외계인의 조각난 시체가 함께 발견됐다는 내용이다. 마치 이 소문을 증명이라도 하듯 외계인의 사진들이 발표됐는데, 지구 밖에서 온 존재는 이상하리만큼 인간과 닮은 모습이었다. 게다가 기술적으로 훨씬 발달한 문명을 가진 외계인이 지구에 불시착하기 위해 10억 킬로미터나 날아왔다니, 놀라지 않을 수가 없다. 바보도 아니고 말이다.

증인을 자처한 장의사 글렌 데니스가 1989년에야 자신이 발견한 충격적인 사실을 기억해낸 것도 이상한 일이다. 그는 결국 위증으로 유죄 판결을 받았다. 그에게 외계인의 시체에 대한 설명을 해주고 1947년에 알 수 없는 이유로 사라졌다던 '나오미 마리아 셀프'라는 영안실 간호사를 찾아봤으나 당시 군 병원에 그런 이름의 간호사는 없었기 때문이다. 또한 그가 외계인 시체라고 주장하는 조각도 너무 작았다. 낙하산을 테스트할 때 추락 방식을 조사하기 위해 높은 곳에서 떨어뜨리는 시험용 인형('더미'라고 부른다)이 있다. 장비 회수팀이 대부분의 파편을 회수하지만 몇 개는 빠트리는 경우가 있으며, 그런 조각은 대개 수년 뒤에 우연히 발견된다.

많은 UFO 신비주의자들에게 이런 설명은 너무 현실적이다. 그들의 상상력은 더 많은 것을 요구한다. 그래서인지 2011년에 기자 애니 제이컵슨은 새로운 이론을 내놓았다. 발견된 외계 존재가 사실은 국가사회주의 독일 노동자당, 이른바 '나치스' 시절 아우슈비츠에서 일했던 의사 요제프 멩겔레가 아이들을 이용해 만들어낸 끔찍한 실험 인체라는 것이다. 이 인체를 1945년에 소련이 우연히 입수해, 미국 국내에 혼란을 불러일으키고자 비행물체에 태워 미국으로 발사했다는 이야기다.

대부분의 UFO 신봉자는 계속 새로운 편집증에 빠져 자신들의 주장을 모든 종류의 반박으로부터 철저히 보호하려 한다. 외계인은 실제로 존재한다. 증거가 없다고? 어떤 세력이 철저히 감추고 있기 때문이다! 왜 감추려고 하지? 알려지면 안 되니까!

어쨌든 로즈웰 주민들은 옳았다. UFO 신비주의자들과 외계인 연구자들이 매년 열리는 로즈웰 UFO 페스티벌에 참가하기 위해 많은 현금을 들고 찾아오기 때문이다. 영국 워민스터 역시 비행접시 팬들 덕분에 한동안 꽤 짭짤했을 것이다.

4장

실체 없는 지식

주교의 무덤을 발견하다

1880년에 유명한 화폐 수집가 장칼로 로시는 자신이 소장한 화폐 사진을 담은 〈중세와 근대의 이탈리아 화폐 카탈로그〉를 발표했다. 중세와 근대 이탈리아 화폐에 관한 한 지금까지도 최고의 화폐 자료로 꼽힌다. 카탈로그를 발간한 해에 그는 자신이 이제 세계 최고의 화폐 수집가로 등극했으니 그 명성으로 평생 먹고살 수 있겠다고 생각했다. 그즈음 한 농부가 밭에서 주교의 무덤을 발견했다며 그를 찾아왔다. 고서와 금은 십자가를 비롯해 여러 가지 기독교 보물이 쏟아져 나왔고, 로시는 많은 돈을 주고 4세기 유물의 공백을 채워줄 '기독교 사도 시대의 가장 중요한 보물들'이 묻힌 그 밭을 샀다. 1890년에 그는 자신의 보물들에 대해 풍부한 설명과 묘사가 담긴 491쪽짜리 책을 출간했다.

얼마 후 보물의 진위에 대한 의혹이 생겨났다. 독일의 교회사 전문가 하르트만 그리자르가 〈가톨릭 신학 잡지〉에 의문이 생긴다는 평가를 남긴 지 5년이 지난 뒤였다.

"나는 그 모든 보물이 가짜라고 생각한다. 왜냐하면 보물이 발견된 계기와 발견된 모습과 보물의 성격 모두가 거짓이라는 표시를 보이기 때문이다."

행운을 거머쥔 농부의 이름도 밝혀지지 않았고, 밭의 위치도 알려지지 않았다. 그 밭이 어느 주교의 무덤이었다는 것과 성직자의 관에 그런 성물들이 함께 매장됐다는 것도 믿을 수 없다. 그리자르가 놀라워한 부분은 더 있었다.

"더구나 이 수수께끼 같은 보물에는 엄청난 양의 기구와 금속, 책이 포함되어 있다. 성당이 이렇게 많은 물품을 주교의 장례를 위해 내놓았다는 것도 이해할 수 없다. 그것들은 성찬용 잔과 성반, 세례 용품 등 1년 내내 성례에 사용되는 도구들이다."

마지막으로 이들 미사 물품과 다른 귀중품에 그려진 상징을 살펴보면 8~9세기 또는 그 이후 시대 관습을 따라 한 것이라는 결론이 나온다. 왜냐하면 이들 상징이 중세 시대에 생겨난 기독교 관습(예컨대 종부성사)을 반영하고 있었기 때문이다.

"모조품 제작자가 어리석은 일을 저지른 듯하다. 그 보물들이 제조된 해는 빨라도 1880년이다."

다만 누가 이 일을 꾸몄는지에 대해서는 여전히 확실하게 알려진 바가 없다.

다빈치의 자전거

———

자전거는 1817년에 카를 폰 드라이스 남작이 발명했다고 알려져 있다. 바덴 지역의 삼림청장이자 요샛말로 괴짜였던 그는 열정적인 발명가였고, 자신이 개발한 탈것에 조향장치인 핸들이 달려 있다는 것을 자랑하곤 했다. 긴 나무 기둥에 두 개의 바퀴와 방향을 잡는 막대기만 달린 장치에는 페달이 없어 타는 사람이 달리듯이 발을 굴러야 했다. 그래서 '달리는 장치'라는 이름이 붙기도 했다.

그런데 이보다 300년 전에 천재 레오나르도 다빈치가 자전거를 발명했다는 이야기를 들어봤는가? 이 다재다능했던 천재가 남긴 중요한 스케치 모음집인 〈코덱스 아틀란티쿠스Codex Atlanticus〉에는 자전거 도면도 있었다. 2002년 9월에는 이탈리아 건축가이자 디자이너인 조반니 사치가 다빈치의 도면을 참조해 만든 실물 자전거가 독일 뮌헨의 현대 미술관 현관에 세워지기도 했다. 세계 최초의 자전거 견본인 셈이다.

이탈리아의 천재 레오나르도 다빈치는 잠수함과 비행기와 갑옷을 발명했을 뿐만 아니라 자전거까지 만든 걸까?

꼭 자전거처럼 보이는 탈것의 설계 스케치는 1974년에 〈코덱스 아틀란티쿠스〉의 한 설계도 뒷면에서 발견됐다. 이상한 점은 1960년에 다빈치의 모든 설계도와 메모 뭉치를 검토할 당시에는 그 스케치가 없었다는 것이다. 그래서 물리역사학사 한스-에르하르트 레싱은 누군가가 스케치를 추가한 것이라고 확신했다. 1997년에 스코틀랜드 글래스고에서 열린 제8회 국제 자전거 역사 콘퍼런스에서 이탈리아의 과학사가인 페데리코 디 트로키오가 이 주장을 입증하는 발표를 했다. 레오나르도 다빈치가 그린 두레박 사슬 설계를 보고 누군가가 다빈치의 스케치에 페달이 달린 자전거를 몰래 추가했다는 내용이다.

결국 레오나르도 다빈치가 자전거를 발명했다는 이야기와 다빈치의 자전거는 허구로 밝혀졌다. 그래서 뮌헨의 미술관도 처음에는 사치의 실물 자전거 전시를 거절했다. 하지만 광고 효과가 컸기 때문에 이 자전거를 일반 자전거와 나란히 현대 미술관 현관에 세워두어 대중에게 공개했다.

예술가 갈릴레오 갈릴레이

———

과학자들은 무턱대고 연구를 시작하지 않는다. 어떤 현상이나 대상에 궁금증을 가지고 관찰한 뒤 가설을 세운 다음 이를 증명하려고 한다. 가설에 부합하는 것은 어느 것이나 환영받기 때문에 과학자를 속이기는 때때로 무척 쉽다.

2005년에 독일 예술사학자 호르스트 브레데캄프에게는 흐뭇해할 일이 있었다. 그의 '갈릴레이 예술가설', 즉 갈릴레오 갈릴레이가 천재 과학자였을 뿐 아니라 위대한 예술가였으며 예술을 향한 열정이 그를 과학 세계에 입문하게 했다는 가설이 입증됐기 때문이다. 갈릴레이의 저서 《별들의 소식Sidereus Nuncius》의 초고로 여겨지는 자료가 발견된 것이다. 갈릴레이가 달의 표면을 평면이 아니라 둥글게 그려낸 것이 특징이다. 그때까지 발표된 판본은 다른 예술가의 판화와 동판화가 삽화로 수록됐던 것인 반면, 새롭게 발견된 초고는 교정쇄인 것이 분명했다. 달을 관찰한 저자가 잉크로 직접 그린 다섯 개의 스케치에는 손과 머리처럼 대상의 미적인 형태가 눈에 띄며, 갈릴레오 갈릴레이의 생각이 그대로 투영되어 있었다.

브레데캄프는 〈예술가 갈릴레이. 달. 태양. 손〉이라는 논문을 2007년에 아카데미 출판사를 통해 대중에게 공개했다. 알렉산더 폰 훔볼트 재단을 비롯한 몇몇 학술 기관이 나서서 그의 주장이 옳았다는 것을 확인해주었다.

사실 《별들의 소식》은 갈릴레이의 예술가적인 천재성보다는 또다른 누군가의 천재적인 위조 능력을 알려주는 책이다. 미국 애틀랜타의 조지아 주립대학교에서 일하는 영국인 르네상스 전문가 닉 윌딩은 2005년에 뉴욕의 골동품 중개인 리처드 랜이 갈릴레이의 초고를 내놓았을 때, 책에 있던 소유자 표시를 보고 의심을 품었다. 그는 초고가 입수된 경로를 조사했으나 갈릴레이의 후원자였던 귀족 프레데리코 체시의 서가에 출입한 흔적이 없다는 사실만 확인했지, 출처는 알 수 없었다. 그러다가 한 경매 카탈로그에서 갈릴레이의 교정

쇄와 똑같아 보이는 원고를 발견했다. 기울어진 알파벳과 잉크 얼룩까지 똑같았다. 그는 정확히 똑같은 얼룩을 1964년에 출판된《별들의 소식》팩스 인쇄본에서도 확인할 수 있었다. 마침내 윌딩은 한 사람을 지목했다. 마리노 마시모 데 카로. 그는 학자이자 이탈리아 문화부 직원일 뿐 아니라 모조품 제작자였다.

월딩은 브레데캄프에게도 이 사실을 전했지만 그는 자신의 멋진 이론에 심취해 그런 못마땅한 이야기를 받아들이지 못했다. 2013년이 되어서야 진실이 드러나기 시작했다. 저명한 예술사 교수는 모조품에 속은 것이 분명했다. 모조품에는 서투른 흔적도 있었다. 낡아 보이던 종이는 실제로는 낡지 않았고, 수채화는 데 카로의 요청으로 아르헨티나의 복원 전문가가 그려 넣었으며, 책 자체는 저렴한 감광 수지판을 이용하여 팩스 기계로 인쇄한 것이었다.

마침내 데 카로가 입을 열어 자신은《별들의 소식》을 위조한 것이 아니라 재해석한 것이라고 말했다. 그 발언으로 데 카로는 불리한 상황에 몰리게 됐는데, 그가 모조품만 제작한 것이 아니라 암거래상으로도 활동했음을 자백한 셈이기 때문이다. 그가 2011년에 나폴리에 있는 비블리오테카 데이 지롤라미니 도서관장이 되고 나서 도서관이 소장해온 진품 필사본과 수백 년 전의 고서들을 줄줄이 팔아치운 일이 드러났고, 그는 징역형을 선고받았다.

디젤에 관한 클린하지 못한 진실

———

"디젤이 깨끗해졌다!"

어느 자동차 제조사가 말했다. 디젤 자동차가 환경과 건강에 해로운 미세먼지와 질소산화물을 내뿜는 시대는 지나갔다고 말이다. 미세먼지는 폐암을 유발할 수 있으며, 질소산화물은 안구와 호흡기 점막을 자극하고 더 나아가 뇌졸중과 심근경색의 위험을 높일 수 있다.

예컨대 폭스바겐 그룹은 수백만 유로를 투입해 '클린 디젤'을 홍보하고 새롭게 출시한 TDI_{Turbocharged Direct Injection} 엔진을 장착한 자동차 모델들, 즉 골프 TDI 클린 디젤, 파사트 NMS TDI 클린 디젤, 아우디 A4 3.0 TDI 클린 디젤 등의 모델을 대대적으로 광고했다. 아우디 R10을 비롯한 몇몇 모델은 심지어 '믿을 수 없는 TDI-파워'를 지녔다고 자랑했다. 한 TV 광고는 새 디젤 차량이 얼마나 깨끗해졌는지 직접 보여주기까지 했다. 중년 여성이 시동이 걸린 자신의 폭스바겐 차량 배기구에 새하얀 손수건을 갖다 대고 새로운 골프 모델에선 이전처럼 지저분한 그을음이 생기지 않는다는 것을 보여준다. 그녀는 "이것 봐, 얼마나 깨끗한지 몰라"라고 미소 지으며 말한다. 이때 화면엔 폭스바겐의 슬로건 '클린 디젤, 정말 더 깨끗한 디젤'이라는 문구가 지나간다.

더 중요한 것은 새로운 디젤 모델이 무척 경제적이라는 사실이다. 미국 신문에 실린 폭스바겐 광고에 따르면 파사트 TDI는 한 번 주유하면 최대 814마일을 달릴 수 있다. 814마일을 킬로미터로 변환하면 무려 1,302킬로미터다! 기자들은 엄청난 연비에 설득당했다. 자동차클럽 ADAC에서 시행한 환경 평가에서 아우디 A4 디젤 모델은 별 네 개를 받았고, '구매를 강력하게 추천함' 평가를 받았다.

그러나 업계의 홍보 뒤에 실체가 없다는 사실을 알아야 했다. 제조사의 발표에 따르면 디젤 아우디 A4는 사륜구동인데도 100킬로미터를 갈 때 연료 5.6리터를 소비한다. 반면 2010년 7월에 자동차 전문 잡지 〈아우토 모토어 운트 슈포르트〉는 "클린 디젤은 중속 및 고속 주행 시 더 많은 연료를 소비한다. 시험 결과는 8.5리터였다"라는 기사를 쓴 적이 있다.

2007년에 한 아우디 직원은 사내 메일로 '조작 없이는' 미국의 엄격한 디젤 배출 규정에 맞출 수 없다고 보고했다. 7년 뒤에는 대중도 이 사실을 알게 됐다. 2014년 5월, 국제친환경교통시민단체ICCT가 웨스트버지니아대학교에 두 가지 폭스바겐 디젤 모델을 분석해달라고 의뢰했다. 분석 결과 VW 제타 VI에서는 미국 기준치의 35배 이상, VW 파사트에서는 20배 이상의 유해 배기가스가 배출됐다.

2014년 9월에 독일 잡지 〈슈피겔〉이 이 연구를 다뤘다. 〈슈피겔〉은 폭스바겐의 현대식 엔진 제어 시스템이 차가 실내 시험 환경에 있는지 아닌지를 감지하여, 시험 환경일 경우 차량을 시험에 최적화된 모드로 운행한다고 요약 정리했다. 경제 잡지 〈한델스블라트〉는 속임수가 있다는 소문이 이미 1년 전부터 떠돌았다고 주장했다.

폭스바겐 모델은 실내 시험 환경에선 기준치 미만의 질소산화물을 배출했고, 실외 환경에선 배출량이 기준치를 넘었다. 심지어 최근의 엄격한 '유로 6' 기준을 획득한 신규 모델도 실외에서는 허용 기준인 킬로미터당 80밀리그램이 아니라 무려 507밀리그램을 배출했다.

마침내 모두의 예상대로 2015년 9월 18일에 미국 환경보호청이 폭스바겐 그룹의 편법을 고발하고 소송을 제기했다. 프랑스, 이탈리아, 스페인, 벨기에 그리고 당연히 독일에서도 고발과 소송이 이어졌다. 고발과 소송의 핵심 대상은 '현대식(?) 엔진 제어 시스템'을 장착하고 세계적으로 약 1,100만 대가 판매된 폭스바겐 그룹의 아우디, 포르셰, 폭스바겐, 세아트, 스코다였다.

이른바 '디젤게이트'는 독일의 또 다른 자동차 제조사, 다임러도 피해 갈 수 없었다. 슈투트가르트 검찰은 '조작 의혹과 과대광고' 혐의로 이 명품 자동차회사를 기소했다. 벤츠 C-클래스가 질소산화물을 90퍼센트 저감했다는 광고와 달리 질소산화물을 별로 저감하지 않았다며 독일 환경단체가 의혹을 제기했기 때문이다. BMW는 2018년 3월, 1만 1,700대의 차량에 실내 시험장에서 배기가스를 저감시키게 하는 조작 소프트웨어를 '실수로' 장착했다고 인정했다.

오랜 기간 기술 조작과 소비자 기만을 부정해온 자동차 제조사들은 여전히 디젤 엔진을 내세우고 있다. 실제로 새로운 방법이 개발되면 유해가스를 덜 배출시키고, 교통 여건에 따라서는 획기적으로 줄일 수도 있을 것이다. 또한 화학회사들도 노력을 지속하고 있다. 기술 개발을 통해 생산 단계부터 친환경적이고 에너지를 덜 소비하는 합성 연료 '슈퍼 클린 전동 디젤Super Clean Electrified Diesel'이 완성되면 배기가스 저감장치에 대한 비용은 더는 문제가 되지 않을 것이다. 그때 비로소 '디젤이 깨끗해졌다!'라고 할 수 있을 것이다.

인도의 밧줄 묘기
—

마술사가 밧줄을 허공으로 던지자 밧줄이 똑바로 선다. 한 소년이 밧줄을 타고 올라가 연막 속으로 사라진다. 동화에서나 볼 수 있는 마법 같다. 그러나 현실에서도 그런 일이 일어날 수 있다! 1890년 8월 9일에 일간지 〈시카고 데일리 트리뷴〉은 인도 가야에 특파된 기자와 디자이너가 실제로 이 마술을 목격했다고 보도했다.

그때부터 인도의 밧줄 마술 신화가 세계 문화사에 남게 됐다. 그 보도가 가짜라는 사실은 처음부터 분명했다. 밧줄 마술 기사의 목적은 판매량을 증가시키는 것이었다. 기사를 쓴 기자의 이름은 '프레드 S. 엘모어Fred S. Ellmore'로, 더 많이 팔겠다는 영어 단어 'sell more'가 숨어 있었다. 그리고 이런 숨은 단어를 미처 읽지 못한 많은 이들을 위해 편집부는 넉 달 후 정정 보도문을 실었다. 분명 늦은 대처였다. 사람들은 환상적인 상상에 빠졌고, 가짜 이야기는 대중의 생각에 깊이 뿌리내렸다. 무미건조한 현실이 전부가 아닐 거라는 생각과 중력을 극복할 수 있다는 희망은 아이들과 예술가, 서커스 곡예사만 품는 것은 아닌 듯하다.

수정 해골

—

이것은 전기 전도성을 지니며 컴퓨터처럼 정보를 저장할 수 있다. 이것은 인간의 모든 지식을 저장할 수도 있다. 이것 위에 손을 얹으면 어떤 질문이든 답을 얻을 수 있다. 이것은 세계의 모든 수수께끼를 푼다. 이것은 그동안 세계에서 일어난 재앙들을 한참 전에 예언했다. 그리고 이것으로 사람을 죽일 수도 있다.

이것이 무엇일까? 바로 수정 해골crystal skull이다. 1878년에 유럽에서 처음 발견됐고, 총 13개가 존재한다고 알려져 있으며, 아메리카 대륙에서 마야인들이 만들었다고 추정된다. 아즈텍인들, 아니면 잉카인들이 만들었다는 주장도 존재한다. 누가 만들었건 분명 수정 해골은 콜럼버스가 아메리카 대륙을 발견하기 전에 있었던 아메리카 고대 문명이 남긴 유산이다. 그런데 사실 아메리카 원주민들도 이것을 대대로 물려받았을 뿐이다. 왜냐하면 이 해골은 원래 지구를 방문한 외계인들이 아틀란티스 사람들에게 선물한 것이기 때문이다.

수정 해골에 관해 떠도는 전설은 대개 이런 내용이다.

"나는 개인적으로 수정 해골이 고대의 지식과 지혜를 현대인에게 나눠주기 위함일 뿐 아니라 우리 인간을 한층 더 높은 영적 차원으로 끌어올려 인간 자신을 더 잘 이해할 수 있게 하기 위해 존재한다고 생각한다. (…) 만약 수정 해골이 외계에서 오지 않았다면, 현대의 우리보다 기술적·영적으로 훨씬 더 뛰어난 문명이 한때 지구에 존재했음이 분명하다."

조슈아 샤피로가 R. 노체리노, 산드라 보웬과 함께 뇌가 없는 이 해골의 비밀을 탐구한 책 《수정 해골의 신비를 밝히다Mysteries of the Crystal Skulls Revealed》에 쓴 문장이다. 《수정 치유: 새로운 단계Crystal Healing. The Next Step》를 쓴 작가 필리스 갈데는 그보다 더 높은 영적 차원을 언급한다.

"수정은 알려지지 않은 뇌 영역을 자극하고 절대자에게 이르는 영혼의 문을 열어준다."

수정에 초자연적인 치유력뿐 아니라 신의 영역으로 이동하게 해주는 능력이 있다는 얘기다.

가장 유명한 수정 해골은 세 개다. 하나는 파리의 케브랑리 미술관에 1878년부터 보관되어 있고, 다른 하나는 런던의 브리티시 박물관에 1897년부터 소장되어 있다. 마지막으로 가장 중요하고 특별한 신비에 싸인 해골, '저주받은 해골'은 개인이 소유하고 있다. 앞의 두 개는 프랑스의 골동품상인 유진 보반이 소유했던 것으로, 그는 1860년대에 멕시코시티에 거주하며 막시밀리안 황제(멕시코 황제였던 페르디난트 막시밀리안 요제프를 지칭-옮긴이)를 위해 일하기도 했다. 뇌 부분이 사람들의 특별한 관심을 불러일으키는 세 번째 해골은 영국의 보물 수집가이자 작가였던 프레더릭 알베르트 미첼 헤지스(영화 〈인디아나 존스〉의 실제 모델이다)와 그가 입양한 딸 안나 미첼 헤지스가 발견했다. 두 사람은 영국령 온두라스에서 아틀란티스 유적을 찾다가 고대 마야 도시인 루반툰의 신전 폐허에서 해골을 발견했다고 말했다.

안나 미첼 헤지스는 신비로운 해골이 발견된 날짜가 자신의 열일곱 번째 생일인 1924년 1월 1일 또는 1930년대의 언제쯤이라고 여러 차례 언급한 바 있다. 하지만 그녀의 양아버지는 탐험기록에 정확한 발견 날짜를 쓰지 않았다. 그는 1954년에 자서전《위험, 나의 벗 Danger My Ally》을 쓰면서 자신은 해골에 관해 아무것도 몰랐으며, 상상력을 동원해 해골이 '최소 3,600년 전의 유물이고, 마야인의 전통인 비밀 의식에서 제사장이 사용했으며, 만약 해골을 가진 이가 어떤 사람을 죽이려고 마음먹으면 그 사람은 반드시 죽었다'라는 이야기를 지어냈다고 고백했다. 자서전에서 그는 그 전통이 무엇이고, 해골의 소유자가 누구였는지는 밝히지 않았다. 아마도 구체적인 설명이 신빙성을 떨어뜨릴 것임을 알았던 듯하다. 초판이 배포된 이후 수정 해골에 관한 모든 내용은 통째로 삭제됐다.

미첼 헤지스의 이야기보다 더 믿을 만한 이야기는 해골이 헤지스보다 먼저 영국으로 이동했다는 이야기다. 1933년에 런던의 미술상 시드니 버니가 해골을 입수했다. 1936년 7월에 영국 인류학 잡지 〈맨〉

이 수정 해골에 관한 기사를 실었다. 그리고 1943년에 런던에서 열린 소더비 경매에 해골이 등장했다. 해골을 낙찰받은 사람의 이름은 프레더릭 알베르트 미첼 헤지스였다. 낙찰가는 400파운드(현재 환율로 약 60만 원-옮긴이)였다.

이 탐험가가 1959년에 세상을 떠나자 그의 입양 딸 안나 미첼 헤지스는 자유를 얻었다. 그때부터 그녀는 마야제국의 아틀란티스인들이 남긴 '저주받은 해골'을 크게 홍보하며 1967년부터 해골과 함께 세계 투어에 나섰다. 이 불길한 해골은 신비주의자들의 환영을 받으며 그녀에게 많은 수입을 안겨주었고, 때마침 시작된 밀교 유행과 뉴에이지 흐름이 수많은 추종자를 모아주었다. 진실을 깨우쳐주는 것만 제외하고, 수정 해골이 모든 능력을 지녔기 때문이다.

어쨌든 수정 해골이 어디서 왔는지는 전적으로 해골만 알려줄 수 있었다. 파리와 런던에 소장된 수정 해골을 현미경으로 관찰하니 19세기 중반에 유럽에서 미국으로 건너간 연마기를 사용한 흔적이 발견됐다. 수정을 이루는 석영에 파묻힌 물질도 중앙아메리카가 아니라 브라질이나 당시 프랑스령이던 마다가스카르에서 온 것이었다. 브라질과 마다가스카르는 19세기에 프랑스로 석영을 수출했다. 결국 파리의 골동품상 유진 보반이 거짓말을 한 것이 분명했다.

이 유명한 해골은 2007년에 안나 미첼 헤지스가 사망한 뒤에 비로소 가까이서 관찰할 수 있게 됐다. 안나는 먼 옛날 고대 사람들이 매일 매일, 그리고 세대를 거듭하며 거대한 수정 암석을 모래로 문질러 13센티미터 크기에 약 5킬로그램의 해골 모양이 될 때까지 갈고 다듬었다는 '전설'을 이야기하곤 했다. 하지만 실제로는 순식간에 만들어졌을 것이다. 해골에 19세기 말부터 사용된 다이아몬드 절단기의 흔적이 남아 있기 때문이다. 이런 이야기를 하면, 밀교 신봉자들은 바로 그것이 '저주받은 해골'이 먼 옛날에도 고도의 기술 지식을 지녔던 아틀란티스인이 만들었다는 절대적인 증거라고 주장한다(해골의 제작 방법이 모래로 문질렀다는 원래의 시나리오에서 갑자기 이렇게 바뀐 것도 미스터리다).

아틀란티스보다 가까운 곳, 독일 훈스뤼크 지방에는 이다어 오버슈타인이라는 도시가 있다. 이 작은 도시의 세공 장인들은 19세기부터 지금까지 세계적인 명성을 얻고 있다. 이들은 카르티에와 같은 명품 브랜드에 소속되어 일하며, 세계 왕실과 기업의 요청을 받아 선물, 예를 들면 유력 인사의 생일을 축하하기 위한 작은 크리스털 헬리콥터 등을 제작해왔다. 이들에게 수정으로 투명한 해골을 제작하는 건 일 축에도 끼지 못한다. 19세기에 이들이 사용했던 수정도 '저주받은 해골'과 같은 마다가스카르산과 브라질산이었다.

어떤 증거나 증인, 공식 정정도
소문을 막을 수 없다.
그 이유는 소문이 논리와 이성을 뛰어넘는
감정적인 만족감을 주기 때문이다.

5장

창작의 자유

아벨라르와 엘로이즈

스승과 제자의 사랑이 민감한 문제라는 사실은 독일에서 유명한 배우 나스타샤 킨스키가 젊은 시절 주인공으로 열연한 범죄 수사 드라마 〈타트오르트〉의 '졸업장' 편을 보지 않아도 알 수 있다. 물론 드라마 중의 핵심 사건은 살인이다. 한 여학생이 자신을 질투하는 다른 학생을 살해한다. 나이 많은 남성(여기서는 선생)과 그가 가르치는 나이 어린 여학생 사이의 비정상적인 관계는 별로 중요하지 않게 여겨진다. 이와 달리 프랑스 철학자 피에르 아벨라르와 어린 제자 엘로이즈의 연애는 12세기 중세 사회에 큰 파문을 일으키고 비극으로 끝났다.

30대 후반의 아벨라르는 파리 노트르담 성당 참사회원이었던 풀베르의 똑똑한 열여섯 살(또는 열일곱 살)짜리 조카딸 엘로이즈에게 개인 과외를 해주게 됐다. 스승과 제자는 곧 사랑에 빠졌고 아들까지 낳았다. 분노한 풀베르는 사람을 매수하여 아벨라르를 뒤쫓게 했고 그들은 1118년 또는 1119년경에 아벨라르를 붙잡아 성기를 잘랐다.

그 후 아벨라르는 수도사 서약을 하고 수도원에 들어갔다. 그는 학자로 계속 활동했는데, 훗날 이것이 그에게 불행을 가져왔다. 논리적이고 변증법적으로 신앙의 기초와 신의 존재를 연구하려던 그는 1140년에 이단으로 몰려 클뤼니로 도망갔다가 그곳에서 1142년에 사망했다. 엘로이즈는 수녀가 됐고, 아벨라르가 트루아에 세운 파라클레트 수도원으로 들어가 수녀원장까지 지내다가 1164년에 세상을 떠났다.

일어난 일에 관해서는 이견이 없다. 풀베르의 하수인이 아벨라르를 해친 벌로 역시 거세당하고 눈이 뽑힌 반면, 이를 지시한 성당의 고위 성직자 풀베르는 큰 처벌 없이 일시적으로 감봉을 받았다는 것도 사실이다. 논란이 되는 것은 아벨라르와 엘로이즈가 주고받았다고 알려진 편지들과 이들이 신을 기쁘게 하는 인생을 살고자 열정적으로 헌신했다는 내용이다. 이들의 헌신적인 삶과 철저히 세속적인 사랑은 모순을 일으킨다. 이들이 주고받은 편지 중에서도 《나의 고통 이야기Historia calamitatum》에 실린, 1133~1134년에 쓰인 것이 유명하다. 네 통의 연애편지는 엘로이즈가 쓴 것이고, 세 통의 편지는 아벨라르가 이상적인 수도 생활에 관해 충고하는 내용을 쓴 것이다. 특히 엘로이즈는 그녀 나이에 걸맞지 않게 자유로운 사랑에 관해 이야기하며 아내보다 정부가 되고 싶다는 편지를 썼다. 또 자신의 사랑을 맹세하며 차라리 지옥에 가겠다고, 그리고 자신들이 '저지른 죄' 때문에 슬퍼하는 대신, '더는 만날 수 없음'에 슬퍼한다고 썼다. 그러니까 엘로이즈는 신에 대한 사랑보다는 아벨라르를 향한 감정이 더 크다고 고백했던 것이다.

그런데 이렇게 격정적인 감정의 고백, 내밀한 심정의 토로는 12세기 초의 시대 분위기와 전혀 어울리지 않는다. 마음을 솔직하게 표현하거나 신앙보다 개인의 만족을 더 우선으로 생각하는 것을 당시에는 상상조차 할 수 없었다. 실제로 발견된 가장 오래된 일기와 편지는 13세기 말의 것이며, 그보다 150년 전에 어디서 누군가가 편지를 썼다는 기록은 남아 있지 않다. 게다가 편지에 사용된 어휘와 사고방식, 문체를 분석해보니 편지 전체를 쓴 저자가 둘이 아니라 한 명이라고 판단됐다. 또한 편지 내용에도 아벨라르가 활동했던 시대 상황이나 실제 일어난 사건과 일치하지 않는 정보들이 있었다.

아벨라르와 엘로이즈의 편지가 대중에게 알려진 시기는 13세기 말이며, 프랑스 작가 장 드 묑이 자유연애를 찬양하는 자신의 소설 《장미와의 사랑 이야기Roman de la Rose》에 라틴어로 쓰인 편지 내용을 프랑스어로 번역하여 공개했다. 편지를 발견한 사람이 그였는지 다른 사람이었는지는 그가 직접 편지를 지어냈을 가능성과 마찬가지로 확인할 길이 없다. 편지를 지어냈다면 고의로, 발견했다면 의도치 않게, 역사 속 (가상의) 사례를 이용하여 자신이 살았던 시대적 갈등을 다뤘을 것이다. 12세기 초에 교환됐다는 편지 내용은 13세기 말에 만연했던 분위기를 반영하고 있다.

지금도 역사소설의 저자들은 이런 방식을 사용한다. 이들이 묘사하는 과거는 현재의 필요에 따라 모습을 바꾼다.

시를 위조한 시인

─

꽤 오랫동안 아무 일도 일어나지 않았다. 1727년에 영국 서남부 도시 브리스틀의 성당에서 낡은 상자 다섯 개가 발견됐으나 관심을 받지 못하고 잊혔다. 상자에서 나온 물건 중 중세에 대한 호기심을 불러일으킬 만한 것이 거의 없었기 때문이다. 상인 출신으로 시장까지 지낸 뒤 1474년에 사망한 윌리엄 캐니지가 남긴 서류들도 전혀 관심을 받지 못했다. 사람들은 상자에서 필요한 것만 꺼내고 더는 신경 쓰지 않았다.

사건이 벌어진 것은 40년 뒤인 1767년의 일이다. 브리스틀에서 한 시민이 중세 유물을 발견해 도시 전체를 떠들썩하게 했다. 서적상과 역사가들은 15세기의 편지, 지도, 고문서에 열광했다. 특히 주목받은 것은 토머스 롤리라는 수도사의 시였는데, 윌리엄 캐니지가 그의 친구이자 후원자였다. 그로부터 얼마 지나지 않아 더 오래전의 시대를 알려주는 유물들이 발견됐다. 1768년 9월, 13세기에 지어진 옛 다리를 새로 개축했는데 주간지 〈브리스틀 위클리저널〉은 옛 다리의 완공 당시 모습을 엿볼 수 있는 무려 500년 전의 축시를 게재해 독자들의 찬사를 받았다.

이 축시에 대한 호응이 워낙 컸기 때문에 다른 건축물에 대한 글들에도 관심이 쏟아졌다. 급기야 11세기 도시 기록물까지 발견됐다. '튀르고'라는 이름의 수도사가 옛 영어로 기록한 것으로, 롤리가 중세 영어로 번역한 것이었다. 발견된 사료가 다루는 지역은 이제 브리스틀을 넘어서 1066년에 일어난 헤이스팅스 전투에 관한 시도 발견됐다. 역시 튀르고가 쓰고 롤리가 번역한 것이었다.

브리스틀 사람들이 모든 이야기를 진짜라고 믿었는지는 확실치 않다. 적어도 서적상과 역사가, 언론인들은 의심을 했겠지만 경제적인 이익을 위해 믿는 척했을 것이다. 대중이 원하는 것이 무엇인지 너무 잘 알기 때문이다. 시민들도 반쯤은 눈감고 역사 놀이에 동참하던 중, 13세기 옛 다리의 완공을 축하하기 위해 브리스틀 당국에 축시를 보낸 시인 두넬무스 브리스톨리엔시스가 가상의 인물이며 시를 쓴 진짜 작가는 토머스 채터턴이라는 열다섯 살 소년임이 알려졌다.

1752년 11월 20일에 브리스틀에서 태어난 이 조숙한 소년은 열한 살 때부터 시를 쓰기 시작했다. 그는 세속적인 감각과 근대적 사고방식에는 환멸을 느꼈고, 과거의 영국 켈트 문화와 중세 문화에 매료되어 고풍스러운 예술 세계를 꿈꾸었다. 1727년에 캐니지 시장의 상자들을 챙긴 사람이 그의 조부였다. 소년은 오래된 원고를 이용해 가짜 고문서를 만들었다. 종이 가장자리에 중세 영어처럼 보이는 글을 써넣고, 글의 저자이자 자신의 또 다른 자아로 성만 다르고 자신과 똑같은 이름을 가진 시인, 토머스 롤리를 만들어냈다.

롤리의 시가 관심을 끌자 채터턴은 큰 성공을 맛보고 싶었다. 하지만 브리스틀에서 인기를 누린 뒤부터 그는 더 힘들고 가파른 길을 걸어야 했다. 시를 위조한 사실이 밝혀지지 않은 시점이었지만 출판인 로버트 더즐리는 롤리의 시집 출판을 거절했다. 그때부터 채터턴은 작가 호러스 월폴 등 문학계에서 영향력 있는 사람들과 친하게 지내기 시작했다. 중세 시인 롤리의 시를 널리 알리기 위함이었다. 하지만 월폴은 시인이자 철학자였던 친구 토머스 그레이의 귀띔으로 금세 롤리가 가짜라는 사실을 알아차렸다. 채터턴은 포기하지 않고 대도시 런던으로 건너가 신문사와 잡지사에서 자신의 운을 시험해봤다. 슬프게도 모든 노력은 실패로 돌아갔고 그는 가난과 굶주림을 견디다 결국 1770년 8월 24일, 열일곱 살의 나이에 비소를 먹고 자살했다.

그러나 7년 뒤에 발간된 채터턴의 롤리 시집은 작가의 비극적이고도 낭만적인 운명이 알려져 큰 인기를 끌었고, 월터 스콧 등 유명한 작가의 소개로 바다 건너 프랑스에서도 널리 읽혔다. 1835년에 극작가 알프레드 드 비니가 쓴 소설 《채터턴》은 마치 독일에서 괴테의 소설 《젊은 베르테르의 슬픔》이 발간됐을 때처럼 젊은이들에게 자살 유행을 일으키기도 했다. 주변 사람들이 진가를 알아보지 못한 비운의 천재 토머스 채터턴에게서 젊은이들은 내면적 동질성을 발견했다.

채터턴은 자신만만하게 성공을 기대했다. 그가 쓴 롤리의 시들은 진짜는 아니었지만 '진짜' 중세 시풍으로 쓴 것이기 때문이다. 그의 시에는 훌륭한 장인정신 또는 진정한 예술성으로 여겨질 만한 표현력이 담겨 있다. 고풍스러운 단어로 가득한 중세풍의 언어와 미숙한 문법이 만드는 마법 같은 효과가 채터턴의 방에서 발견된 글의 첫 문장에서도 느껴진다.

Awake! Awake! O Birtha, swotie mayde! / Thie Aella deade, botte thou ynne wayne wouldst dye, / Sythence he thee for renomme hath betrayde, / Bie hys owne sworde forslagen doth he lye.

여기서 'swotie mayde'는 sweet maid(사랑스러운 하녀), 'Aella'는 사람 이름인 Ella, 'botte'는 but(그러나), 'ynne wayne'은 invain(헛된), 'Sythence'는 since(왜냐하면), 'thee'는 you(너), 'renomme'은 renown(알려진), 'betrayde'는 betrayed(배신한), 'forslagen'은 slain(살해했다)을 뜻한다.

　토머스 채터턴은 시를 위조한 사기꾼이었지만 적어도 그가 중세풍의 영어로 시를 쓸 때만큼은 시인이었다. 그러나 채터턴의 방에서 발견된 현대 영어로 쓰인 단편과 시, 롤리에 관한 소설은 문학적 가치가 없었다.

한때 셰익스피어였던 남자

윌리엄 셰익스피어라는 이름으로 활동하며 대중이 사랑하는 희곡을 쓴 사람이 정확히 누구인지는 지금까지도 밝혀지지 않았다. 영국 스트랫퍼드어폰에이번(셰익스피어의 출생지로 알려져 있다-옮긴이)에서 태어난 상인의 아들은 윌리엄 셰익스피어가 아니라고 주장하는 사람이 많다.

한편, 윌리엄 헨리 아일랜드가 원작자가 아니라는 주장엔 이견이 없다. 그가 300년이나 더 늦게 태어났기 때문이다. 18세기 말, 이 열아홉 살짜리 소년은 셰익스피어라는 이름을 이용해 문학계를 속이는 데 거의 성공했다. 처음에는 셰익스피어를 몹시 좋아하는 출판업자였던 아버지 새뮤얼 아일랜드를 놀라게 하려고 장난으로 시작한 일이었다. 공증사무실에서 조수로 일하며 공문서 작성에 익숙했던 윌리엄은 셰익스피어의 이름이 담긴 세례증서를 제작했고, 알려진 정보가 거의 없는 이 위대한 작가의 정보를 늘리기 위해 영수증과 법적 기록도 제작했다. 다음으로 셰익스피어 인생의 첫 번째 클라이맥스로서 출판사와 맺은 계약서를 제작했다. 계약서에는 작가의 개인정보가 들어가는데, 윌리엄은 셰익스피어가 스트랫퍼드 출신이라고 썼다.

윌리엄의 아버지는 아들의 서류를 전혀 의심하지 않았고 오히려 열정적인 반응을 보였다. 윌리엄은 자작한 두 편의 희곡을 아버지에게 내밀었다. 앵글족과 색슨족이 영국을 정복하던 시대의 사랑 이야기인 〈보티건과 로웨나〉와 〈헨리 2세〉였다. 그러고는 《리어왕》 원본, 《햄릿》 초판본과 함께 연인에게 쓴 시와 편지들을 꺼냈다. 그때까지 수수께끼로만 여겨지던 셰익스피어의 소네트 주인공이 누구인지 알려주는 중요한 자료였다. 윌리엄이 꺼낸 편지들의 수신인은 (당시 사람들의 우려와 달리) 남성이 아니라 셰익스피어의 아내 앤 해서웨이였다.

윌리엄의 아버지는 아들이 자신에게 장난을 치고 있다는 생각을 조금도 하지 못했다. 열정적인 출판업자였던 그는 발견된 자료가 진짜라고 믿었고, 전부 출판하기로 했다. 그리고 1796년에 책자를 인쇄했다. 동시에 희곡 〈보티건과 로웨나〉를 런던의 드루어리레인 극장에 300파운드에 팔고 수입의 일부를 받기로 약속했다.

하지만 자료가 대중에게 공개되면서 문제가 시작됐다. 문학 시장에 돌풍을 일으킨 셰익스피어의 가짜 자료 때문에 아일랜드 부자는 곤경에 처하게 됐다. 비평가 에드몬드 멀론은 1796년 3월 31일에 무려 400쪽에 달하는 분석 보고서를 발표했다. '특정 자료와 법적 문서의 진위에 대한 조사'라는 제목의 이 보고서는 아일랜드가 내놓은 법적 문서가 가짜이며 조작된 것이 분명하다는 내용이었다.

이틀 뒤에는 또 다른 문제가 터졌다. 셰익스피어의 나머지 희곡들과 달리 〈보티건과 로웨나〉가 4월 2일 초연에서 혹평을 받은 것이다. 출판계는 곧 가짜 자료를 출판한 제작자 새뮤얼 아일랜드를 불러 추궁했다. 그는 결백을 주장했고 그의 아들은 잘못을 고백했다. 하지만 둘 다 받아들여지지 않았다. 아이러니하게도 윌리엄의 아버지는 업계에서 유명한 지식인이자 열렬한 셰익스피어 숭배자였던 반면, 아들 윌리엄의 글재주에 대해서는 아무도 몰랐기 때문에 그가 썼을 것이라고는 생각하지 않았다. 윌리엄은 아버지에게도 자신이 글을 쓴다는 사실을 숨기고 있었다. 나중에 윌리엄이 본명으로 소설을 출판했을 때, 아무도 그에게 관심을 보이지 않았다.

진실이 제자리를 잡기까지는 80년이 걸렸다. 1876년에 대영박물관이 아일랜드 가족의 유산을 사들였고, 그제야 아버지의 결백과 아들의 재능이 세상에 알려지게 됐다.

거짓은 거짓 외에는 아무것도 없는 이들에게로
—

19세기 초, 체코의 젊은 지식인들이 조국의 역사에 관심을 가지고 역사적인 사료들을 찾기 시작했을 때는 절망스러울 정도로 남아 있는 것이 없었다. 30년 전쟁이 끝난 후 오스트리아의 합스부르크 왕가는 보헤미아의 종교를 강제로 가톨릭으로 바꾸고 상류층을 독일인으로 채웠다. 그 결과 체코의 정치·문화 엘리트들은 설 자리를 잃어버렸다. 체코의 지식과 문학은 더는 존재하지 않았다. 극장, 학교, 프라하대학교는 물론 교육과 상업, 행정까지 모두 독일인이 장악했다. 학계에서 체코어 사용이 금지됐기 때문에 체코 지식인들은 독일어로 말하고 써야 했다.

30년 전쟁 전의 역사도 큰 위로가 되지 못했다. 독일에는 니벨룽겐 전설, 고트프리트 폰 슈트라스부르크와 볼프람 폰 에셴바흐 같은 서사 시인들의 서정시, 화려한 궁정 문학이 있었지만 체코의 문학계는 물려받은 것이 아무것도 없었다.

그런데 어느 날 상황이 갑자기 바뀌었다. 1816년에 스물일곱 살의 시인 요제프 린다가 13세기에 고대 체코어로 쓰인 〈비셰흐라드의 노래〉를 발견했다. 이 영웅 찬가는 8년 뒤에는 독일어로 번역됐고, 이렇게 시작한다.

> 아, 우리의 태양 / 굳건한 비셰흐라드! / 용감하고 대담하게 / 가파른 언덕 위에 / 높이 솟은 절벽 위에 서서 / 모든 원수를 두렵게 하는 존재여.

이 노래는 주인공이 원수의 공격을 당당히 물리치는 내용으로 끝난다. 독일어로 번역된 마지막 구절을 들어보자.

> 전투는 이제 평지에서 산으로 이어졌다. / 그것은 원수의 큰 실수였고 / 원수를 도망치게 했으며 / 원수의 패배를 가져왔다.

1년 후인 1817년에 린다의 동료 시인 바츨라프 한카가 보헤미아 동부 도시 쾨니히스호프의 요하네스 성당 지하 창고에서 종이 뭉치를 찾아냈다. 여기서 9세기와 14세기 사이에 제작된 것으로 여겨지는, 고대 체코어로 필사된 14개의 노래와 시가 발견됐다. 쾨니히스호프에서 나온 시들은 805년에 있었던 보헤미아 왕 루트비히의 승리, 1004년에 프라하에서 폴란드가 퇴각한 사건, 정확한 시기를 추정할 수 없는 색슨족의 패배, 1241년에 올뮈츠에서 타타르족이 패배한 사건 등 역사적인 사건을 〈비셰흐라드의 노래〉보다 더 잘 묘사하고 있었다. 당연히 이 작품들은 체코 국민의 감정을 자극했다.

쾨니히스호프 필사본이 발견된 지 다시 1년 후인 1818년에 세 번째 사료가 등장했다. 익명의 발신인이 프라하 왕립 보헤미안 박물관으로 고대 체코어 텍스트가 담긴 넉 장의 양피지를 보내왔다. 9세기나 10세기의 것처럼 보이는 양피지를 분석한 결과 그륀베르크성의 것으로 여겨져 '그륀베르크 사본'이라는 별칭을 붙였다. 이 양피지에서 가장 중요한 자료는 모든 전쟁에서 그리고 특히 독일과의 전쟁에서 승리를 가져다준 리부사를 찬양하는 노래 〈리부사의 심판〉이었다. 리부사는 중세 보헤미아에 프르셰미슬 왕조를 세웠다고 전해지는 여신이다.

연이은 발견에 대한 호응과 체코 지식인들이 누린 기쁨은 대단했다. 체코어의 신분은 귀중한 학술 문화 언어로 격상됐고, 체코의 역사는 영광스러운 승리의 역사가 됐다. 다만 고대의 시들에 뭔가 이상한 점이 있다는 것은 분명했다. 계속되는 우연한 발견도 의심스러웠지만, 묘사된 사건들과 역사적 사실 사이에 일치하지 않는 부분이 있었기 때문이다. 하지만 고대 시와 노래 자료의 진위에 의심을 품는 사람은 '억지 비판을 일삼는 시비꾼'으로 치부됐고, 체코의 중세를 다시 아무것도 아닌 시대로 만들고 싶어 한다는 비난을 받았다. 가짜가 아니냐는 물음은 중요하지 않은 것으로 여겨졌다. 왜냐하면 "그 시와 노래들은 만들어진 시기 및 장소와 상관없이 그 자체로 가치가 있어서 감탄할 수밖에 없기 때문이다." 1824년에 이들 걸작 시와 노래를 보헤미아 영역 밖으로도 알리기 위해 전부 현대 독일어로 번역한 작가 바츨라프 알로이스 스보보다의 말이다. 앞서 인용한 문장도 모두 그가 독일어로 번역한 것이다.

그러나 같은 해인 1824년에 수도원장이자 언어학자 요세프 도브로프스키가 등장해 대중에게 그 시들이 가짜라고 이야기해 흥분을 깨버렸다. 그는 이렇게 덧붙였다.

"가짜 시를 지은 사람을 개인적으로 알고 있다. 그들은 내게 고대 슬라브어와 러시아어를 배웠다."

그가 이름을 언급하진 않았지만 사람들은 그들이 누군지 금세 알아냈다. 1819년에 고대 체코 시를 현대 보헤미아어로 번역해 대중에게 공개했던 요제프 린다와 바츨라프 한카였다.

고대 시 위조의 절정은 제임스 맥퍼슨이 번역해서 유명해진, 그러나 역시 가짜였던 '오시안'의 시집이다. 3세기 고대 스코틀랜드에서 지어졌다고 하는 오시안의 시는 유럽 전역에서 열광적인 호응을 받았다. 린다와 한카는 예르밀 이바노비치 코스트로프가 번역하여 1792년에 발표한 러시아어 판 오시안 시집을 베껴 고대 시를 창작했다. 오시안 시의 독특한 구성과 맞춤법, 고풍스러운 표현과 예스러운 은유까지 똑같이 썼기 때문에 누가 봐도 베낀 것이 분명했다. 쾨니히스흐프와 그륀베르크 사본의 도입부에는 러시아 철자까지 등장한다. 다만 〈비셰흐라드의 노래〉만은 세르비아어를 구사할 줄 알았던 한카와 린다가 세르비아 노래인 〈페스나리카〉의 가사와 형식에 따라 교묘하게 바꾼 것이었다.

그럼에도 문제의 가짜 시들은 정치는 물론 예술에도 긍정적인 자극을 주었다. 체코의 음악가, 화가, 작가들은 이들 시를 읽고 새로운 영감을 얻었다. 발견된 중세 필사본이 가짜라는 사실이 밝혀졌지만, 체코인들은 체코의 언어와 문학을 부활시키고 발전시키는 데 크게 기여한 한카와 린다를 여전히 존경한다. 그러나 동시에 도브로브스키의 경고도 잊지 않는다.

"가짜 역사를 자랑할 수는 없는 일이다. 우리는 실제로 있었던 역사에 만족해야 하며, 거짓은 거짓 외에는 아무것도 없는 이들에게 넘겨주어야 한다."

오늘날 요제프 린다와 바츨라프 한카가 지은 시들은 체코 낭만주의 문학의 든든한 토대를 만들어준 19세기 초반의 걸작품으로 간주된다.

돌아온 편력시대

괴테는 깜짝 놀랐다. 1821년 봄에 그는 1795년과 1796년 사이에 출간한 《빌헬름 마이스터의 도제 시절》 후속작을 라이프치히 박람회에 발표하려 했다. 출판업자 요한 프리드리히 코타가 《빌헬름 마이스터의 편력시대》 초판을 슈투트가르트와 튀빙겐에 배포할 예정이었다. 그런데 괴테보다 앞서 독일 중부 도시 크베들린부르크에서 발행인 고트프리트 바세가 《빌헬름 마이스터의 편력시대》를 출간했다. 작가 이름은 비공개였다. 그러나 제목만 봐도 작가가 연상되지 않는가?

괴테는 지식재산권에 대한 자신의 느슨한 태도를 인정하고 다른 저자가 자신의 작품 제목을 도용했다는 사실을 기분 좋게 받아들였다. 친구 요한 페터 에커만에게 쓰는 편지에 "나는 그리스와 프랑스 사람들에게 많은 것을 배웠네. 셰익스피어와 스턴, 골드스미스에게는 무한한 빚을 지고 있지"라고 썼다. 또한 그는 다른 작가들이 자신의 아이디어를 채용하는 것을 허용했다.

"월터 스콧은 내 희곡 〈에그몬트〉의 한 장면을 사용했네. 그는 그럴 권리가 있지. 그 장면이 아주 적절하게 사용됐기 때문에 그는 칭찬받아도 된다네. (…) 바이런의 '변신한 악마'는 메피스토펠레스의 연장선에 있는데, 나쁘지 않다네!"

1821년의 두 작품은 금세 진짜와 가짜가 구별됐는데, 가짜 버전이 괴테를 신랄하게 비판하는 소설이었기 때문이다. 괴테가 글을 잘 쓰는 것은 사실이지만 성격이 괴팍해 베르테르나 파우스트 같은 절망적인 주인공만 만들어내는 작가이며, 괴테의 주인공들은 '분명히 원하는 것이 없고, 강한 내면의 힘도 없고, 뚜렷한 주관도 없고, 진정한 용기도 없다'라고 지적했다. 또한 괴테의 글에는 중요한 내용이 없을 뿐 아니라 이상, 고귀한 생각, 진실, 정의 그리고 마지막으로 신앙심이 없기 때문에 제대로 된 아름답고 고귀한 작품은 쓸 수 없을 거라고 비난했다.

소설의 옷을 입은 이 엄청난 험담글의 저자가 누군지는 아무도 몰랐지만 그는 독자들의 폭넓은 반응을 한 몸에 받았고, 아마도 호의적인 평가에 기뻐했을 것이다. 1년 뒤인 1822년에 쓰인 어떤 서신에는 무명의 발신자가 "가짜 편력시대를 읽지 않은 사람이 없을 정도다. 괴테를 싫어하는 사람들은 제3자가 괴테의 작품을 비난하는 것에 기쁨을 표현하고 있다"라는 문장이 있었다. 1821년 가을에 가짜 편력시대 두 권이 더 발간되기도 했다. 진짜 편력시대에 대해서는 오히려 피상적인 칭찬만 오갔다

1824년에 발행인 고트프리트 바세가 두 권짜리 《빌헬름 마이스터의 거장시대》를 출간했을 때는 괴테도 기분이 언짢았을 것이다. 게다가 소설의 등장인물은 진짜 거장 괴테에 대해 "작품 몇 개는 나쁘지 않다"라고 평가하면서 "당신이 괴테라면 나는 당신을 마음껏 비웃을 거요!"라고 말하기도 한다.

2년 후 그때까지 감춰져 있었던 가짜 편력시대 저자의 정체가 드

러났다. 독일 서부 소도시 렘고 출신 요한 프리드리히 빌헬름 푸스트 쿠헨이라는 사람이었다. 저자가 드러났어도 상황은 바뀌지 않았다. 오히려 관심이 더해져 두 편력시대를 구석구석 비교하는 '괴테와 푸스트쿠헨, 빌헬름 마이스터의 편력시대와 저자에 대한 이야기'라는 제목의 보고서까지 등장했다. 심지어 푸스트쿠헨에게 불리한 내용도 아니었다. 괴테는 풍자시집《온순한 크세니엔Zahme Xenien》제15권에서 푸스트쿠헨에 대한 분노를 '악당', '벌레', '저주 마귀', '난쟁이' 같은 단어로 쏟아냈다. 예를 들어 이렇게 중얼거리는 부분이 있다.

> 푸스텐Pusten('불어 날리다'라는 의미-옮긴이), 무례한 단어! / 교육을 잘 받은 사람은 / 점잖은 자리에서 / 그런 단어를 쓰지 않는다.

시간이 지나자 출판계도 싫증을 느끼기 시작했다. 개신교 성직자였던 푸스트쿠헨은 그전까지 보수적인 종교 칼럼이나 특색 없는 시와 소설, 학술 서적을 펴내고 있었다. 대중적인 험담소설에 즐거워하던 사람들은 이제 무능한 작가가 거장을 시샘한다고 이야기하기 시작했다. 시인 아우구스트 폰 플라텐이 '시샘하는 사제'라는 신조어를 만들었다.

하지만 푸스트쿠헨은 아랑곳하지 않고 1828년까지 계속해서 편력시대 다음 편을 썼고, 총 다섯 권이 출간됐다(그는 《거장시대》는 자신이 쓰지 않았다고 했다. 이 책은 현재까지 저자가 밝혀지지 않았다). 출판시장이 잠잠해지자 괴테는 1828년 9월에 다시 집필에 몰두했고 자신의 '빌헬름 마이스터' 이야기를 완성했다. 1829년에 새롭고, 본질적으로 훨씬 풍부해진 내용의 진짜《빌헬름 마이스터의 편력시대》결정판이 출간됐다.

"이 책의 초판을 출간했을 때 겪은 웃지 못할 경험은 내게 충분한 재미와 흥미를 선물해주었고 작품의 집필에 더 많은 열정을 쏟게 했다." 이제 여유와 권위를 되찾은 거장의 말이다. "작품을 철저히 해체하고 다시 구성하여 같은 이야기에서 완전히 새로운 이야기를 만들어야 했다."

푸스트쿠헨이 없었다면 괴테는 이런 노력을 기울이지 않았을지도 모르니 잘된 일이라고 해야 할까.

오리지널보다 더 나은

독일 시인 빌헬름 하우프는 유명한 작가가 되겠다는 꿈을 꾸었다. 그는 1824년에 에른스트 아른트 요제프 폰 아이헨도르프, 프리드리히 실러 등의 시를 모아 엮은 시 선집《전쟁과 민족의 노래Kriegs- und Volks-Lieder》를 익명으로 출판했다. 하우프가 선집에 슬쩍 끼워 넣은 자신의 시 여섯 편 중 '캄캄한 한밤중에 나 홀로 서 있다'로 시작하는 〈변함없는 사랑Treue Liebe〉과 '아침노을이 붉다! 이른 죽음을 빛내주는가?'로 시작하는 〈기사의 아침 노래Reiters Morgenlied〉 두 편이 꽤 인기를 끌었고, 그는 스물두 살의 나이에 시인으로 데뷔할 수 있었다. 하지만 돈이 필요했던 그는 가정교사로 일해야 했다.

한편 하우프보다 더 먼저 유명해지고 성공한 작가로 1816년부터 낭만적인 소설과 이야기로 충성스러운 독자층을 만들어온 카를 흔 (필명은 H. 클로렌)이 있다. 이 베스트셀러 작가는 매년 새로운 작품을 써내는 것은 물론, 동시에 여러 권을 출판하기도 했다. 1825년 가을 클로렌은《달에 간 남자, 또는 마음의 끌림은 운명의 목소리다Der Mann im Mond, oder: Der Zug des Herzens ist des Schicksals Stimme》를 출간했다. 슈투트가르트의 프랑크셰 출판사는 1825년 10월 15일 자 석간지 〈아벤트차이퉁〉에 홍보 기사를 실었다.

"아무도 따라 할 수 없는 작가만의 방식은 너무 유명하고, 너무 사랑받고 있어서 별도의 홍보가 필요 없을 정도다. 매혹적이고, 말 그대로 놀라운 사건과 상황, 생생한 인물 묘사, 살아 있는 언어는 마음과 정신과 모든 감각을 매료시킨다. 대체 누가 그의 이야기를 거부할 수 있을까. 그가 이 책으로 다시 돌아왔다. 우리는 진심으로 그가 한번 더 자기 자신을 뛰어넘었다고 외치고 싶다."

책은 처음엔 아주 잘 팔렸다. 그러나 출간된 지 열흘 뒤에 같은 신문에 '사기 판매를 조심하라'라는 기사가 실렸다. 독자들은 자신들이 믿고 구입한 책이 필명으로 활동하는 유명 작가 카를 흔의 작품이 아니라는 사실을 알게 됐다.

놀랍게도, 이 소설의 판매가 중단되면서 오히려 대중은 작가가 누구인지 궁금해했다. 비평가들은 입을 모아 이 소설을 칭찬했다. 마침내 1825년 12월 9일 자 조간지 〈모르겐블라트 퓌어 게빌데테 슈탠데〉가 진짜 저자가 '슈투트가르트 출신의 빌헬름 하우프 박사'임을 밝혔을 때, 문학사에 새로운 이름이 새겨지게 됐다. 그가 클로렌의 '아무도 따라 할 수 없는 방식'을 그저 모방한 것이 아니라 완전히 능가했기 때문이다. 그의 《달에 간 남자》는 감성을 자극하려는 목적으로 정형화된 글을 쓰는 대중소설 작가를 패러디한 것이었다.

이 사건으로 하우프는 단번에 유명 작가가 됐다. 무단으로 필명을 빼앗기고 상업적으로 이용당해 불쾌해진 카를 흔은 하우프와 출판사를 고소했다. 그가 소송에서 승리해 출판사에 벌금을 물도록 했지만, 상황은 전혀 달라지지 않았다. 오히려 1년 뒤인 1827년 가을에 하우프는 《H. 클로렌에게 보내는 반박문과 달에 간 남자Kontrovers-Predigt über H.Clauren und den Mann im Monde》를 써냈다. 이 책에서 그는 "클로렌 문학을 숭배하는 모든 독자를 존경하는 심정으로" 자신이 왜 문학 풍자를 하게 됐는지를 설명하고 클로렌의 모든 소설을 낱낱이 분석해 저급한 문체와 내용, '언어적 범죄'를 지적했다.

하우프는 "문학과 독자들의 이익과 발전을 위해, 이성과 명예를 중시하기 때문에" 클로렌을 비판하고 싶었다고 고백했다. 그가 문학계에 자신의 이름을 남김으로써 문학 발전과 독자의 이익에 기여했을지는 모르나, H. 클로렌의 이성과 명예를 잃게 하는 데는 실패했다. 클로렌이 굴하지 않고 계속해서 신작을 내놓았기 때문이다.

《뿌리》의 뿌리

작가들은 글을 직접 쓰지만 다른 사람에게 대필을 맡기기도 한다. 놀라운 것은 대필을 맡기는 사람들이 무명 작가가 아니라는 사실이다.

아마도 가장 유명한 사람은 대ㅅ 뒤마로도 알려진 알렉상드르 뒤마일 것이다. 그가 600편의 소설을 쓰고 동시에 틈틈이 희곡과 여행기까지 썼다는 것은 믿을 수 없는 이야기이며, 실제로도 사실이 아니다. 뒤마는 70명이 넘는 유령 작가 또는 '네그르Négre' 작가들과 일했다. 네그르는 대필 작가들이 당시 차별받던 흑인 노예처럼 대접을 못받은 데서 붙여진 별명이다. 이들 중에는 탁월한 작가들도 있었다. 이를테면 극장에서 뒤마와 일했던 제라르 드 네르발 그리고 뒤마의 가장 유명한 모험소설 세 편《삼총사》,《몬테크리스토 백작》,《철가면》의 공동 저자로 추정되는 오귀스트 마케가 있다. 뒤마는 "진짜 천재적인 사람은 훔치지 않고 지배한다"라고 말했다. 필요하다면, 소재나 구성뿐 아니라 작가까지 말이다.

현대 독일 작가 중에는 귄터 발라프가 여러 대필 작가를 거느린 것으로 알려져 있다. 그의 베스트셀러《폭로자Der Aufmacher》는 그가 한스 에서라는 가명으로 거대 언론사 〈빌트〉 편집실 기자로 일했던 경험을 쓴 것으로 알려졌지만, 이는 사실이 아니다. 발라프는 정체를 숨기고 비밀리에 취재하는 데는 성공했으나 자신이 보고 늘은 것을 글로 쓸 능력이 없었다. 1977년 베스트셀러 《폭로자》를 쓴 사람은 그가 아니라 잡지 〈콘크렛〉의 발행인 헤르만 L. 그렘리자였다. 그렘리자는 발라프의 〈빌트〉 시절에 관한 두 번째 책 《검찰 측 증인Zeugen der Anklage》도 대부분을 썼으며, 세 번째 책 《〈빌트〉 안내서Das <Bild>-Handbuch》 제작에도 참여했다.

10년이 흐른 1987년, 그렘리자가 당시의 일을 공개했다.

"〈빌트〉 편집실에서 저자가 경험한 것을 글로 옮기고, 이를 서문의 첫 문장부터 후기의 마지막 단어까지 책으로 엮는 일, 이를 라인홀트 네벤 뒤몽(출판사 사장의 이름이다)이라는 가명으로 출판하는 모든 일이 내 책상 위에서 진행됐다. 두 번째 책과 세 번째 책의 경우도 크게 다르지 않았다. 내가 쓰지 않은 그 외 책과 칼럼, 보고서, 논평 역시 발라프가 아닌 다른 사람이 썼다."

그렘리자에 따르면, 발라프의 역할은 단지 "그와 동업하는 다양한 작가들이 진짜 발라프가 쓴 것처럼 동일한 어조를 유지하도록 돕는 것"이었고 발라프의 책은 "문학적으로는 쓰레기, 정치적으로도 실패작"이라고 볼 수 있다. 왜냐하면 다양한 관점과 생각을 무시하고 "상투적인 이야기를 마치 십자가에 못 박힌 예수의 마지막 말인 것처럼 중요하게 제시했기 때문이다. '폭로자' 발라프는 (…) 상위 계층의 사람들이 하위 계층보다 더 많이 가졌다는 사실을 계속 반복해서 증명할 뿐이다."

물론 발라프와 같은 잠입 취재기자가 반드시 글을 잘 써야 한다는 법은 없다. 문제는 발라프가 스스로 취재와 글쓰기에 능한 기자라는 인상을 만들어내고 있다는 부분이다. 놀랍게도, 그렘리자에 따르면 발라프는 1980년대 중반까지 자신의 책은 물론 각종 칼럼에 한 문장도 직접 쓴 적이 없다. 1987년에 콘크렛 출판사는 발라프에게 3만 마르크의 상금과 함께 카를 크라우스 상을 수여했다. 앞에 인용한 그렘리자의 말은 이때 나온 것이다. 수상 조건은 문학의 순수성을 보전하려 했던 오스트리아 작가 카를 크라우스의 정신을 이어받아 절필 의무를 지키는 것으로, 앞으로 글을 쓰지 않고 유익한 직업을 찾는 것이었다. 어쨌든 시상자가 말했다시피 "그는 (…) 글을 쓰더라도 결국 대필만 맡기게 될 것"이다.

어떤 작가들은 대필 작가에게 직접 맡기지도 않는다. 그냥 베낀다. 어떤 작품을 두고 표절인지 예술적 재창조인지 판단하기는 쉽지 않다.

"문학에 도둑질하지 말라는 계명은 존재하지 않는다. 시인은 작품의 소재가 되는 것은 무엇이든 선택할 수 있다. 성전 기둥을 전부 다듬은 돌로 세웠더라도 기둥이 받치고 있는 그 성전이 거룩하기만 하다면 괜찮은 것이다(성경에는 다듬지 않은 돌로 제단을 쌓아야 한다는 내용이 있다–옮긴이)."

시인 하인리히 하이네의 편지 내용이다. 그는 대문호의 이름을 언급하며 이렇게 덧붙였다.

"괴테는 이를 잘 이용했고, 괴테 전에는 셰익스피어가 그랬다. 시인이 독창성이랍시고 모든 재료를 자기 속에서 꺼내려 하는 것보다 더 어리석은 욕망은 없다."

하이네가 이 편지를 쓴 건 1830년대의 일이다. 그로부터 140년 뒤에 표절 의혹으로 고소당한 미국의 작가 알렉스 헤일리는 하이네를 인용했어야 했다. 하지만 별로 소용이 없었을지도 모른다. 법정에서는 예술적 가치보다 지식재산권, 그러니까 돈이 걸린 문제가 중요하기 때문이다. 헤일리는 자신의 소설《뿌리》에서 한 가족이 7대에 걸쳐 경험한 이야기를 통해 미국 노예 역사를 이야기했다. 이 책은 1976년에 출간되어 37개국 언어로 번역 소개됐으며 미국에선 1977년에 TV 드라마로도 제작됐다.

그보다 10년 전에 해럴드 쿠어랜더가 쓴 소설《디 아프리칸The African》은 그렇게 큰 성공을 거두지 못했다. 1977년의 헤일리처럼 퓰리처상을 받지도 못했다. 그런데《뿌리》의 내용이《디 아프리칸》과 상당 부분 비슷했기 때문에 쿠어랜더는 1978년에 소송을 제기했다. 그는 "헤일리가 대사, 생각, 의견, 결과, 상황, 행동, 등장인물을 표절했다"라고 주장했고, 감정을 맡은 영문학 교수 마이클 우드가 전체 내용은 물론 세부 내용 중에서 81건의 유사 부분을 하나씩 비교해 그의 주장이 옳다는 보고서를 제출했다. 뉴욕 지방법원이 판결을 내리기 전, 헤일리는 자신의 표절을 인정하고 합의금으로 65만 달러를 지급했다. 비록 재정적인 손실이 있었지만 결과적으로는 헤일리의 승리였다. 쿠어랜더의 소설은 큰 관심을 받지 못했으나,《뿌리》는 계속해서 기록적인 인기를 얻었다. 미국 흑인의 역사를 널리 알린 이 책은 2016년에도 새롭게 드라마로 제작, 방영됐다.

때때로 원수는 바로 내 등 뒤에 있다. 이반 골은 알자스 출신으로 독일어와 프랑스어로 시를 쓰다가 1950년에 세상을 떠난 입체파 시인이다. 1956년, 그의 미망인 클레르 골은 이반의 친구이자 유산 관리자였던 파울 첼란을 표절 혐의로 고소했다. 독일에는 알려지지 않은 남편의 프랑스어 시들을 베꼈다는 이유였다. 첼란의 시 〈당신은 죽음의 방앗간에서 약속의 흰 가루를 빻는다Ihr mahlt in den Mühlen des Todes das weiße Mehl der Verheißung〉는 골의 시 〈죽음의 방앗간Le Moulin de la Mort〉에서 영감을 얻은 것이며, 첼란의 은유적 표현 '두 손이 내민 목걸이'는 골의 '종달새가 내민 목걸이'를, 첼란의 '일곱 번째 장미'는 골의 시 제목 '일곱 번째 장미'를 베낀 것이라는 혐의였다.

두 시인의 시를 나란히 비교한 것처럼 들리지만 사실은 그렇지 않았다. '종달새가 내민 목걸이'라는 구절은 골의 작품에 없으며, 반대로 '일곱 번째 장미'라는 구절은 첼란의 작품에서 찾을 수 없다. 다만 첼란의 시 〈수정Kristall〉에 '일곱 송이의 장미 뒤로 분수가 졸졸 소리를 낸다'라는 구절은 있다.

그럼에도 유명한 시인의 그림자에 남편의 작품들이 가려질까 하는 질투심에서 클레르 골은 1960년에 문학 잡지 〈바우부덴포엣〉에 '파울 첼란에 관해 알려지지 않은 사실'이라는 제목의 기사로 첼란의 표절을 주장하며 또 다른 표절 내용을 공개했다. 예컨대, 그녀는 첼란의 시구 '멧돼지의 모습으로 / 나의 꿈은 저녁 무렵의 숲속을 마구 짓밟았다'가 골의 시구 '마법처럼 머리 세 개 달린 멧돼지가 / 반짝거리는 나의 꿈을 마구 짓밟았다'를 적당히 따라 했다고 주장했다. 그런데 클레르가 말한 첼란의 시구에서 '나의 꿈'은 사실 '너의 꿈'이었고, 골의 시구에서 '꿈'은 '마음'이었다.

1967년 클레르는 한 번 더 표절을 주장했다. 이번에는 첼란이 1945년에 발표한 유명한 시 〈죽음의 푸가Todesfuge〉가 골이 1942년에 발표한 〈무적의 노래Chant des Invaincus〉를 모방했다는 것이었다. 클레르는 첼란이 골의 프랑스어 시를 베낀 것이 아니라 '불행의 검은 우유 / 우리는 너를 마신다'로 시작하는 독일어 번역판을 베꼈다고 주장했다(첼란의 〈죽음의 푸가〉는 '죽음의 검은 우유 / 우리는 마신다 / 저녁에'로 시작된다─옮긴이). 그러나 1945년 당시에는 독일어 번역판이 존재하지 않았다.

클레르 골은 이 마지막 비난을 이반 골의 유고 시선집《안티로제Die Antirose》의 후기에 썼다. 그즈음에는 진실이 서서히 드러나고 있었다. 같은 해인 1967년에 독문학자 에르하르트 슈반트가 〈이반 골 저작에 관한 논쟁〉이라는 논문에 썼듯이, 파울 첼란이 이반 골의 시를 베낀 것이 아니라 클레르 골이 남편의 작품을 첼란의 시와 억지로 연결한 것이었다.

6장

존재하지 않는 것들

미래에서 온 뉴스

___

기사를 조작하는 일은 꽤 재미있을지 모른다. 일간지 전체를 조작한 다면 분명 범죄의 스릴을 느낄 것이다. 혁명적인 진실 폭로로 유명한 문화난장 단체 '예스맨The Yes Men'은 2008년 11월 12일 〈뉴욕타임스〉를 사람들에게 무료로 배포했다. 이들이 나눠준 지면에는 미국의 이라크 철수, 관타나모 수용소 폐쇄, 그리고 조지 W. 부시 전 미국 대통령이 내란죄로 기소됐다는 내용이 담겨 있었다. 이미 일어난 사건이 아니라, 미래의 소식을 싣고 있는 이 신문에는 '우리가 보도하길 원하는 모든 뉴스'라고 쓰여 있었고, 발행일은 이듬해 미국 독립기념일인 2009년 7월 4일이었다.

세계화에 반대하는 단체 아탁ATTAC이 이 아이디어를 빌려 2009년 3월 21일에 독일 주간지 〈차이트〉의 위조 신문을 제작해 역시 미래의 소식을 '전 세계 어디서나 0유로', 즉 공짜로 배포했다. 아프가니스탄 전쟁이 끝났고, NATO는 해산됐으며, 국회에서 로비스트 처벌에 관한 법안이 통과되고, 독일 자동차회사 오펠(당시 구조조정 대상이었다-옮긴이)은 모회사 제너럴모터스가 파산한 후 오펠 종업원들의 소유가 됐으며, 다국적 법인과 막대한 사유재산에 적절한 세금을 매기기 시작했고, 이른바 '회복의 시대'가 도래했다고 말이다. 위조 신문을 손으로 받아들면 누구나 그 신문이 진짜 〈차이트〉가 아니라는 것을 알 수 있었다. 원래 묵직한 80쪽짜리 주간지를 모방해 만든 이 간행물은 고작 8쪽이었기 때문이다. 가짜 〈차이트〉는 90개 도시에서 약 15만 부가 뿌려졌다.

지역신문은 배부되는 부수가 적다. 1991년 3월 5일에 독일 브레멘에서는 일간지 〈베저쿠리어〉 위조 신문 1만 1,000부가 인쇄되어 판매됐는데 진짜 편집자도 속을 정도였다. 가짜 판매원들이 진짜 신문 판매원처럼 파란색 〈베저쿠리어〉 스티커가 달린 흰색 멜빵바지를 입고 가짜 신문을 판매했다. 역 앞에서 통근자들에게 신문을 판매하던 한 가짜 판매원은 진짜 〈베저쿠리어〉 기자가 신문을 받아 읽기 시작하더니 이렇게 외치는 소리를 들었다.

"왜 나는 이 기사 내용을 몰랐지? 처음 듣는 내용인데?"

신문 1면의 '베저'와 '쿠리어' 글자 사이에 들어간 황제의 사과에 도화선이 추가됐지만 거의 눈치챌 수 없었으며, 가장 특이한 뉴스는 안쪽 지면에 실려 있었다. 2면에 미국의 '영웅 정자'에 관한 기사가 실렸는데, 라벨이 뒤바뀌는 바람에 전쟁 영웅들의 정자를 영영 찾을 수 없게 됐다는 내용이었다. 걸프전 영웅들이 기부한 정자가 훗날 이슈가 됐다는 관점에서 보면 예언적인 기사였다.

가짜 〈베저쿠리어〉 제작자의 정체는 지금까지도 알려지지 않았다.

그러나 1988년 3월 19일에 구동독 정권의 새로운 노선과 비밀경찰 슈타지Stasi(구동독 시절 수많은 정보를 위조하고 왜곡했던 공안 단체-옮긴이)의 해산을 보도한 〈노이에 도이칠란트〉 책임자는 금세 밝혀졌다. 함부르크 잡지 〈템포〉 편집부였다. 이 가짜 신문은 동독의 독일사회주의 통일당 중앙정보부가 '유리처럼 투명한' 정치를 펴면서 언론의 자유를 허용하겠다고 밝혔고, 정치범이 사면됐으며, '슈필만(영어로 번역하면 Playman-옮긴이)'이라는 이름으로 미국 잡지 〈플레이보이〉의 판권이 들어와 창간호 표지로 카타리나 비트(독일의 여자 피겨스케이팅 금메달리스트-옮긴이)의 나체 사진이 실린 잡지 20만 부가 가판대에 깔렸다는 내용을 담고 있었다.

가짜 〈노이에 도이칠란트〉는 비밀리에 동서독 간 통행열차의 객실과 화장실에 배치되어 동독의 수도였던 베를린까지 반입됐고 전부 6,000부가 배부됐다. 서독에서 이 사건은 단순한 장난으로 치부됐다. 잡지 〈템포〉의 젊은 시대정신과 팝 일러스트는 정치적으로 별로 중요하게 여겨지지 않았기 때문이다. 반면 동독은 중앙정보부에 관한 가짜 기사가 동독의 내부 관할 사안에 대한 개입이자 동서독의 관계를 악화시킬 수 있는 명백한 범죄이며 파시즘적 도발이라고 비난했다. 비밀경찰 본부는 〈템포〉를 '작전 지역의 주적 세력' 목록에 추가했다. 슈타지는 위조와 왜곡을 밥먹듯이 하면서도, 정작 재미와 스릴은 전혀 몰랐던 듯하다.

쾰른의 알라신

어떤 정보 제공자를 신뢰할 수 있는지, 그가 진실을 말하는지, 관심을 바라는 정신병자인지, 기업이나 관청 또는 조직을 위해 일하는 하수인인지, 스폰서의 관심을 끌려는 대중 매체 직원인지, 아니면 자기 업적을 자랑하려는 뻔뻔스러운 예술가인지 판단하기는 쉽지 않은 일이다. 그들이 제공하는 정보에 재치가 담겼다면 독자는 적어도 재미를 느낄 수 있을 것이다. 그리고 때로는 그 정보를 진실이라 믿게 한 어떤 소원, 희망, 두려움이 모르는 사이에 자신의 내면에 존재했다는 사실을 깨닫게 될 수도 있다.

뉴욕의 세계무역센터가 공격당한 지 8년 후인 2009년, 테러가 발생한 날짜 하루 전날인 9월 10일에 몹시 흥분한 젊은 남자가 독일의 언론사 편집실 여러 곳으로 전화를 걸었다. 그는 자신을 미국의 지역 라디오 방송사에서 일하는 라이너 피터슨이라고 소개하고는 숨도 쉬지 않고 캘리포니아주 어느 도시에서 자살 테러가 일어났다고 말했다. 수화기 너머에선 경찰차 사이렌 소리가 들렸다. 독일 뉴스 에이전시 dpa는 오전 9시 39분에 '캘리포니아 소도시에 테러'라는 보도를 냈다. 곧이어 미국 라디오 방송사 사장 제이크 모건이 필립 경관이라는 경찰과 이름을 알 수 없는 소방관의 통화 녹취록을 dpa로 보내와 의심의 여지마저 사라지게 했다.

뉴스가 한바탕 보도되고 난 오후가 되어서야 진실을 가렸던 베일이 걷혔다. 그 모든 소동은 마르쿠스 미테마이어와 얀 헨리크 슈탈베르크의 영화 〈할리우드로 가는 지름길〉을 홍보하기 위함이었다. 두 사람은 다큐멘터리와 가상 시나리오를 접목한 영화 〈콰이어트 애즈 어 마우스〉로 영화계의 주목을 받고 있었다. 그들의 새로운 작품은 현실과 허구의 경계를 넘나들어야 했고, "홍보를 통해 영화에 현실 감을 불어넣으려 했다"라고 슈탈베르크는 말했다. 이들의 '장난 전화'는 비교적 쉽게 성공했다. 베를린 프리드리히샤인에 있는 건물 지하실에서 슈탈베르크를 포함한 청년 세 사람이 캘리포니아 전화번호와 유사한 번호로 언론사들에 전화를 걸었고, 슈탈베르크가 라이너 피터슨과 제이크 모건과 필립 경관, 그리고 소방관을 연기하는 동안 나머지 두 사람은 소란스러운 소리를 만들어내고 아이팟으로 경찰차 사이렌 소리를 무한 재생했다.

"뉴스 통신 dpa는 가짜 제보에 속은 것을 무척 유감스럽게 생각한다"라는 보도가 오후 늦게 독일 언론을 통해 공개됐다. "이 사건 이후 dpa는 인터넷을 통한 정보 관리를 더 철저히 하고 검토를 강화하겠다"고 말했다. 그러나 인터넷과 가짜 제보는 그다지 관계가 없으므로 앞으로도 큰 변화가 있을 것 같진 않다.

"쾰른의 유쾌함은 터키인의 마음에도 깊이 새겨져 있다"라며, 쾰른의 터키계 시민들이 2008년 1월 8일에 독일 최초의 터키카니발협회를 창단했다. 자신들을 '정통 무슬림'이라고 여기는 협회 설립자들은 라인 지역의 전통을 이슬람 방식으로, 즉 '자유분방한 성행위와 지나친 알코올 섭취 없이' 충분히 즐길 수 있음을 증명하고 싶어 했다. "문화적 차이로 축제에서 배제되어온" 터키 동포들도 "자체적인 카니발 문화를 만들어 즐길 수 있다"라고 말이다. 보수적인 독일인들은 카니발에 참여하는 여성의 부르카(이슬람 여성이 머리부터 발목까지 덮어쓰는 전통 복식-옮긴이) 착용 의무가 이미 사라진 것 같다고 평가했다. 그러나 이틀 뒤인 2008년 1월 10일에는 축제의 흥도, 협회도 사라졌다. 이 소동은 사실 민영방송 RTL의 새로운 코미디 쇼 〈TV-영웅〉이 언론을 비판하기 위한 것이었다.

터키카니발협회 창단을 선포하던 기자회견장에서 어떤 기자도 의문을 제기하지 않았다. BMW 스포츠카를 행사 차량으로 투입하겠다는 발표도, 협회 회장인 다우트 일마즈가 터키어를 전혀 못한다는 사실도 이상히 여기지 않았다. 독일의 방송 진행자이자 풍자가 얀 뵈머만이 동료 피에르 M. 크라우제와 함께 가짜 협회를 만들어 독일 언론을 속인 것이었는데, 협회의 진위를 검토한 사람이 아무도 없었던 것이다.

2016년 8월 19일 자 베를린 판 〈타게스차이퉁〉의 양쪽 페이지에 걸쳐 게재된 광고는 독일연방 국방성을 홍보하는 듯했다. '태양, 모래, 그리고 소총'이라는 글자 아래 비치발리볼을 즐기는 두 여성의 사진이 실려 있고, '군대에서 즐기는 삼바 분위기'라고 군대를 미화하는 설명이 쓰여 있었다. 이것은 〈타게스차이퉁〉 스포츠 편집부가 국방성 홍보 캠페인을 조롱하기 위해 만든 광고였다. 그런데 독자들은 이 광고에서 '국방성의 스포츠 진흥 정책'과 '제복 입은 운동선수를 통해 스포츠를 장려하려는 독일의 애국주의 마케팅'이 제대로 표현되지 않았다고 불평했다고 한다(설명이 필요하다고 생각한 듯 〈타게스차이퉁〉이 8월 26일 자 신문에 내보낸 내용이다).

문화난장 단체 예스맨이 개척한 분야가 있다. 이들은 경제조직이나 기업 대표자로 가장해 이들의 사익 추구 실태를 폭로하고, 다양한 풍자 수단을 이용해 기업이 사회공헌이나 복지를 축소하여 손실을 만회하는 수법을 공개했다. 이들은 독일 기업의 비리도 공개한 적이 있다.

2015년 4월 24일, 스웨덴에 본사를 둔 에너지 기업 바텐팔은 기자회견과 언론 보도를 통해 새로운 에너지 전환 정책을 발표했다. 먼 미래인 2050년이 아니라 2030년이면 필요한 에너지 전부를 재생 가능한 에너지로 충당할 수 있다는 내용이었다. 이들은 또 1,000명에 달하는 필리핀의 기후 난민(지구 온난화로 해수면이 높아지면서 살던 곳이 물에 잠긴 사람들-옮긴이)을 받아들여 직원으로 고용하겠다고 밝혔다. 그리고 라우지츠 갈탄 탄광 문제(바텐팔이 이 지역에서 환경 문제를 발생시키는 노천 채굴 방식으로 갈탄을 채굴하고 있기 때문에 반대 운동이 일어났다-옮긴이)는 사회적이고 기후친화적인 방식으로 해결하겠다고 했다. 이 소식에 그린피스는 기뻐했고, 베를린브란덴부르크 라디오는 축전을 보냈으며, 지역 일간지 〈메르키셰 알게마이네 차이퉁〉은 "라우지츠 주민들이 깜짝 놀랄 기쁜 소식"이라고 표현했다.

이에 대한 문의에 '미래의' 환경 친화 기업 바텐팔은 대응할 수 없었고 대응하려 하지도 않았다. 갑작스러운 일을 당한 이 기업은 당황했고 몹시 불쾌해했다.

"본사는 상황을 유심히 검토하는 중이며, 잘못된 정보를 바로잡기 위한 절차를 진행 중이다."

바텐팔의 반응에 대중은 유감을 표현했고 또 다른 문화난장 집단 '펭! 콜렉티브'는 이 소동을 지켜보며 범죄의 스릴을 공유했다.

에스키모에게 냉장고를 판매한다고 말하면 누구나 코웃음을 칠 것이다. 그런데 사막의 도시 아부다비에 모래를 판다면? 독일 북해에 있는 스피케로크섬에선 2016년 6월에 실제로 그런 일이 벌어질 뻔했다. 다국적 기업 트랜스크리스털은 섬의 해변에 표지판을 세우고 '모래 퇴적물 개발 계획'을 발표했다. 이 회사는 본사 홈페이지를 통해 '경제적이고 생태적으로, 그리고 관광 측면까지 조화롭게 이루어지도록' 지속 가능한 모래 채취를 약속했고 현재 모래층이 많이 소실된 나미비아에서 자신들이 진행하고 있는 회복 작업을 언급했다.

사례가 나미비아가 아니라 사하라였다면 섬사람들이나 관광객은 이를 좀더 무심하게 받아들였을지도 모른다. 이것은 전 지구적으로 벌어지는 모래 약탈에 관심을 모으고 싶었던 독일 포츠담 출신 예술가 마르쿠스 그로세의 풍자극이었다. 인류가 석유보다 모래를 더 많이 사용하며 모래가 건설과 금속, 자동차 산업에 쓰이는 중요한 원료라는 사실을 아는 사람은 거의 없다. 아랍 에미리트의 수도 아부다비에서는 대규모 건설 공사를 위해 실제로 모래를 수입해 쓴다.

선의의 거짓말, 악의적인 거짓말

1995년 1월, 이탈리아의 TV 프로그램 〈본 사람 없습니까?〉는 엄청난 반향을 일으켰다. 일종의 실종자 찾기 프로그램인데, 영국의 개념 미술가 해리 키퍼의 이야기를 소개했다. 키퍼는 자전거를 타고 유럽 대륙을 돌며 자신이 지나간 경로가 위에서 봤을 때 크게 'ART(예술)'라는 글자를 그리도록 여행 중이었다고 한다. 그런데 여정 도중 이탈리아와 슬로베니아의 국경에서 사라졌고, 이후 행방불명됐다. 방송사 카메라 팀은 런던 심리지리학 학회 회원인 키퍼의 친구에게 도움을 구하기 위해 런던까지 찾아갔다. 방송사 직원 중 이 상황에 의문을 제기한 사람은 아무도 없었다.

같은 해 6월에는 베니스 비엔날레에서 침팬지 루타Loota의 유화 그림이 공개되어 대중의 감탄을 불러일으켰다. 기자회견 내용에 따르면 이 유인원은 국제동물보호단체 동물해방전선ALF에 의해 약학 실험실에서 풀려났고, 그 후에 자신의 예술적 재능을 발견했다고 한다. 많은 신문이 유인원의 놀라운 재능을 보도했다.

다음 해인 1996년에는 미국 서브컬처 분야에서 유명한 작가이자 예술가인 하킴 베이가 자기 작품을 철저히 비평한 인터뷰 모음집이 발간됐다. 앞의 두 경우와 마찬가지로 이것 역시 이탈리아의 미디어 게릴라 그룹 루터 블리셋이 기획한 일이었다. 실제로는 해리 키퍼도, 심리지리학 학회도, 그림 그리는 침팬지도 존재하지 않았다. 하킴 베이와 그의 책은 존재했지만 이 졸작은 난해하며 알아듣기 어려운, 예술 비평가들의 말투를 패러디한 루터 블리셋 팀원들의 횡설수설을 잔뜩 담고 있었다. 1994년부터 5인조로 활동하기 시작한 루터 블리셋은 1980년대에 이탈리아 프로축구팀 AC밀란 소속이었던 자메이카 출신 축구 선수의 이름을 빌린 것이다.

잘 알려지지 않았던 이 예술 및 정치 게릴라 팀은 집단 가명으로 항상 함께 활동함으로써 작가는 개인적으로 활동한다는 기존의 관행을 깨고 싶어 했다. 이들의 풍자적인 못된 장난은 익숙한 질서를 깨고 언론과 정치인을 귀찮게 하는 것이 목적이었다. 이들은 존경하는 기호학 교수 움베르토 에코의 정신을 이어받아 사회 지배적인 상징체계와 의사소통 규칙을 교란하고 정보 사회에 의심의 씨앗을 뿌리길 원했다.

이들은 특히 민영 언론 그룹을 소유하고 총리가 되어 권력을 통해 공영 방송도 통제했던 우파 정치인 실비오 베를루스코니(그는 앞서 이야기했던 AC밀란의 구단주이기도 하다)를 우회적으로 풍자했다. 루터 블리 셋이 이탈리아 라티움 지방의 비테르보 들판에서 사탄을 숭배하는 암흑 의식이 자행되고 있다는 가짜 뉴스를 퍼트리자, 수많은 언론사 가 사실 확인도 하지 않고 뉴스를 전달했다. 베를루스코니가 소유한 방송사 이탈리아 1채널은 심지어 집단강간처럼 보이는 영상 클립까 지 내보냈다. 루터 블리셋은 대중에게 내막을 공개하면서 이 사실도 폭로했다.

이들이 선택하는 방식이 항상 좋은 영향을 끼친다고 평가할 수는 없다. 뉴욕의 예스맨과 마찬가지로 루터 블리셋도 현실을 알기 쉽 게 변형해 진실이 드러나게 돕는 선의의 거짓말과 여론을 조작하여 권력자의 이익을 채워주는 악의적인 거짓말을 구분해 사용하길 원 했다. 하지만 베를루스코니 언론과 별다를 바 없이 루터 블리셋도 계속해서 악의적인 가짜 뉴스를 뿌렸다. 1998년에는 돈 피에리노 겔미니라는 이름의 성직자가 체포됐다는 기사를 내보냈다. 가톨릭 관보 〈아베니레〉는 즉각 이 기사를 인용했고, 관보의 충실한 독자 겔 미니 신부님은 엄청난 충격을 받았을 것이다. 맘씨 좋은 이 성직자는 자신이 아동 포르노 사건에 연루되어 있으며, 악명 높은 아동 성범죄 자이자 살인범 마르크 뒤트루가 속해 있는 벨기에 아동학대 조직과 함께 일했다는 혐의를 읽어야 했을 것이다. 이 스캔들은 사회에 큰 파문을 일으켰다. 며칠 후 루터 블리셋은 이 기사로 아동성애와 관련한 '언론의 신경증과 자동적인 여론 형성'을 널리 알리고자 했다고 발표했고 겔미니 신부도 괴로움에서 구원받았다.

독일어로 출판된 것으로는 1997년에 발간된 가이드북 〈커뮤니케이션 게릴라 가이드〉가 있다. 이 책에는 루터 블리셋 외에도 예술가 및 정치 활동가 소냐 브륀첼스와 잘 알려지지 않은 집단인 '자치 a.f.r.i.k.a. 그룹autonome a.f.r.i.k.a.gruppe'이 저자로 참여했다. 2년 후 루터 블리셋은 해체하기 전에 《큐》라는 소설을 출판했다. 《큐》는 움베르토 에코의 베스트셀러들과 비슷한 장르 형태로 2002년에 독일어로도 출간됐다. 독일에서 일어난 종교개혁과 재세례파를 다룬 역사소설로, 급진적 종교개혁가 토마스 뮌처의 관점으로 이야기가 전개된다. 이 역사소설은 오늘날 사회적 분열이 일어나는 이유, 그리고 확립된 질서와 대립하는 최근 경향에 관한 문제를 이해하기 쉽게 보여준다.

루터 블리셋 프로젝트는 처음 시작할 때 약속했던 대로 5년이 지난 1999년에 끝났다. 하지만 구성원들은 프로젝트를 계속 진행하기로 하고 '부밍Wu Ming'으로 이름을 바꾸었다. 이 이름은 '다섯 개의 이름' 또는 '무명'을 중국식으로 읽은 것이다. 《큐》로 자신들의 취향을 확인한 다섯 명의 활동가는 역시 과거를 배경으로 현대를 다룬 세 편의 소설을 연이어 발표했다.

부밍 또는 루터 블리셋과 비슷한 집단이 오스트리아에도 생겨났다. 이 집단은 자신들의 이름을 파니 블리셋으로 정하고 2014년에 비슷한 방식으로 진실과 허구를 섞은 역사소설《예수회공원Jesuitenwiese》을 출판했다. 결론을 말하자면, 게릴라 집단은 질서를 깨기 위해 더는 파괴적이고 무질서한 방식으로 현실을 왜곡하지 않으며 가짜 뉴스를 생산하지 않는다. 이제는 실재하는 허구 대신 가상의 현실만 존재하며, 과거에는 행동을 해야 했다면 지금은 생각이 더 큰 영향력을 발휘하기 때문이다.

비건 홍합과 숨은 돼지 안심

요즘 사람들은 식당에 가거나 물건을 살 때 인터넷에 남겨진 다른 사람의 평가에 의존한다. 판매자로서는 좋은 평가가 많을수록 이로우므로 평가를 조작할 동기가 있다.

런던의 신문기자 오바 버틀러Oobah Butler는 식당 측에서 돈을 받고 트립어드바이저Tripadvisor 등의 인터넷 포털에 리뷰를 올렸다. 대가를 받고 글을 쓰는 사람이 그 혼자만은 아니었다. 미식 사이트에는 흥분한 말투로 음식의 맛과 서비스, 분위기를 칭찬하는 가짜 경험담이 가득했다. 어느 순간 환멸을 느낀 버틀러는 그 일을 그만두기로 마음먹었다.

2017년 5월에 그는 직접 'The Shed(오두막)'라는 감성적인 이름의 레스토랑을 열었고 매력적인 인테리어와 음식 사진을 찍어 홈페이지를 만들었다. 그런 뒤 친구와 지인들의 도움을 받아 여러 식당 리뷰 사이트에 칭찬 일색의 평가를 올렸다. 그가 레스토랑 홈페이지에 사진과 함께 올린 메뉴판에는 '비건 홍합' 또는 '아티초크와 레드와인 타피오카에 숨은 돼지 안심' 등에 '달콤한 자두 베이컨'이 제공된다고 나와 있었다. 인기 레스토랑이 보통 그렇듯이 전화 예약이 몰렸고, 버틀러는 몇 달 치 예약이 밀려 있노라고 양해를 구했다. 다음으로는 레스토랑을 취재하고 싶다는 방송사 취재기자들이 문을 두드렸다. 광고 업체도 서로 광고를 맡겠다며 연락해왔다.

11월 1일, 마침내 버틀러는 목표를 이뤘다. 그의 식당이 광고 포털 트립어드바이저가 뽑은, 런던에서 가장 높은 평가를 받은 레스토랑으로 선정된 것이다. 그는 처음이자 마지막으로 레스토랑의 문을 열었다. 장소는 자기 집 정원이었으며, 손님들을 앉힌 뒤 냉동실에 보관했던 아일랜드 간편식을 꺼내 대접했다. 아무도 불평하지 않았고, 인터넷에 올라온 평가보다 자기 미각을 신뢰하는 사람도 없었다. 자기가 앉아 있는 레스토랑이 가짜라고 생각하는 사람도 물론 없었다.

영리한 오바 버틀러는 가짜 레스토랑 리뷰를 이용해 가짜 레스토랑을 만들었고, 자신의 오감보다 외식 업체 평가 플랫폼과 타인의 평가를 더 믿는 사람들을 웃음거리로 만들었다.

"더 많은 빛을!"

"단어를 더 가까이서 관찰할수록 눈에 들어오는 부분은 줄어든다."

카를 크라우스가 남긴 명언이다. 이를 달리 말할 수도 있다. 어떤 대상의 내용과 유래에 관해 연구하면 할수록 점점 더 알 수 없어진다. 전해 내려오는 내용에 '더 많은 빛을' 비추면 때로는 더 불분명해진다.

예를 들면 1832년 3월 22일 요한 볼프강 폰 괴테가 죽기 전에 했다는 말이 그렇다. 임종을 앞둔 시인이 깊은 철학을 담아 그 이야기를 했을 가능성은 거의 없으며 오히려 단순한 의미로 말했을 것이다. 바이마르 공국의 재상 프리드리히 폰 밀러에 따르면, 시인이 그를 둘러싼 사람들에게 부탁한 내용은 다음과 같았다.

"더 많은 빛이 들어올 수 있게 바깥의 덧창도 열어주게!"

하지만 이 문장을 재상이 직접 받아쓴 것이 아니라, 그렇게 들었다고 다른 이에게 말한 것이기 때문에 내용이 정확히 전해진 것인지는 확실치 않다.

괴테가 죽고 이틀 후, 바이마르 공국의 토목 본부장이었던 클레멘스 벤체슬라우스 쿠드레이는 자신도 비슷한 문장을 들었다고 말했다. 1907년에 쿠드레이의 일기장이 발견됐는데, 괴테가 사망한 당일을 펼치면 괴테가 죽기 전 마지막으로 하인 프리드리히 크라우제에게 이렇게 말했다고 되어 있다.

"내 와인에 왜 설탕을 안 넣었나?"

많은 사람이 괴테의 마지막 순간을 지켜보고 싶어 했다. 어떤 사람은 그의 입에서 심오한 표현이 나왔다고 주장했다. 남작 부인 예니 폰 구스테트는 60년 뒤에 발표한 자신의 회고록《괴테 지인들의 이야기Aus Goethes Freundeskreis》에서 괴테가 임종을 앞두고 또렷한 말투로 "이제 변화는 더 고차원적으로 이뤄질 것"이라고 분명히 말했다고 썼다. 앞서 언급된 괴테의 하인 크라우제는 전혀 다른 것을 기억하고 있었다. 그의 기억에 따르면 그는 주인의 임종을 혼자 지켜봤다. 시인은 그에게 침실용 변기를 가져다 달라고 부탁했고, "그는 요강을 집어 들어 꼭 껴안고 세상을 떠났다"고 했다.

프랑크푸르트 출신인 괴테가 마지막 순간에 자신의 지방 방언을 사용해 "방 안이 어두워서 불편하다"라고 중얼거렸을 가능성도 있고, 며느리 오틸리에를 불러 "내 딸아, 이리 와서 네 손을 다오"라고 말했을 수도 있다. 며느리에게 한 말은 괴테의 친구였던 화가 캐럴라인 루이제 자이들러가 시인이 죽은 다음 날인 1832년 3월 23일에 편지에 쓴 내용이다.

어쩌면 모든 목격자의 말이 다 옳을 수도 있다. 왜냐하면 괴테가 죽기 직전에 정말 많은 말을 했고, 모두가 조금씩 다른 문장을 들었거나 들은 문장 중에서 기억나는 것을 선택해 전달했을지도 모르기 때문이다.

죽어가는 사람이 또렷한 발음으로 말하는 경우는 드물다. 게다가 전쟁 중이라 주변 소음이 심하다면 말을 잘못 알아듣기가 더 쉬울 것이다. 영국 제독 허레이쇼 넬슨의 경우처럼 말이다. 그는 1805년 트라팔가해협에서 프랑스-스페인 연합 함대를 격파해 승리를 앞두고 있을 때 치명적인 부상을 입었다. 그는 자기 사령부 선장인 토머스 하디에게 깜짝 놀랄 만한 말을 했다.

"Kiss me(키스해줘), 하디!"

아마도 원래는 이렇게 말하려 했을 것이다.

"Kismet(운명이야), 하디!"

덧창을 열어달라는 괴테의 평범한 부탁은 다양한 추측을 가능케 하는 짧은 한마디로 바뀌었다.

"더 많은 빛을!"

많은 인용문이 대중에게 공개되기 전에 상황에 알맞게 편집되는 것이 사실이다. 러시아의 정치가 미하일 고르바초프의 말도 그랬다. 1989년 10월 6일 동독을 방문한 고르바초프는 "꾸물거리는 사람은 평생 값을 치르게 된다"라고 독일사회주의통일당 서기장에게 말한 것으로 알려져 있다. 하지만 그가 실제로 말한 문장은 이와 달랐다. 러시아 연설문의 원래 문장은 "인생에 반응하지 않는 사람은 위험에 처하게 된다"였고, 독일사회주의통일당의 회담 기록에는 "우리가 뒤처져 있으면 인생이 즉시 벌을 준다"라고 되어 있다. 고르바초프의 명언으로 알려진 문장은 원래의 표현을 교묘하게 바꾼 버전이다.

적절히 다듬어진 예로는 카를 마르크스의 다음과 같은 유명한 발언을 들 수 있다.

"종교는 민중의 아편이다."

1844년에 발표한 저서 《헤겔 법철학 비판》의 서문에서 그는 "종교는 고통받는 피조물의 한숨이고, 비정한 세계의 동정심이며, 영혼 없는 상태의 활력이다. 이것은 민중에게 아편과도 같다"라고 썼다. 마르크스의 구체적인 분석을 대폭 줄여 단순한 슬로건인 '민중의 아편'으로 바꾸어 교황 권력에 대항하는 혁명에 사용한 사람은 바로 블라디미르 일리치 레닌이다. 그런데 이제 그 마약은 민중이 현실도 피나 위안을 얻기 위해 찾는 수단이 아니라, 지배 계급이 민중을 장악하는 수단이 됐다.

설명을 덧붙이면, 종교와 마약을 연결한 것이 마르크스의 아이디어는 아니었다. 노발리스의 《밤의 찬가: 철학 파편집》에서 이 낭만주의 시인은 이미 1798년에 속물적인 기독교에 대한 생각을 풀어놓았다.

"이들이 말하는 종교는 자극적이고, 마취 효과가 있으며, 취약한 부분의 고통을 줄여주는 아편처럼 작용한다."

터무니없이 줄이거나 해석하는 것은 물론, 적당히 의미를 부여하거나 이해하기 쉽게 단어를 끼워 넣은 예도 있다. 마르틴 루터는 1521년에 보름스 의회에서 교회 개혁이 필요하다는 발언을 마치며 이렇게 말했다고 전해진다.

"저는 제 주장을 고수합니다. 다르게는 할 수 없습니다. 하느님 나를 도우소서. 아멘."

하지만 목격자들이 글로 남긴 묘사와 동시대의 간행물을 보면 그가 형식적으로 "하느님 나를 도우소서. 아멘"이라고만 말했다고 되어 있다. 앞에 삽입된 두 문장은 루터의 동료 개혁가들이 훗날 그의 꿋꿋한 개혁 의지와 원칙주의를 강조하기 위해 추가했거나, 루터 자신이 그렇게 말했다고 기억했을 수 있다. 어쨌든 새로운 두 문장은 1539년에 비텐베르크에서 루터의 저작들을 출판하기 시작하면서 개신교 세계에 알려지게 됐다.

루터의 말 중에서 그보다 더 유명한 발언은 1980년대 원자폭탄의 개발 이후 서독을 장악했던 종말 분위기에 희망을 전해준, 다음과 같은 문장이다.

"만약 내일 세계가 멸망하더라도 나는 오늘 사과나무 한 그루를 심을 것이다."

그런데 루터의 글이나 편지나 탁상담화를 모두 살펴봐도 사과나무라는 단어는 찾을 수가 없다. 루터 시대보다 300년 뒤인 19세기 전반에 소문처럼 돌아다니던 문장이 루터 어록에 추가됐을 가능성이 있다. 이 문장을 말한 사람은 뷔르템베르크의 어느 경건주의자라고 추측된다. 이곳에서 요한 알브레히트 벵겔이라는 철학자가 1836년 6월 18일에 세계의 종말이 올 거라고 예언했기 때문이다.

루터의 말이 절반쯤은 다른 사람이 끼워 넣은 말이라면, 갈릴레오 갈릴레이의 대담한 주장 "그래도 지구는 돈다!"는 아예 다른 사람이 만들어낸 것이다. 갈릴레이는 지구가 우주의 중심이 아니라는 주장을 철회하라는 압박을 못 이겨 주장을 취소하고 나서 이 말을 했다고 전해진다. 그러나 이 문장은 100년이 지난 1761년에야 프랑스 신부 이라이유가 출간한 네 권짜리 《문학논쟁Querelles littéraires》에 최초로 등장한다.

갈릴레이의 말은 그의 실제 생각과 일치하지만, 윈스턴 처칠과 그의 말은 겉보기엔 맞는 듯하나 사실과 다른 경우다. 그는 장수의 비결에 대한 질문에 "운동하지 않는 것!"이라고 대답했다고 전해진다. 시가를 피우며 위스키를 마시는 뚱뚱한 체형의 영국인인 처칠과 잘 어울리는 대답이다. 하지만 처칠은 젊은 시절 날씬하고 호리호리한 몸매였다. 그는 크리켓을 쳤고, 학교에서 수영부 활동을 했으며, 우수한 펜싱 선수였다. 사관 후보생이 된 후에는 훌륭한 기수로 평가받았고 인도로 파견됐을 때는 폴로(말을 타고 공을 치는 스포츠 경기-옮긴이)를 즐겼다. 처칠은 나이가 들어서도 승마를 계속했으며 70이 넘은 나이에도 여우 사냥에 참여했다. 그러니 처칠의 대화 기록과 저서에서 '운동하지 않는 것!'이라는 문장을 찾을 수 없는 건 당연하다.

영국에는 전혀 알려져 있지 않지만 독일에서는 유명한 처칠의 말이 있다.

"직접 조작하지 않은 소문은 믿지 마라."

이 문장은 암울한 제2차 세계대전 기간에 출처가 사라졌다. 아마도 1940년 무렵 히틀러 독일에 굴하지 않았던 처칠을 공격하기 위해 나치스 선동가들이 만든 소문일지 모른다.

특정인이 어떤 말을 했다고 누명을 씌우는 일은 유혹적이다. 왜냐하면 대중이 그 말을 믿을 것이고, 특히 상대가 유명인이라면 상황을 바꿀 좋은 기회가 될 수 있기 때문이다. 1960년대의 말장난은 건강이 좋지 않았던 독일 대통령 하인리히 뤼브케가 영어를 못한다는 소문을 만들었다. 예를 들면 1965년에 영국 여왕이 독일을 방문했을 때 쾰른의 브륄성에서 막 파티가 시작되려는 순간에 뤼브케가 여왕에게 "Equal goes it loose"(독일어로 '곧 시작한다'라는 말을 단어만 영어로 바꾼 것-옮긴이)라고 말했다는 신문 보도가 있었다. 이 표현은 대통령의 말 모음집 〈대통령 하인리히의 말〉에도, 연설을 녹음한 레코드 〈하인리히 뤼브케가 독일 국민에게〉에도 등장하지 않는다. 다만, 나중에 발표된 잘못된 표현 모음집에는 실려 있다.

분명 뤼브케의 이 문장은 공식 행사 때 그가 몇 차례 했던 실수를 바탕으로 기자든 일반인이든 누군가가 지어낸 것이다. 연설을 시작하며 "존경하는 신사 숙녀 검둥이 여러분!"이라고 인사했다는 말도 마찬가지다. 어느 기록에서도 그런 문구를 찾아볼 수 없다. 분명 실수를 저지를 수밖에 없는 나이 많은 대통령이 아프리카 순방을 떠날 때 동행했던 언론사 기자가 장난으로 지어낸 말일 것이다.

"습관적으로 머리카락을 쓸어내리는 모습으로 미루어 철학이 여자라는 사실을 알 수 있다."

독일 물리학자 게오르크 크리스토프 리히텐베르크가 말했다고 전해지는 문장이다. 하지만 저 위대한 계몽주의자는 이렇게 어설프게 조롱하는 문장을 내뱉은 적이 없다. 역시 그가 썼다고 알려진 "천사를 찾기 위해 날개만 바라보는 사람은 거위를 안고 돌아올 수도 있다"(2017년 7월 1일 자 〈하노버 알게마이네 차이퉁〉에 인용된 글)는 적어도 리히텐베르크 특유의 재치가 느껴지지만, 이 문장 역시 그가 쓴 것이 아니다.

학문이나 클래식 예술뿐만 아니라 대중 예술에서도 실제로 존재하지 않았던 인용문이 상식처럼 자리하게 되는 경우가 있다. 예를 들어 고전영화 〈카사블랑카〉의 명대사 "샘, 그 노래를 다시 연주해줘"는 사실 영화에 나오지 않는다. 잉그리드 버그만이 피아노 연주자에게 한 말은 "샘, 옛정을 생각해서 그 노래를 연주해줘"다. 나중에 험프리 보가트는 말한다. "그녀를 위해 했던 것처럼 나를 위해 그 노래를 다시 들려줄 수 있겠지. 부탁하네."

"해리, 당장 차 가져와!"는 1974년부터 1998년까지 독일 ZDF 방송에서 방영한 범죄 수사 드라마 〈데릭〉의 유행어였다. 그런데 이 문장은 281회가 방영되는 동안 한 번도 등장한 적이 없다. 2화에서 주인공 슈테판 데릭이 조수 해리 클라인에게 비슷한 말을 하긴 했다. "해리, 지금 당장 차가 필요해!"

"휴스턴, 문제가 생겼다"라는 유명한 문장은 사실 우주선 비행 역사에서 한 번도 언급된 적이 없다. 이 표현은 1970년에 달 탐사선 아폴로 13호에 폭발이 일어난 뒤 비행사들이 극적으로 지구로 귀환하게 된 이야기 속에 등장한다. 1995년에 개봉한 영화 〈아폴로 13〉에서는 톰 행크스가 연기한 선장 짐 러벨이 휴스턴에 있는 NASA 관제센터를 향해 이 불길한 문장을 내뱉는다. 그러나 실제로는 보조 조종사 잭 스와이거트가 절제된 표현을 이용해 지상 센터에 연락한 기록만 남아 있다. "오케이. 휴스턴, 이곳에 문제가 있었다."

대중문화를 떠나 다시 정치 이야기로 가보자.

"짐이 곧 국가다."

이 강력한 슬로건을 바탕으로 태양왕 루이 14세는 전제군주제를 내세우고 절대왕정을 펼쳤다고 전해지지만 확실하진 않다. 분명한 것은 그가 1655년 4월 13일에 열린 국회에서 저 말을 하지는 않았다는 것이다. 나폴레옹이 워털루 전투에서 영웅답게 필사적이고 비장한 어투로 "근위대는 죽을 뿐 항복하지 않는다"라고 말했는지 어쨌는지 알 수 없듯, 루이 14세도 그렇게 말했는지 어쨌는지는 알 수가 없다. 다만 저 말을 했다는 사실을 루이 14세가 인정한 적은 없다.

1780년에 프랑스에 기근이 닥쳤을 때, 왕비 마리 앙투아네트는 가난한 사람들의 불평에 냉담하게 대꾸했다고 전해진다.

"빵이 없으면 케이크를 먹으면 되지!"

이런 무정함은 민중과 만날 일이 없는 거만한 귀족의 이미지와 무척 잘 어울린다. 단지 그녀가 그런 말을 하지 않았을 뿐이다. 철학자 장 자크 루소의 자서전 《고백》에서 '어느 군주의 부인'이 했다는 이야기가 그녀에게 전가된 것이다. 그러나 루소의 자서전은 1782년에 처음 인쇄됐고, 이 문구가 들어 있는 처음 여섯 장은 1765년과 1767년 사이에 작성됐다. 그때 마리 앙투아네트는 열두 살도 안 된 나이로 빈에 살고 있었다.

그럼에도 이 말을 왕비가 했다는 소문은 대중의 마음을 사로잡았다. 인용문의 수정, 삽입, 추가에 관해서는 헬무트 콜의 말, "나중에 나오는 것이 전체를 결정한다"가 꼭 들어맞는다. 그런데 이 말 역시 와전된 것이다. 1984년 8월 31일에 연방 기자회견에서 콜 총리가 했던 말은 "가장 중요한 것은 나중에 등장한다"였다. 작은 변화가 표현의 뉘앙스를 바꾸어버린 또 하나의 예다.

인물은 중요하지 않다

호메로스가 누구인지는 아무도 모른다. 하지만 사람들은 그가 실제로 존재했다고 생각한다. 서사시 〈일리아드〉와 〈오디세이〉에 저자를 만들어주기 위해 가상의 인물을 고안해내진 않았을 거라는 의견이 대부분이다. 만약 그런 경우라면 먼 옛날보다는 비교적 가까운 과거에 그랬을 가능성이 크다. 사람들은 자신의 작품을 더 잘 팔기 위해 또는 장난을 치기 위해 가상의 인물을 만들어내니 말이다.

잡지 〈북스 인 캐나다〉는 1990년대 말에 북미 문학계를 떠들썩하게 한 그리스 시인 안드레아스 카라비스를 '현대의 호메로스'라고 칭송했다. 어부로 일하며 그날 잡은 고기를 저녁에 자신의 시와 함께 파는 시인, 그리고 한때 담배를 밀수하던 시인은 노벨상 후보로도 거론되는 인물이 됐다. 1932년생으로 어부들이 쓰는 모자를 쓴 나이 지긋한 노인의 사진은 멋스러웠다. 그러나 고정관념이 비평가들의 눈도 멀게 했다. 사실 안드레아스 카라비스라는 사람은 존재하지 않았고, 번역가 겸 에세이 작가 데이비드 솔웨이만 있었다. 솔웨이는 2001년 3월에 미국 학술 잡지 〈링구아프랑카〉와의 인터뷰에서 자신이 시들을 썼다고 고백했다. 사진 속 인물은 그의 치과의사였다.

안드레아스 카라비스처럼 독특한 이력의 작가로는 히로시마 원폭 생존자이며 1972년에 암으로 세상을 떠났다고 추정되는 일본의 시인 아라키 야쓰사다가 있다. 그의 시는 시문학 주제로는 무척 드물게 원폭 피해자의 세계를 다루고 있어서 주목을 받았다. 그의 아들이 그의 시를 발견해 1991년부터 미국에서 출판하기 시작했다. 시집은 1996년에 진짜 작가가 발견되기까지 인기를 끌었다. 진짜 작가는 일리노이주 프리포트의 하일랜드 커뮤니티 칼리지에서 일하는 영어와 스페인어 강사 켄트 존슨이었다.

에리히 아우구스트 부름브란트가 대중에게 알려진 것은 2001년이지만 괴팅겐에서 철학을 가르치던 20세기 전반기에 이미 그는 영향력을 발휘하고 있었다. 그해에 발표된 책《태양을 가리지 마시오! 철학자와 사상가들의 일화Geh mir aus der Sonne! Anekdoten über Philosophen und andere Denker》에서 알 수 있듯이 그는 괴팍한 성격의 학자였다. 그런데 이 모든 내용이 전부 가짜이고 철학 교수는 실제로 존재하지 않았다면 어떨까. 그는 여러 삶의 영역과 직업에서 일어나는 일화를 철학적으로 이용할 수 있도록 하기 위해 고안된 인물이었다. 그의 이름은 바보 아우구스트(독일과 오스트리아 서커스에 등장하는 광대의 이름-옮긴이)에서 따온 것이며, 'ehrlich(정직한)'과 비슷하게 들리는 에리히가 함께 사용됐다.

인터넷에서는 무척 많은 사람이 가명을 이용하여 메일을 보내고 채팅을 하며 글을 올린다. 게다가 가명의 주인이 실제로 존재하지 않아도 된다. 예를 들면 2015년에 유럽의 소셜 네트워크 징Xing에 등록된 2만여 명의 사용자 프로필이 전부 가짜이며 실제 존재하는 사람들이 아니라는 사실이 드러났다. 이들 계정은 활동을 하지 않았다. 이들에게 연락을 하면 응답이 없었다. 징의 경쟁 업체가 가짜 프로필로 가입했다는 의혹이 있었다.

한편 의견을 남기거나 여론을 선동하는 로봇, 이른바 소셜 봇 또는 그냥 봇이 사람 이름을 달고 활동하는 경우도 있다. 이들 기계는 다른 사용자의 질문과 글에 자동으로 댓글을 남기고 뉴스를 전달하고 평가를 남긴다. 인터넷에서는 이처럼 경제적 이익이나 정치적 목적으로 트렌드에 영향을 주고 여론을 조작할 수 있다.

또 다른 인터넷 사례가 있다. 8년 동안 위키피디아는 마르쿠스 안토니우스의 정보 페이지에, 카이사르를 살해한 남성 매춘부 가이우스 플라비우스 안토니우스에 대한 정보를 게시했다. 누군가가 그 내용이 거짓이라는 사실을 발견하기까지 말이다.

나는 누구인가?

—

사람이 갑자기 완벽하게 다른 사람을 사칭할 순 없다. 하지만 다른 사람이 된다는 상상만큼은 꽤 유혹적이다. 범죄 능력을 계발할 필요는 없겠지만 상상력을 마음껏 실행에 옮길 수 있으니 얼마나 즐겁겠는가. 작가들은 이미 오래전부터 이런 일을 해왔으며, 작가가 아니라도 누구나 다른 사람이 되는 상상을 할 수 있다.

1960년에 독일 하멜른에서 태어난 펠리시타스 호페는 2012년에 '호페'라는 제목으로 상상력 넘치는 자전적 소설을 발표했다. 소설 속 그녀는 캐나다와 호주에서 성장했으며 작가뿐 아니라 음악가, 지휘자, 하키 선수로 활동했고 유창한 폴란드어를 구사했다. 픽션을 사실처럼 보이게 하기 위해 그녀는 가상의 학교 친구나 동료들과 대화를 나누었고 자신의 전작에 대한 가상 평가 등을 마치 실제로 존재하는 것처럼 인용했다.

자서전이 항상 진실만 담고 있지 않다는 것은 어린아이도 안다. 소설가이자 풍자가, 문학비평가인 에크하르트 헨샤이트는 자신의 인생을 다룬 《기억해야 할 것들Denkwürdigkeiten》에서 모든 것을 진짜라고 맹신하면 안 된다고 썼다. 이를테면 이 책에서 그가 여러 차례 소개한 딸 엘프리데는 사실 존재하지 않는다.

헨샤이트는 재미로 그런 거짓말을 하곤 했지만 작가 야코프 베냐민 보테는 진지하게 사람들을 속였다. 그의 목적은 작가로서 프로필을 그럴싸하게 만들어 자신의 책이 많이 팔리도록 하는 것이었다. 그는 외국인 느낌이 나는 야코프 아르주니라는 이름으로 자신을 소개하고, 터키인 부모가 죽은 뒤 홀로 남은 자신을 프랑크푸르트의 교사 부부가 입양했으며, 독일도 터키도 조국이라는 안정감을 찾지 못하고 남프랑스로 이주해 식당과 옷가게에서 허드렛일을 했다고 말했다.

가짜 프로필 속에 진실이 전혀 없는 것은 아니었다. 그는 프랑크푸르트 서쪽 지역의 부유한 가정에서 태어났고 어머니는 출판인, 아버지는 극작가였다. 고교 졸업 시험을 마치고 남프랑스에서 어학 수업을 들으며 글쓰기를 시작했다.

프랑스의 작가로 문화부 장관까지 역임한 앙드레 말로는 정도가 훨

썬 더 심했다. 그는 자신을 엄청난 학자이자 모험가로 소개했다. 고고학·인도학·중국학을 전공하고, 학술적 연구 여행의 하나로 1923년에 동아시아를 방문했으며, 중국에서는 마오쩌둥의 공산주의 혁명가들과 접촉하고, 스페인 내전 때는 정부군 조종사로 참전했으며 제2차 세계대전 중 '베르거 대령'이라는 이름의 레지스탕스 조직에서 게릴라 조를 이끌었다고 했다.

하지만 앙드레 말로는 아무것도 전공하지 않았다. 또한 1923년에 잠시 캄보디아(당시에는 프랑스의 인도차이나 식민지였다)에 체류하긴 했으나, 고고학자로서가 아니라 도둑 신분이었다. 그는 신전에서 훔친 미술품을 팔려고 하다가 체포됐다. 징역 3년 형을 선고받았지만 처벌은 받지 않았다. 중국도 짧게 여행하긴 했는데, 영국 식민지 홍콩과 포르투갈 식민지 마카오만 들렀을 뿐 중국의 공산주의자는 한 명도 만나지 못했다. 스페인 내전 당시 짧은 시간 비행 대대 구성원으로 참여했으나 조종 기술이 없어서 비행은 하지 못했다. 제2차 세계대전이 발발한 후 프랑스를 점령한 독일군에게 저항하는 레지스탕스와는 수년간 거리를 두고 살다가 1944년 3월에 이르러서야 저항군에 가입하려고 했다. 같은 해 7월에 그가 독일군에게 체포돼 8월에 풀려났다는 사실은 확인할 길이 없으며, 그가 1944년 9월부터 프랑스 군대의 여단장으로 복무했다는 이야기와 마찬가지로 허구일 가능성이 크다.

어린 시절의 도둑질과 허풍은 말로의 인생에 걸림돌이 되지 않았다. 그와 달리 카를 마이(2장에서 허풍선이로 등장했던 그 인물이다)는 자신의 과거가 알려진 후 거짓말쟁이와 범죄자라는 낙인에서 결코 벗어날 수 없었다. 그는 젊은 시절, 자신을 안과의사 하일리히 박사, 교육 강사 로제, 카리브 프랑스 농장주의 아들, 첩보 요원 등으로 소개하다가 고급 사기, 강도, 허위 사실 유포 혐의로 총 8년 6개월 동안 복역했다.

감옥에서 그는 자신의 이야기꾼 재능을 발견하고 그때부터 현실 대신 종이 위에 상상력을 펼치기 시작했다. 하지만 거짓말을 아예 포기할 수는 없었다. 작가로 성공한 그는 (현재까지 그의 책은 40개국 언어로 번역되어 2억 권 이상이 팔렸다) 사람들의 특별한 시선을 기대하며 자기가 쓴 여행기와 모험소설의 내용이 자신이 직접 겪은 일들이라고 주장했다. 그는 실제로 1899년에 중동을, 1908년에 미국을 방문했지만 두 번 다 평범한 여행이었다. 그는 자신이 30개국 언어에 능통하다고 자랑했으며, 오랫동안 여행을 다니며 모았다는 가짜 기념품들로 집을 장식했다. 그러고는 집을 방문한 손님들에게 자신의 소설 주인공 올드 섀터핸드를 직접 연기해 보였다. 그는 심지어 손님들에게 역시 소설의 주인공인 비네토우가 실제로 소유했던 거라면서 은장식이 달린 가짜 소총을 보여주기도 했다. 그 외에도 그는 학자라는 평판을 얻기 위해 1898년까지 박사 학위 과정을 진행했으나 어느 대학에서도 한 학기 이상 공부한 적이 없었다. 허풍에 대단한 재능을 가진 이 작가가 박사 학위를 따려면 우선 법정에 서야 할 것 같다.

에티오피아의 에리트레아 출신 독일 가수이자 작가 세나이트 메하리는 에리트레아 인민해방전선과 에리트레아 해방전선 사이에 내전이 일어났을 당시 소녀 병사로 참전한 경험이 있다. 이 경험을 그녀는 자서전 《불의 심장Feuerherz》에서 자세히 설명했다. 그러나 그녀가 다닌 치바 학교에서는 무기를 직접 만져본 학생이 전혀 없었다. 전국의 아이들을 받아들인 이 학교는 여러 번 장소를 옮겨야 했지만 전쟁이 학교에 직접적인 영향을 끼치진 않았다. 학교 창립자인 엘리아스 게레 베니퍼와 메하리의 여러 동급생에게 진실을 들을 수 있었다. 예를 들면 친구 아브라함 메레테아브는 2007년 2월에 기자회견에서 이렇게 말했다.

"우리는 종종 야외의 나무 아래서 수업을 들었다. 하지만 그 시간 내내 안전했고, 항상 먹을 것이 있었으며 무기를 만질 일은 없었다."

2001년 9월 11일에 뉴욕 세계무역센터에서 벌어진 비행기 테러로 타니아 헤드는 심하게 다쳤고 그녀의 약혼자는 세상을 떠났다. 은행 직원이었던 헤드는 자신의 트라우마를 동료에게 이야기하며 조금씩 이겨나갔다.

"거기서 겪었던 일을 평생 잊지 못할 거야."

그녀는 아비규환 속에서도 결혼반지를 내밀고 자신의 아내가 되어달라고 부탁하며 죽어간 약혼자의 감동적인 이야기를 전했다. 그녀는 가이드가 되어 관광객들에게 그라운드 제로Ground Zero(대형 폭발 사고가 발생한 지점-옮긴이)에서 지옥문이 열렸던 일에 대해 이야기했고, '생존자 네트워크' 회장이 되어 기부금을 모았다.

그런데 〈뉴욕타임스〉가 취재한 결과 사망한 약혼자의 가족은 타니아 헤드를 몰랐으며 그녀의 직장인 메릴린치 은행은 타니아 헤드라는 직원을 고용한 적이 없었다. 스페인 신문 〈라 반과르디아〉는 새로운 사실을 발견했다. 타니아 헤드의 본명은 알리시아 에스테브 헤드이며 바르셀로나 출신으로 한때 비서로 일했다. 그녀와 일했던 동료들은 그녀와 지내기 어렵다고 말했다. 왜냐하면 그녀가 수단과 방법을 가리지 않고 항상 주인공이 되길 원했기 때문이다. 기사에 따르면 그녀가 9월 11일 테러로 입었다는 상처는 그보다 앞서 벌어진 교통사고로 생긴 것이었다. 결국 타니아 헤드는 생존자 네트워크 회장직과 좋은 평판을 모두 내려놓아야 했다.

유대인으로 1939년에 나치스를 피해 미국으로 도망친 오스트리아인 브루노 베텔하임은 심리학자, 특히 아동심리학자로서 국제적인 명성을 누렸다. 그는 개인과 대중 사회의 관계를 연구했고, 자폐아 치료에 기여했으며, 보육에서 동화가 지닌 가치를 발견했다. 그런데 그가 세상을 떠난 후, 이력서를 조작했다는 사실이 드러났다. 그는 빈에서 심리학과 철학, 예술사를 전공한 것이 아니라 독문학과 예술사를 전공했다. 심리학으로 최고 점수를 받으며 박사 학위를 딴 것이 아니라 예술사로 학위를 받은 것이었다. 그의 논문 제목은 〈자연미와 현대 미학의 문제〉였다. 그가 빈에서 아동심리학을 가르쳤다는 이야기는 허구였다. 실제로는 아버지의 목공소에서 일했다. 그는 이력 조작으로 대학에서 경력을 쌓을 수 있었다. 그래서 시카고대학교 심리학과 교수가 됐고, 대학 부설 특수학교인 소니아 샹크만 장애치료학교 교장이 됐다.

1990년에 그가 자살한 후(베텔하임은 1984년에 아내가 죽은 뒤 우울증을 앓았고, 1987년에는 뇌졸중으로 고생했다) 모든 사실이 밝혀졌다. 놀라운 것은 그가 진지한 학자가 아니었다는 사실이다. 동화를 들려주는 친근한 아저씨이자 아동을 사랑하는 변호사 이미지는 모두 가짜였다. 미국 잡지 〈뉴스위크〉는 '브루노 폭행 하임'이라는 제목의 기사로 베텔하임이 자신의 연구 업적을 모두 조작했으며 특수학교에서는 그에게 위탁된 아동들을 폭행했다고 보도했다. 사소한 이유로도 그는 주먹을 휘둘렀고, 보호아동이 자살한 일도 있었다.

1945년 이전에는 SS(나치스 친위대) 대원이었고, 1945년 이후에는 독문학 교수이자 아헨공대 총장을 지낸 인물이 있다. 1909년생으로 SS 육군 대위였던 한스 에른스트 슈나이더다. 그는 전쟁이 끝나기 직전 이름을 한스 슈베르테로 바꾸고, 한스 에른스트 슈나이더의 사망 신고를 했다. 그리고 이제 미망인 신분이 된 자신의 부인과 다시 결혼하고 새로운 인생을 시작했다. 민주주의 교육을 받았고 1983년에는 공로십자장(독일연방에서 수여하는 공로 훈장-옮긴이)을 받았다.

1976년부터 1981년까지 그는 독일 노르트라인베스트팔렌주와 네덜란드, 벨기에의 대학들 간 교류와 홍보를 담당하는 공식 책임자로 일했다. 그런데 그가 1940년부터 1942년까지 네덜란드에서 산 적이 있다는 사실이 알려지면서 1992년에 한스 슈베르테가 나치스의 한스 에른스트 슈나이더와 동일인이라는 의혹이 생겨났다. 1995년에 더는 도망칠 기회가 없음을 발견한 슈베르테, 즉 슈나이더가 스스로 정체를 밝힘으로써 진실이 확인됐다.

슈베르테 또는 슈나이더는 1999년에 세상을 떠났으나, 죽기 전까지 자신이 나치스를 버렸고 1945년부터 새로운 삶을 시작했다고 주장했다. 그런 측면에서 그의 인생은 다른 수백만 독일인의 인생과 똑같다고 볼 수 있다.

가면무도회

—

고급 사기를 벌이는 이유는 다른 사람들에게 인정받는 중요한 사람이 되어 좋은 인생을 살고 싶기 때문이다. 그런데 최근에는 결혼사기범이든 경제사범이든 가면을 쓰는 이유가 돈 때문인 경우가 많아졌다. 과거와는 다른 모습이다.

먼 옛날 사람들은 돈더미보다 명예와 권력을 더 많이 꿈꾸었고, 황제나 차르보다 더 높은 지위는 없었다. 1284년과 1285년 사이에 독일에는 틸레 콜룹이라는 사람이 나타나 자신이 황제 프리드리히 2세라고 주장했다. 그는 위조한 황제의 인장을 증거로 내밀며 자신의 특권을 주장하고 제후와 주교들에게 연락을 취했다. 그 수법은 쾰른에 가기 전까지는 효과를 발휘했다. 쾰른 사람들은 프리드리히 2세가 1250년에 죽었다는 사실을 알고 있었기 때문에 그의 말을 믿지 않았고, 황제 행세를 하는 이 사기꾼에게 오물을 던지며 쫓아버렸다.

그런데 노이스에서는 사람들을 속이는 데 성공했고 1년 넘게 궁에서 살기도 했다. 그의 성공은 도시의 상황 덕분이었다. 그는 노이스 사람들 편을 들며 당시 황제였던 합스부르크 가문 루돌프의 조세 정책을 비판했다. 그러나 황제의 군대가 접근하는 바람에 틸레 콜룹은 베츨라어로 도망쳐야 했다. 베츨라어 시민들은 그를 진짜 황제에게 데려갔고, 황제를 사칭한 반역자는 1285년 7월 7일 화형에 처해졌다.

"이반의 아들 드미트리가 살아 있어!"
"차르의 정통 후계자가 우리를 구하러 온대!"
1601년부터 이런 소식이 러시아에 퍼졌다. 러시아의 경제와 사회는 잔혹한 차르 이반 4세의 통치하에 귀족 계급은 물론 농부와 성직자까지 혼란에 빠져 있었다. 기근이 발생했시만 통치자들은 아무런 대응도 할 수가 없었다. 1584년에 이반 4세가 죽자 제위가 아들 표트르에게 이어졌다. 하지만 실권은 이반의 처남 보리스 고두노프가 쥐고 있었다. 섭정을 맡고 있던 그는 표트르마저 죽자 러시아의 통치권을 넘겨받았다.

그러던 중 1601년에 구세주가 나타난 듯했다. 죽은 줄 알았던 이반의 아들 드미트리가 폴란드에 나타난 것이다. 1591년에 여덟 살로 죽었다고 알려졌으나, 그는 보리스 고두노프의 책략이었다고 해명했다. 드미트리는 3년 뒤인 1604년에 폴란드 군대를 이끌고 러시아 서쪽 국경으로 진군하며 자신의 백성에게 선포했다.

"신은 너희의 정통 군주인 나를 보이지 않는 손으로 보호하고 보살펴주었다. 이제 성인이 된 나 드미트리 이바노비치, 황태자이자 대공은 신의 인도함을 받아 내 조상의 왕좌, 모스크바 공국과 러시아 차르제국을 되찾으러 왔다. 너희, 내게 속한 백성들아. 너희가 십자가에 입 맞추며 내 조상과 그들의 후손에게 충성하겠다고 약속한 맹세를 기억하라. 그러므로 이제 너희의 배신자 보리스 고두노프에게 작별하고 우리 편에 가담하라."

드미트리는 운이 좋았다. 고두노프가 피를 토하며 죽었다는 소식을 듣고 러시아 군대가 그에게 투항했기 때문이다. 그렇게 드미트리는 1605년 6월 20일에 모스크바에 입성했다.

그러나 새로운 차르는 권력을 오래 유지할 수 없었다. 드미트리는 농부의 관점으로 통치하며 농부들의 세금을 앞으로 10년간 면제

해준 반면, 전통적인 권력 계급인 귀족과 정교회 성직자를 무시했다. 1604년에 가톨릭으로 개종한 드미트리는 성화 앞에서 성호를 긋지 않았고, 점심 식탁에 성수를 뿌리지 않았으며, 식사 기도를 외우는 대신 세속 음악을 연주하게 했다. 그는 폴란드 여성 마리나 므니셰크와 결혼하고, 폴란드 사람처럼 옷을 입었으며, 모스크바 전통이 아닌 관례를 따랐고, 러시아식 사우나에 출입하지 않았으며, 교회에는 거의 가지 않았다. 1606년 5월 17일, 그는 즉위한 지 1년 만에 살해됐다. 그의 시체가 붉은 광장에 내걸리고 불태워졌으며 재는 대포에 넣어 날려졌다.

가짜 드미트리가 누구였는지는 오늘까지도 분명하지 않지만 그가 모스크바의 추도프 수도원에서 도망친 러시아 수도사 그리고리 오트레피예프라는 설이 유력하다. 또 어쩌면 폴란드 왕 지기스문트가 그를 조종했을지도 모른다.

이 가짜 드미트리는 차르가 되고 싶었던 20여 명의 모험가 중 한 명이다. 또 다른 드미트리도 있었다. 1608년에 모스크바궁에 나타난 드미트리 옆에는 1606년 소동 당시 크렘린에서 도망친 마리나도 있었다. 2년 뒤에는 그도 살해됐는데, 마리나가 그의 아들을 낳았고 드미트리 3세라고 이름 붙여 차르로 추대하려 했다. 로마노프 왕조의 첫 번째 차르, 미하일 1세가 통치한 지 1년쯤 지난 1614년에는 이 아들 역시 칼날을 피하지 못했으며, 마리나는 감옥에서 스스로 목을 매달고 죽었다.

사기꾼이 잘못된 게임을 벌이는 데 사용하는 에너지를 더 좋은 곳에, 그것도 자신이나 다른 사람을 해치지 않으면서 사용하면 얼마나 좋을까. 익살꾼 윌리엄 호러스 드베르 콜처럼 짓궂은 장난 정도가 좋지 않을까. 물론 영국 귀족 가문에서 태어난 그는 재산도 있었고 별다른 걱정이 없었기 때문에 그런 일을 벌일 수 있었을 것이다. 그의 장난들을 들여다보자.

케임브리지대학교에 다니던 학생 시절, 그는 잔지바르의 술탄으로 꾸미고 대학 행정 직원의 안내를 받으며 자기 친구들을 공식적으로 방문했다. 또 한 번은 친구들과 도로공사 인부로 변장하고 런던의 피커딜리 광장에 커다란 구덩이를 팠다. 시의회가 그것이 장난이라는 사실을 깨닫고 다시 구덩이를 메우기까지는 며칠이 걸렸다. 1924년과 1929~1931년에 총리를 지낸 노동당의 램지 맥도널드와 외모가 비슷했던 콜은 맥도널드 행세를 하여 혼란을 일으키기도 했다. 예를 들면 노동조합원 회의에서 곧장 연단으로 올라가 노동당 정책을 신랄하게 비난한 것이다.

그가 벌인 가장 엄청난 사건은 1910년에 일어났다. 영국 해군의 거대 전함 HMS 드레드노트가 영국 남서부 백작령 도싯의 웨이머스 항구에 정박했을 때, 런던에서 선장 앞으로 전보가 도착했다. 에티오피아 왕자 일행이 전함을 방문한다는 내용이었다. 얼마 후 왕자 일행이 허버트 콜몬들리라는 외무 공무원과 함께 특별 열차를 타고 도착했다. 훗날 미국 작가가 되는 버지니아 울프, 변호사 가이 리들리, 화가 덩컨 그랜트, 그리고 장교이자 작가였던 앤서니 벅스톤이 피부를 검게 칠하고 이국적인 의상을 입은 채 콜, 즉 콜몬들리의 안내를 받으며 등장했다. 손님 일행은 자신을 통역사로 소개한 버지니아 울프의 오빠 아드리안 스티븐과 함께 전함 갑판에 깔린 붉은 카펫 위를 걸었다. 갑판에는 잔지바르 국기가 걸려 있었고 군악대가 잔지바르 국가를 연주했다. 전함에 에티오피아 국기와 국가 악보가 없어 승무원이 양해를 구했지만 방문객들은 괜찮다는 태도를 유지했다. 그들도 차이를 알아채지 못했기 때문이다.

그 후 일행은 배를 구경하며 라틴어를 조금 변형해 서로 대화를 나누었으며, 장교들에게 에티오피아 훈장을 선물하고 저녁에는 기도 깔개를 달라고 요청했다(에티오피아가 기독교제국이라는 사실을 그 자리에 있는 사람 누구도 몰랐다). 음식과 음료는 정중히 거절했다. 입술 화장이 지워질 수 있었기 때문이다. 하지만 사진 촬영에는 흔쾌히 응했다. 구경을 마친 콜과 친구들은 런던으로 귀환한 뒤 기자들을 불러 4,000파운드를 들여 실행에 옮긴 자신들의 장난을 알렸다. 지금 같으면 이들이 인종차별적인 '검은 피부 화장'을 했다는 냉랭한 비난을 받을지도 모르겠다.

사람들은 자신의 세계관과 맞기만 한다면
뉴스의 진위를 확인하지 않고
곧장 말로 전하거나 인터넷에 게시한다.

7장

잘못된 길에서

실체가 없는 나라

현실은 고달프고 고통스럽다. 그래서 사람들은 이상적인 세계를 그린다. 인생이 괴롭고 궁핍할수록 편하게 놀고먹는 천국을 꿈꾸게 마련이다. 1516년에 토머스 모어는 《유토피아》에서 이상적인 국가에 관해 썼다. 유토피아는 그리스어로 '아무 데도 없는 곳'을 의미하며, 말 그대로 존재하지 않는 나라다. 하지만 문학은 그런 국가와 왕국을 창조해냈다. 현실은 환상을 위한 공간을 충분히 내주지 않기 때문이다. 예를 들면 J. R. R. 톨킨의 '중간계', 조너선 스위프트의 '소인국', 루이스 캐럴의 '이상한 나라' 등이 있다.

이런 나라들이 진짜 장소를 의미하지 않는다는 것은 분명하다. 그렇다면 아틀란티스도 지어낸 장소일까? 기원전 4세기에 그리스 철학자 플라톤은 두 편의 대화록 《티마이오스》와 《크리티아스》에서 이 전설적인 거대한 섬에 관해 이야기했다. 그의 이야기에 따르면 아틀란티스 문명은 북아프리카와 이집트를 지배했고, 아테네도 침략했지만 패배했다. 훗날 이 섬과 아틀란티스 민족은 지진과 해일로 한순간에 바다 밑으로 가라앉았다.

고대 이래 사람들은 사라진 아틀란티스를 찾기 위해 노력했다. 확실한 것은 아테네에 패배한 아틀란티스 문명이 (실제로 존재했다면) 대단한 기술을 보유하진 않았을 거란 사실이다. 그렇지 않았다면 전쟁에서 이겼을 테니까. 어쨌든 섬 전설은 중요한 사실 한 가지를 알려준다. 어쩌면 플라톤은 자신의 이야기를 통해 자신의 고향 아테네를 자랑하고, 기원전 6세기에 아테네 민주주의를 창시한 솔론을 칭찬하고 싶었는지 모른다. 그의 이야기에서 솔론은 승리를 가져오는 사령관이자 구원자로 높이 칭송받는다. 이와 함께 아테네가 기원전 5세기에 있었던 페르시아의 공격을 성공적으로 막아낸 일도 간과하면 안 된다. 자세히 들여다보면 이 승리도 솔론 시대에 아테네 인근에 있는 섬을 정복한 사건임을 알 수 있다. 다만 이 섬의 이름은 아틀란티스가 아니라 살라미스였다.

아틀란티스 전설은 그러므로 아테네의 역사와 군사력을 자랑하기 위해 문학의 옷을 입은 찬양시일지 모른다. 이 이야기를 진짜라고 받아들이면 역사적 사실을 오해하고 마음대로 살을 붙이게 돼 가짜 이야기가 만들어지고 만다. 분명 플라톤의 아틀란티스는 실제 존재했는지 아닌지와 관계없이 오로지 픽션으로 머릿속에서는 존재한다.

그런데 명백한 지리 위조 사건이 일어난 적이 있다. 2012년이 되어서야 밝혀진 사건으로, 호주 동부에 있는 섬 샌디아일랜드는 해도와 날씨지도, 세계지도, 그리고 구글맵에도 표시되어 있었다. 그러나 연구진을 파견해 확인한 결과 이 섬은 존재하지 않았다. 연구팀은 섬 대신 1,400미터 수심의 깊은 바다만 보고 돌아왔다. 이 가짜 섬은 어느 지도 제작 기관이 표절을 방지하기 위해 집어넣었을 가능성이 있다. 그렇다면 이렇듯 모두가 베낀 지도의 원본이 오래전에 존재했어야 하는데, 지금까지 저작권을 침해당했다고 주장한 회사는 없다. 어쩌면 가짜 섬은 그저 장난으로 집어넣은 것일지도 모른다.

표절 흔적을 남게 하기 위해 덫을 놓는 것은 지도 업계나 내비게이션 업계의 오랜 관행이다. 지금은 정말 세세한 내용만 잘못 기재되지만, 옛날의 지도 제작자들은 훨씬 많은 자유를 누렸다. 예를 들면, 1789년에 영국 지리학자 제임스 레넬은 서아프리카 지도에 '콩Kong 산맥'을 그려 넣었다. 이것이 창작이었다는 사실은 아프리카 대륙 지도의 여백이 모두 채워진 19세기 후반이 되어서야 밝혀졌다.

레넬이 지도에 가짜 산을 추가한 이유는 콩산맥이 니제르 공화국의 기원에 관한 자신의 이론을 설명하기에 적절했기 때문이다. 그와 달리 정치적인 이유가 원인인 경우도 있었다. 독일연방 지도는 수십 년간 1937년의 국경을 표시했다. 국민에게 과거의 동쪽 영토를 되찾을 수 있다는 희망을 심어주기 위해서였다.

영토권을 주장할 때 식민지 시대의 지도를 조작하는 경우도 많았다. 18세기 북미에서는 영국과 프랑스가 토지 경쟁을 하며 이 수단을 적극적으로 활용했다. 예를 들면 독일 출신으로 영국으로 건너간 지리학자 헤르만 몰은 1720년에 '최신 및 가장 정확한 관찰에 따른 북미 지도'를 발표했다. 이 지도가 그의 말만큼 '가장 정확한' 것은 아니었던 것이, 프랑스 식민지 루이지애나와 퀘벡은 비율상 너무 작게 그려져 있었고, 프랑스령 래브라도에는 심지어 '뉴브리튼'이라는 이름을, 대서양에는 '대영제국해'라는 이름을 붙였기 때문이다.

그것은 일종의 보복이었다. 2년 전에 프랑스인 기욤 들릴이 '루이지애나와 미시시피강 지도'를 발표했다. 획기적인 이 지도는 18세기 말까지 널리 이용됐으나 지형학 및 지리학적 정확성에서는 수준 미달이었다. 동해안 쪽 영국 식민지는 작아지고, 애팔래치아산맥 서쪽의 프랑스 식민지는 크게 그려졌기 때문에 거대한 프랑스 땅 옆에 작고 하찮은 영국 영토가 간신히 붙어 있는 것 같았다.

패권 경쟁만이 지리적 인식에 영향을 준 것은 아니었다. 고대부터 기록으로 떠도는 신화 속 남쪽 땅 '테라 오스트랄리스'는 실재하느냐 아니냐와는 상관없이, 남반구에 미지의 땅덩이가 있을지 모른다는 추측으로 생겨났다. 고대 개념에 따르면 대륙을 서로 연결하기 위해서, 근대 초기 개념에 따르면 북반구 육지의 질량에 균형을 맞추기 위해서라는 이유로 말이다. 17세기에 네덜란드인들이 본 섬은 오스트레일리아가 아니라 남극 대륙이었다. 남극은 옛 이름(오스트레일리아)이 이미 다른 섬에 부여된 뒤인 1820년에야 발견됐다. 그렇다면 이보다 앞선 시기에 작성된 남미 대륙에 대한 기록은 글이든 그림이든 사실이 아닐 가능성이 크다.

빈랜드 지도

진짜일까, 가짜일까? 진위를 판단하기란 쉽지 않다. 유명한 빈랜드 Vinland 지도 역시 그런 예에 속한다. 이 지도는 1440년경에 그려진 것으로 여겨지며 그린란드보다 서쪽에 있는 땅덩어리, 바이킹이 발견하고 '빈랜드'라 이름 붙인 새로운 대륙을 보여준다. 북유럽 민족이 크리스토퍼 콜럼버스보다 500년 전에 북미 대륙을 발견했다는 사실은 오늘날 이들의 집터 흔적을 통해 이미 입증됐다. 게다가 1350년경에 작성된 기록에 그린란드보다 서쪽에 있는 땅에 헬룰란드, 마크란드, 빈랜드(이들 지역은 분명 배핀랜드섬, 래브라도반도 그리고 세인트로렌스만 지역의 뉴펀들랜드섬을 가리킨다)라는 이름이 적혀 있는 것이 확인됐다. 심지어 잘 보존된 중세 지도도 발견됐다.

이런 기록물 중 하나가 바로 빈랜드 지도로, 유럽 · 아프리카 · 아시아 대륙 외에 서쪽에 세 개의 섬, 즉 그린란드, 아일랜드, 빈랜드가 나타나 있는 세계지도다. 이 지도는 1959년에 예일대학교에 전달됐고, 1967년에 전문가들이 진짜 지도라는 결정을 내리기까지는 8년이라는 긴 시간이 걸렸다. 우선 양피지 지도에 있던 벌레 먹은 구멍이 1957년에 지도가 발견됐을 때 지도와 함께 묶여 있던 책 두 권에 있던 구멍과 일치하지 않았다. 이 책들은 13세기에 쓰인 작품들, 중세 학자 뱅상 드 보베의 《역사의 거울Speculum historiale》과 프란치스코회 수도사 요하네스 드 플라노 카르피니가 몽골 선교 여행을 다녀온 뒤에 쓴 《타타르 이야기Historia Tartaorum》의 필사본이었다. 그런데 우연처럼 1958년에 15세기에 작성된 동일한 책 두 권의 필사본이 또 발견됐고 이번에는 양피지와 책 두 권의 벌레 구멍이 일치했다. 이는 원래 책과 지도가 하나로 묶여 있다가 어느 순간 분리됐음을 의미했다.

또 7년이 지난 1974년에는 다른 조사팀이 정반대의 결과를 들고 나타났다. 그들은 지도의 양피지가 대략 1434년에 만들어졌으나, 지도가 그려진 것은 20세기 이후라고 주장했다. 잉크에서 1920년부터 사용되기 시작한 이산화타이타늄 염료가 검출됐기 때문이다.

2009년에 중요한 발견이 추가됐다. 이산화타이타늄은 중세 후기와 근대 초기에 자주 쓰이던 타닌산철 잉크에서 생겨날 수 있는 물질이라는 점이다. 게다가 이 천연 물질은 잉크가 오염되면 들어갈 수 있었다. 따라서 빈랜드 지도는 진품일 가능성이 있었다.

그러나 지도가 가짜라고 주장하는 또 다른 반대 의견이 있었다. 빈랜드 전설의 주인공이 등장하는 짧은 여행기가 빈랜드 지도의 여백에 적혀 있는 것 자체가 이상하다는 것이었다. 장소의 명칭이 라틴어로 쓰였고, 북유럽 민족의 통용어가 아니라는 것 또한 이상했다. 예컨대 '이솔란다 이베르니카Isolanda Ibernica'라고 쓰인 '아일랜드'는 해석하기에 따라 '이베리카Iberica(스페인)' 또는 '히베르니카hibernica(아일랜드)' 섬으로도 읽을 수 있다.

어떤 부분은 틀렸고, 어떤 부분은 이상하며, 어떤 부분은 빠져 있었다. 북미 해안선이 그려진 잘 알려진 중세 지도와 다르게 빈랜드 지도에는 헬룰란드와 마크란드가 없었다. 또한 지도에서 빈랜드는 하나의 섬이며 어떤 대륙의 반도나 곶처럼 대륙의 일부분이 아니었다. 그린란드에 대한 내용도 조금 이상했다. 지도에 쓰인 여행기는 '그린란드섬부터 서해에서 멀리 떨어진 땅까지의 긴 여정'을 다룬 것이었는데, 그린란드를 섬이라고 부른 것은 19세기 말부터였다.

스칸디나비아 사람들의 관점에서 대서양은 내해였다. 이들은 그린란드에서 노르웨이까지 연결하는 대지가 북쪽 끝에 있다고 믿었다. 서쪽에는 그린란드와 맞붙은 헬룰란드가 마크란드와 빈랜드를 연결했다. 1300년경에 작성된 지리학 문서는 이 빈랜드가 '몇몇 사람이 믿는 것처럼 아프리카에서 뻗어 나왔다'라고 쓰고 있다.

이런 이유로 대다수 학자는 빈랜드 지도가 가짜라고 보고 있다. 지도의 제작연도가 빨라야 1957년도라는 것이 이들의 결론이다. 그해에 바르셀로나의 한 서적상이 지도를 시장에 내놓았고 어떤 남성이 이를 3,500달러에 샀다. 미국 코네티컷 출신의 로런스 위튼이라는 이 수상한 골동품 중개인은 2년 뒤 지도를 예일대학교에 25만 달러에 팔았다.

가짜 골동품을 제작하는 이유는 대개 돈을 벌기 위해서다. 이 목적을 위해 누군가가 1940~1950년대에 작업을 시작했을 것이고, 15세기 이탈리아 세계지도를 바탕으로 빈랜드 전설의 도움을 받아 상상력을 동원해 그림을 채워 넣었을 것이다. 지도의 소재로는 15세기 양피지를 쓰고, 제작한 지도를 시기가 적당히 맞는 중세의 필사본과 묶은 뒤 이리저리 찢었을 것이다. 이 필사본은 진짜다. 만약 예상과 달리 지도가 진짜라면 지도의 가치는 오늘날 2,500만 달러쯤 될 것이다.

물질에 대한 탐욕만이 위조의 주된 원인은 아니다. 현재까지 가짜 지도 제작자는 밝혀지지 않았지만, 지도에 쓰인 다양한 글을 토대로 지도 제작자가 종교인, 그것도 확고한 가톨릭 신자라는 것은 알 수 있다. 유력한 후보로 크로아티아의 교회법과 교회사 교수로, 1922년에 세상을 떠난 루카 옐릭이 거론된다. 그는 바이킹족이 1000년경에 이미 기독교를 받아들였을 거라고 믿었고 이들이 만든 로마가톨릭 교회공동체를 북미에서 찾고 있었다. 지도에는 "그린란드와 인접 국가에서 온 교황의 주교, 에릭"이 빈랜드에 와서 1년간 머물렀다고 쓰여 있다. 그런데 실제로 아이슬란드 연대기에는 14세기가 아니라 더 이른 12세기에 그린란드에 에릭이라는 주교가 등장한다. 지도를 위조, 아니 제작한 사람은 꽤 치밀한 사람이었다.

무란피

___

800년이 지나서야 진실이 밝혀졌다. 아메리카 대륙을 발견한 것은 크리스토퍼 콜럼버스가 아니라 무슬림이었다! 2014년 11월 16일에 이런 뉴스를 발표한 사람은 레제프 타이이프 에르도안이었다. 당시 터키의 총리였던 그는 TV에 출연해 "무슬림 어부가 1178년에 이미 아메리카에 도착했다"라고 주장하며 이렇게 말했다.

"콜럼버스가 스스로 쿠바 해안가 언덕에 있는 이슬람 사원을 봤다고 말했다."

에르도안은 무슬림이 무란피로 항해했다는 내용의 중국 문헌을 근거로 이런 주장을 펼친 것이다. 다만 그 무란피가 스페인을 의미한다는 사실을, 학식 높은 그 연설가는 말하지 않았다.

포템킨 빌리지

___

사람들은 종종 후손이 무엇을 기억할 것인지 고려하지 않는다. 러시아의 정치가 그리고리 알렉산드로비치 포템킨 장군이 그랬다. 그는 1776년에 흑해 부근의 러시아 남부 지역 총독이 됐다. 이 지역은 2년 전에 있었던 러시아-터키 전쟁 때 차르제국에 점령됐고 '새로운 러시아 정부'에 막 합병된 곳이었다. 포템킨은 농민들을 정착시키고 오데사, 세바스토폴, 에카테리노슬라프 등 여러 도시를 조성했다. 또한 흑해의 해군 양성에도 힘썼다. 하지만 그의 이름은 후손들에게 '속임수, 겉만 번지르르함, 없는 사실을 있는 것처럼 기만함'과 동의어처럼 사용되고 있다. 바로 '포템킨 빌리지' 때문이다.

1787년에 러시아 차르가 지역 시찰에 나서자, 포템킨 장군이 서둘러 화려한 가짜 도시들을 조성해 자신이 식민지를 성공적으로 다스리고 있다는 이미지를 심고자 했다는 이야기가 전해진다.

예카테리나 2세처럼 똑똑한 통치자는 아마 그런 속임수에 쉽게 넘어가지 않았을 것이다. 게다가 외국의 유능한 조언자들이 여제의 시찰에 동행했다. 그중에는 프랑스 외교 사절 루이 필리프 세구르 백작, 오스트리아 장군 샤를 조제프 드 리 공, 그리고 오스트리아 황제 요제프 2세도 있었다. 아무리 찾아봐도 이들의 기록에는 가짜 마을에 대한 언급이 나오지 않는다. 러시아 차르는 특히 강력한 방어시설에 깊은 인상을 받았고, 세구르는 포템킨의 "놀라울 정도로 대단한 추진력"을 칭찬했다. 왜냐하면 그가 "도시를 세우고, 해군을 양성하고, 요새를 짓고, 엄청난 인구를 확보하는 등 매우 많은 업적"을 세웠기 때문이다.

그런데 상트페테르부르크에선 다른 이야기가 돌았다. 러시아 남부에 새로 생겨난 '쇼윈도' 마을에 대한 소문이었다. 크렘린궁의 경쟁자들이 차르의 총애를 받고 짧은 기간이지만 여제의 연인이기도 했던 포템킨을 질투해 평판을 깎아내린 것이다. 러시아에 널리 퍼진 험담은 작센 외교관 게오르크 아돌프 빌헬름 폰 헬비히에 의해 독일까지 퍼졌다. 그는 함부르크 일간지 〈미네르바〉와 두 권의 책 《포템킨: 예카테리나 2세의 통치에 기여한 흥미로운 인물Potemkin. Ein interessanter Beitrag zur Regierungsgeschichte Katharina's der Zweiten》(1804년에 영어와 프랑스어로도 번역됐다)과 《러시아의 유명인들Russische Günstlinge》에 그 내용을 실었다. 이런 비방이 금세 받아들여져 확산된 것은 아마도 이미 패권이 형성된 세계 무대에 새로이 등장한 러시아가 별로 환영받지 못했고, 그런 상황에서 러시아 귀족들이 서로에게 책임을 전가했기 때문으로 보인다.

어쨌든 이름의 유래는 잘못됐지만, 때때로 어울리지 않는 이름으로 또는 꼭 맞는 이름으로 지금까지 '포템킨 빌리지'라고 묘사되는 장소들이 있다. 서독 총리였던 헬무트 슈미트가 1981년에 동독을 방문해 귀스트로역에 딸린 바를라흐 박물관에 들렀을 때, 메클렌부르크주의 이 작은 소도시는 행복한 사람들이 활기차게 오가는 포템킨 빌리지로 변했다. 서독 파견단은 큰 충격을 받았을 것이다. 하지만 그것은 진짜가 아니었고, 동독 공안국이 수천 명을 투입해 겉보기에 세련된 도시를 연출한 것이었다.

세련된 도시 생활이 반드시 런던이나 파리 같아야 하는 것은 아니다. 하지만 이 두 도시도 만들어질 수 있다는 사실을 알고 있는가? 1970년대에 러시아 남부 초원지대에 가짜 도시가 세워졌다. 이 도시는 서구 국가로 휴가를 떠나는 노동자와 농민을 속이기 위해 여름에는 파리로, 가을에는 런던으로 꾸며졌다.

정말일까? 아니다. 이 이야기는 블라디미르 카미너가 2004년에 발표한 책《트룰랄라로의 여행 Die Reise nach Trulala》에 수록된 것으로, 이야기 자체가 허구다. '진짜 가짜 도시'는 다른 장소에 있으며 군사적 목적으로 세워졌다. 미국 캘리포니아 모하비 사막의 정션시티는 아프가니스탄의 도시를 가장하며, 독일 막데부르크 인근의 슈뇌거스부르크는 중부 유럽의 모습을 하고 있다. 연방군은 그곳에서 대체 무엇을 하려는 걸까?

남태평양의 낙원

스스로 바보가 되려는 이는 드물다. 대부분의 사람은 다른 사람에게 자신을 맞추며, 인간관계에서 상황에 맞게 태도를 바꾼다. 상대의 말과 행동에 따라 다음 말과 행동을 예상할 수 있기 때문이다. 사회학자, 심리학자, 인류학자, 민속학자, 문화학자 그리고 모든 분야의 인간 연구가들은 이것이 경험적으로 바른 결과로 나아가기 위한 울타리라고 생각한다. 그런데 인간은 어떻게 잘못된 길을 선택하게 되는 걸까? 이에 관한 유명한 사례를 소개한 사람이 미국의 문화인류학자 마거릿 미드다.

마거릿 미드는 1925년부터 남태평양 원주민들의 문화를 연구했고 그 결과를 책으로 출판했다. 그중 《사모아의 청소년》, 《뉴기니에서의 성장Growing up in New Guinea》, 《세 부족 사회에서의 성과 기질》 등은 문화인류학의 고전이 됐다. 이 책들은 남태평양이 경직되고 쾌락을 나쁘게 생각하는 서구 문명과 달리 자유와 낭만이 가득한 환상적이고 아름다운 지상 낙원이라는 이미지를 만들었다. 특히 책에서는 사춘기 아이들에게 충분한 자유 공간을 만들어주고 성에 관한 문제도 자유롭고 재미있게 표현할 수 있게 해주면 아이들이 가장 잘 성장할 수 있다고 주장했다. 이런 주장은 크게 주목받았으며, 이후 1960~1970년대에 미국과 서유럽의 성 해방운동에 날개를 달아주고 권위적인 양육 방식에 변화를 일으켰다.

그런데 마거릿 미드는 속임수를 썼다. 그녀가 남태평양에서 아동과 청소년기, 양육과 성 역할에 관해 기록한 것은 실제 사실과 달랐다. 사모아를 예로 들면, 그녀는 원주민 문화를 잘 몰랐고 현지 언어도 하지 못했기 때문에 현지인들의 삶으로 들어가는 대신 미국인 가족과 함께 살았다. 그녀는 남성과 접촉하지 않고 여성만 인터뷰했는데, 그들은 자신들의 실제 성장 과정을 이야기하는 대신 보수적인 고향 사회에 실망한 젊은 인류문화학자가 듣고 싶어 하는 이야기를 들려주었다.

그렇게 미드는 부모의 애정 깊고 너그러운 양육과 함께 자연 속에서 자란 아이들이 사춘기 갈등을 겪지 않으며, 성인이 되어서도 신경증과 죄책감에 사로잡히지 않아 질투로 인한 경쟁이나 강간, 살인과 먼 인생을 살게 된다고 생각하게 됐다. 특히 인터뷰하는 여성들은 이런 험악한 사건을 이야기하지 않았는데, 이 미국인이 그런 이야기를 듣고 싶어 하지 않았기 때문이다. 하지만 그들이 그런 사건과 사고를 경험하지 않았던 것은 아니다. 훗날 학자들은 사모아섬 가정에서 가혹한 처벌이 행해지고 있으며, 그것도 부모가 아니라 더 나이 많은 형제들이 벌하는 경우가 있다는 사실, 그리고 섬사람들이 산업 사회와 다름없이 심한 정신 질환을 앓으며, 자살·폭행·살인이 미국보다 더 빈번하게 일어난다는 사실을 발견했다.

미드가 묘사한 남태평양 사회의 이미지는 그녀가 바라는 모습이었다. 그녀의 다른 발견들, 이를테면 뉴기니섬의 파푸아 후손 아라페시족은 평화를 사랑한다는 주장도 마찬가지였다. 실제의 아라페시족은 여성을 빼앗기 위해 서로 싸우곤 했다.

마거릿 미드가 오류에 빠진 것도 충분히 이해할 만하다. 최고의 문명을 누린다고 생각했던 유럽과 미국 국민들은 제1차 세계대전의 참상을 보고 깊은 혼란에 빠졌다. 인간의 야만성을 목격한 지식인들은 더는 자신들이 미개인들에 비해 도덕적으로 우위에 있다고 여길 수 없었다. 그래서 미드는 원시의 때 묻지 않은, 순수하고 꾸밈없는 이들을 찾았고 아프리카와 아마존, 남태평양의 숨은 원시인들을 찾아간 것이다. 그녀는 '순진한' 사람들을 찾아갔고, 어떤 사람은 스스로 순진하다는 사실을 드러냈다. 그 사실을 가장 잘 드러낸 사람은 아마도 마거릿 미드 자신일 것이다.

깨끗한 자연이 자본을 치유한다

———

인디언이 자연과 친밀한 관계를 맺고 남태평양 원주민이 억압받지 않는 자유로운 사랑으로 충만한 인생을 산다는 것은 현실과 아무 관계가 없는 신화다. 하지만 서구 산업 사회에서 그런 이야기는 잠깐이었지만 큰 인기를 끌었다.

전 세계에 퍼진 문장이 있다.

"마지막 나무가 뽑히고, 마지막 샘물이 오염되고, 마지막 생선이 잡히고 나서야 그들은 사람이 돈을 먹을 수 없다는 사실을 깨닫게 될 것이다."

이 격언은 자연과 조화를 이루며 살아가는 북미 인디언, 크리족이나 호피족이 한 말이라고 전해지는데 완전히 옳지도 틀리지도 않은 말이다. 일단은 인디언들도 자연을 무분별하게 개발하기 때문이다. 하지만 1970~1980년대에 사람들은 인디언이라고 하면 현실과 관련 없는 낭만적인 이미지를 떠올렸다.

또한 다음의 문장을 말한 사람은 미래를 멀리 내다볼 줄 아는 크리족의 예언자였을 것이다.

"땅이 황폐해지고 동물이 죽으면, 새로운 종족이 세상에 나타날 것이다. 여러 피부색, 계급, 신념을 가진 그들은 행동으로 땅을 다시 녹색으로 만들 것이고 무지개 전사들이라고 불릴 것이다."

이것은 다른 민족 신화처럼 종말과 재창조를 이야기하는 일종의 예언이지만, 비교적 최근에 선언됐다는 것을 알 수 있다. 북미 원주민들이 다른 '피부색, 계급, 신념'을 가진 사람들이 존재한다는 사실을 알게 된 것은 유럽인들이 아메리카 대륙을 발견한 이후의 일이기 때문이다. 게다가 모든 인간의 화합, 자연과의 조화, 영적으로 충만한 삶을 나타내는 상징으로서의 무지개는 낡은 인디언 철학보다 캘리포니아의 뉴에이지New Age 운동 또는 기독교 종말론과 더 가깝게 들린다.

1525년에 토마스 뮌처의 농민군은 신이 통치하는 제국을 나타내는 상징으로 무지개 깃발을 세우고 싸웠다. 무지개는 구약성경에서 여호와가 노아와 맺은 약속(창세기 9장 13~17절)과 신의 영광(에스겔 1장 28절)을 나타내며, 요한계시록에서는 하늘의 보좌(4장 3절)를 나타낸다. 또 '머리 위에 무지개가 있는' 힘센 천사가 하늘로부터 내려와 세상의 종말과 신의 비밀이 이루어질 것을 선포한다(10장 1~7절). '하나님의 나라'에 이주한 많은 백인 이민자는 이런 천년왕국설(예수가 재림하여 이 세상을 통치한다는 설-옮긴이)을 믿었고, 선교 대상인 인디언들에게도 전해주었을 것이다. 이를 통해 그들이 마지막 구원의 희망을 찾을 수 있도록 말이다.

기록으로 남아 있지 않은 무명의 크리족 선견자의 예언은 기록이 없어서가 아니라 내용 때문에 최초의 것으로 여겨지지만, 그보다 더 유명하고 잘 입증된 것은 익숙한 이름의 추장 시애틀의 연설이다(훗날 미국의 한 도시에 그의 이름이 붙여졌다). 그는 크리족이 아니라 수쿼미시족과 두와미시족 사이에서 태어났다. 그가 유명해진 것은 1854년에 워싱턴 지역의 주지사였던 아이작 스티븐스에게 한 연설 때문이다. 다만 연설의 정확한 원문은 보존되어 있지 않다. 그로부터 33년 후 그리고 시애틀이 죽고 21년 후인 1887년 10월 29일, 당시 연설을 목격한 기자 헨리 A. 스미스가 받아 적은 글을 일간지 〈시애틀 선데이 스타〉에 발표했다. 이 글에 따르면 추장은 이렇게 말했다고 한다.

"언젠가 마지막 붉은 사람이 땅에서 사라지고 백인의 기억 속에 전설로만 남게 되면, 이 해안은 내 종족의 보이지 않는 영혼들로 가득하게 될 것이다. (…) 그러면 이곳에는 한때 이 아름다운 땅에 살았던, 지금도 그 땅을 사랑하는 주인들이 돌아와 북적일 것이다."

자연보호에 관한 내용은 어디에도 없다. 자연보호 이야기를 먼저 꺼낸 사람은 인디언이 아니라 백인이었다. 1893년 3월 17일부터 1894년 12월 1일까지의 사건을 모두 기록해 노스다코타 주지사에게 보낸 공식 보고서에도 문제의 유명한 문장이 실려 있다. '주 낚시 및 사냥 위원회'는 이 보고서에서 "오늘날 돈을 벌 수 있다고 하면 마지막 나무, 마지막 생선, 마지막 새 그리고 마지막 동물까지 없애버리고 후손에게 아무것도 남기지 않으려는 사람들이 있다"라고 불평하고 있다.

이 공무원이 어느 인디언에게서 이런 생각을 얻었을 가능성도 있다. 분명한 것은 이 정보를 바탕으로 70년 뒤에 어떤 자료가 만들어졌다는 것이다. 누군가가 '북미 인디언과의 대화' 항목에 다음 문장을 추가했다.

"마지막 나무가 잘리고, 마지막 생선이 잡히고, 마지막 샘물이 오염되고, 숨 쉬는 공기가 사람을 아프게 하면 너무 늦은 뒤에야 우리는 은행 계좌가 번영을 주는 것이 아니며 우리가 돈을 먹을 순 없다는 사실을 깨닫게 될 것이다."

거의 비슷한 시기에 윌리엄 윌로야와 빈슨 브라운이 등장해 호피족을 끌어들였다. 호피족은 미국 북서부에 사는 크리족이나 수콰미시족과 달리 멀리 떨어진 애리조나주 북동부의 나바호 구역에서 살았다. 1962년에 윌로야와 브라운은 책《무지개 전사들Warriors of the Rainbow》을 발표했다. 책의 마지막 부분에 이들은 호피족의 전설을 들었다고 덧붙였다. 크리족 예언자가 말한 무지개 전사와 벌거벗은 숲, 오염된 샘, 멸종된 생선의 이야기가 모두 등장하는 전설이다.

다만 두 명의 기독교인 저자는 환경이나 인간이 자연에 행하는 파괴 행위 등에는 관심이 없었다. 이들은 인디언 신화를 메시아 예수 그리스도의 재림을 통한 구원과 연결하기를 원했고, 기독교 전파를 위해 아메리카 인디언의 영성을 이용하려 했다. 이들의 활동 배경에는 1972년에 개봉한 테드 페리의 영화 〈홈〉이 있었다. 보수적인 기독교 교단인 남침례회에 속하는 한 기업이 인디언-기독교 전설에 관심을 가지게 되는 내용으로, 놀랍게도 시애틀 추장의 이야기도 등장한다.

격언의 탄생이 얼마나 복잡한지, 그 변천사를 되짚는 것도 여간 어려운 일이 아니다. 어쨌든 지금 소개하는 격언은 전 세계로 퍼지게 됐다.

1973년부터 1,500만 권이 판매되고 한국어, 일본어, 덴마크어, 핀란드어 등 여러 언어로 번역된 책이 있다. '티아베아섬의 추장, 투이아비의 연설문'을 번역해 출간한 《빠빠라기》다. 1920년에 발표되어 50년 넘게 대중에게 알려지지 않다가 독일에서 환경운동이 일어난 덕분에 빛을 보게 됐다. 책에서 투이아비는 현대 문명을 비난하며 현대인들이 '돌 같은 심장'으로 사는 도시, 사랑보다 돈을 '신'으로 섬기는 현상, '수많은 물건'이 넘쳐나는 삶, 사람들의 소외된 삶과 소외된 노동을 지적한다.

"사람들은 생선을 먹지만 평생 낚시를 하지 않으며, 과일을 먹지만 평생 과실나무에 가까이 가지 않는다."

왜냐하면 매일 일을 해야 해서 '물고기를 잡고 과일을 따는 일'을 다른 사람에게 떠넘기기 때문이다. 책의 내용을 요약하면 사모아어로 '하늘을 뚫는 자, 백인'을 의미하는 '빠빠라기'의 삶이 완전히 거꾸로 뒤집혀 있다는 내용이다. 이런 내용은 환경과 윤리를 회복하려는 시민운동의 방향과 정확히 들어맞았다. 또한 신랄한 비판 속에 드러난 남태평양의 자연친화적이고 때 묻지 않은 삶의 모습이 서방 세계와 너무나 동떨어져 있었기 때문에 꿈같은 이미지가 깨지지 않을 수 있었다.

그러나 《빠빠라기》는 완전한 허구다. 연설문의 저자는 추장이 아니라, 이를 번역하고 발행한 에리히 쇼이어만이었다. 그는 남태평양에 관한 소설 소재를 얻기 위해 1914년에 독일 식민지였던 사모아를 방문했다. 제1차 세계대전이 발발하고 1915년에 섬을 떠나 당시 중립국이던 미국으로 건너갔으나, 1917년 전범국 국민이라는 이유로 억류됐다가 1918년에 다시 독일로 돌아왔다.

그가 남태평양에서 체류한 기간은 아주 짧았다. 그래서 섬 추장이 화려한 언변으로 자기 생각을 사모아인들에게 연설하는 것을 듣지 못한 것은 물론, 이들에게 문명이 낯설거나 적대적인 것이 아니라는 사실도 깨닫지 못했다. 사모아인들은 이미 돈과 기계를 사용하고 있었다.

쇼이어만은 더욱 그럴싸하고 설득력 있는 이야기를 쓰기 위해 문명을 비판하는 데 남국의 옷을 입힌 것이다. 이것은 작가들이 일반적으로 사용하는 합법적이고 평범한 문학적 장치다. 다만 《빠빠라기》의 경우에는 문제가 있었다. 다른 사람의 아이디어와 동기를 표절했기 때문이다.

1912~1913년에 해군 장교이자 작가였던 한스 파셰는 사상가 몽테스키외의 소설 《페르시아인의 편지》(프랑스로 망명한 페르시아인이 고국의 친구들에게 보내는 편지 형식으로 프랑스 사회를 비평한 소설-옮긴이)를 모델 삼아 독일 개혁운동에 앞장섰던 잡지 〈포어트룹, 우리 시대의 독일인을 위한 잡지〉에 글 여섯 편을 연재했다. 글의 제목은 '아프리카인 루캉가 무카라의 독일 내륙 여행기'였다. 이 글에서 한스 파셰는 백인의 삶의 방식, 사회 질서, 식민주의를 날카롭게 비판했다.

이 연재 시리즈는 작가가 사망하고, 《빠빠라기》가 출간된 이듬해에 책으로 출간됐다. 쇼이어만은 연재 글을 표절하며 들키지 않기를 바랐을 것이고 운 좋게 원작이 감춰지는 바람에 성공을 거두었다. 한스 파셰의 책은 1976년부터 2009년까지 여러 차례 인쇄됐으나 낭만 소설로 손꼽히는 《빠빠라기》만큼은 성공하지 못했다(한편 한스 파셰는 독일제국에 반대하는 평화주의자 및 사회운동가로 낙인찍혀 1920년에 군인들에게 살해됐다).

현실은 고달프고 고통스럽다.
그래서 사람들은 이상적인 세계를 그린다.
진짜일까, 가짜일까?
진위를 판단하기란 쉽지 않다.

8장

역사 속 이야기 I

대 프리기아 제국

기원전 3세기 중반에는 프리기아가 북해에서 지브롤터까지 이르는
영역을 다스렸다. 이 아틀란티스제국은 '알드란트' 또는 '아틀란트'
로 불렸고, 서리도 거의 내리지 않고 곡식이 금빛으로 물결치는 곳이
라 낙원으로 여겨졌다. 기원전 2193년, 이 아틀란티스는 바다에 잠
겼다. 그러나 거의 모든 국가를 정복했던 프리기아인들은 배를 타고
항해하여 뱃사람 '잉카'의 안내로 남아프리카까지 이동했다.

  물론 신세계로의 이런 원정 소식이 유럽에 전해진 것은 아니기 때
문에 사실인지는 분명하지 않다. 하지만 확실한 것은 프리기아인들
이 자신들의 주변 환경, 즉 고대 세계를 풍요롭게 했다는 것이다. 오
디세우스(라틴어로 울릭세스Ulixes)도 사실은 프리기아 출신 울리서스
Ulysus였으며, 그리스인들에게 문화를 가져다준 것도 프리기아의 소
공녀 미네르바Minerva('min erva'는 독일어 'mein Erbe(나의 유산)'와 유사하
다)였다. 미네르바의 또 다른 이름 '니헬레니아Nyhellenia'는 독일어로
'Neues Heil Leihende(새로운 안녕을 제공하다)'와도 유사하다. 또한 인
도에서 어느 아리아인이 프리기아인들을 찾아왔다. 그는 '예스수스

Jes-sus'와 '부다Buda'라는 이름으로도 불리던 '크리스엔Kris-en'(크리스텐 Christen, 크리슈나Krischna, 크리샨Krischan으로도 읽힌다)이었다. 그는 프리슬란 트(프리기아인들이 살았다고 전해지며, 북해 인근에서 네덜란드와 독일, 덴마크가 국 경을 마주하는 지역이다-옮긴이)에 나타나 가르침을 전했다. 그가 죽은 후 에 비록 이 가르침은 변질됐으나, 고대 프리기아 민법에 여전히 흔적 이 남아 있다.

흥미로운 이 역사 이야기는 익명의 저자가 "3349년에, 아틀란티 스가 물에 잠긴 뒤", 즉 "기독교식으로 날짜를 계산하면 1265년에" 기록한 연대기에 수록된 것이다. 이 연대기를 소유했던 사람은 코르 넬리스 오베르 드 린덴이다. 북해의 텍셀섬 근처 항구도시 덴헬더 출 신으로 네덜란드 해군 기지에서 배를 만들던 프리기아인이었다. 그 는 자신이 보관하던 약 200쪽에 달하는 고문서를 1860년부터 친구 들과 전문가에게 맡겨 감정을 의뢰했다. 옛 프리기아 언어로 쓰인 그 문서는 1872년에 네덜란드어로 번역됐고 이《우라 린다 연대기 Ura-Linda-Chronik》가 'Overa Linda(오베르 드 린덴 가문의 가족사)'라는 사실 이 알려져 대중을 놀라게 했다. 계보를 타고 올라가면 결국 프리기 아인 최초의 어머니이자 여신인 'Wralda'가 등장하는데 이 이름은 'Werald(독일어로 Welt(세계))', 'Uralda(독일어로 uralt(태고))'와 유사하다.

드 린덴이 재미있는 일을 꾸미고 싶어 했던 것이 분명하고, 진지 한 과학자들은 이것이 허위문서임을 확신했다. 그럼에도 프리기아의 애국자들, 네덜란드와 독일의 민족주의자들은 문서의 진실성을 입증하기 위해 애썼다. 이들은 이 연대기가 제지회사 틸렌스운트슈람멘에서 1850년에 생산한 일반 용지에 쓰였다는 사실이 밝혀진 뒤에도 진실이라고 주장하길 멈추지 않았다.

"가문의 구성원들이 대대로 내용을 받아쓰며 연대기를 계승했기 때문이다!"

이런 주장은 연대기의 언어가 왜 느닷없이 옛 프리기아식 네덜란드어로 쓰였는지도 설명해주었다.

1873년에 드 린덴이 세상을 떠나고 그의 장서가 경매에 등장했을 때, 그중에는 옛 프리기아어 사전과 법전, 역사가 타키투스의《게르마니아》, 야코프 그림의《독일 신화Deutsche Mythologie》, 크누트 클레멘트의《독일 북부 세계 또는 우리 역사의 시초Die nordgermanische Welt oder unsere geschichtlichen Anfänge》등 연대기를 쓰는 데 참고했을 법한 자료들이 포함되어 있었다. 그래서 위조 의혹이 더욱 커졌다. 연대기에서 저자는 아틀란티스가 물에 잠긴 시기를 기원전 2193년에 홍수가 일어났다고 기록한 프리기아 농민 달력에서 가져왔다. 또한 그가 생전에 가깝게 지내던 지인, 예를 들면 연대기를 번역한 얀 헤르하르뒤스 오테마의 집에서도 다른 자료들을 발견할 수 있었다. 야코프 그림과 편지를 주고받았던 네덜란드 데벤테르 출신 학자 티알링 유스테스 할베르츠마의 글도 발견됐다. 1877년, 이 연대기가 아주 솜씨 좋은 장난이었다는 결론이 났다.

그러나 1922년에 다시 심각한 진위 논쟁이 일어났다. 네덜란드의 민속학자 헤르만 비르트(나중에 나치스 친위대 중위가 된다)가 게르만 문화유산을 찾던 중《우라 린다 연대기》를 발견하고 진짜 역사 자료라고 주장하기 시작했다. 그는 1933년에 연대기를 독일어로 번역하고 삽화를 잔뜩 더했다. 민족주의 단체 '독일 선조의 유산 연구협회'의 공동 창립자이기도 했던 그는 예상치 못하게 나치스 정권의 탄압을 받았다. 프리기아의 민주적 이상, 평화 수호, 모계 중심 사회 질서가 나치스 총통의 독재, 군국주의, 남성 중심적 가치관과 충돌했기 때문이다. 더욱이 연대기에서 프리기아의 동쪽 이웃 국가로 등장하는 '트위스클란트Twiskland'(유럽 중부의 도이칠란트, 즉 독일을 뜻한다)는 약탈을 자행하고, 전쟁에 중독됐으며 살인을 일삼는 국가로 묘사된다. 또한 '게르만 성경'은 물에 잠겨 사라진다.

드 린덴이《우라 린다 연대기》의 유일한 저자였는지, 공동 저자였는지 아니면 주모자였는지, 만약 그가 주모자였다면 주요 저자가 누구였는지는 오랫동안 베일에 싸여 있었다. 2004년에 네덜란드의 역사가 고페 옌스마가 흐로닝언대학교에서 박사 논문 주제로 이를 다루던 중 실마리를 발견했고, 세 명의 저자를 지목했다. 프리메이슨 단원이었던 코르넬리스 오베르 드 린덴과 어문학자 엘코 베르위스, 그리고 성경을 패러디하겠다는 원대한 꿈을 꾸며 이 모든 일을 지휘한 사람인 작가 프랑수아 하베르슈미트였다.

카데시 전투

───

얼마나 치열한 전쟁이었던가! 왕이 앞서서 진군했다. 그는 적진에 뛰어 들어가 여섯 차례나 쉬지 않고 공격했다.

"나는 분노에 찬 악마처럼 그들을 뒤쫓았고 적진 한가운데로 뛰어 들어 적들을 죽였지만 전혀 지치지 않았다."

얼마나 굉장한 승리였던가!

"내가 공격한 곳에서 하티 최고의 전사들, 왕족의 형제와 자녀들, 모든 백성이 피를 흘리고 땅에 엎어졌다. 신 아몬이 내게 승리를 선물했다. 나는 멀리 떨어진 이 땅에 내 승리와 힘을 보여주었다!"

승리자의 위엄은 얼마나 대단했던가! 파라오 람세스 2세는 행복감에 도취했다.

"장군들이 내 힘을 찬미하며 전차들이 내 이름의 영광을 노래한다. '영원하라, 가슴을 뛰게 하는 아름다운 승리자여, 그대가 그대의 병사와 전차를 구원했다. 아몬의 아들이여, 용사여! 그대가 강한 팔로 하티를 파괴했다. 그대는 용감한 심장을 가졌고 전장에서 최고였다. 모든 나라가 하나로 연합했으나 그대에게 저항하지 못했다. 그대는 대군에게 승리했고 모든 나라를 이겼다. 이것은 과장이 아니다. 그대가 하티를 영원히 파멸했다.'"

하티(히타이트라는 이름이 더 유명하다)의 왕 무와탈리 2세는 자신의 패배를 인정해야 했다.

"그대가 하티 왕조를 영원히 파멸했다. 이집트와 하티의 모든 땅이 그대의 것이다. 모두 그대의 발밑에 있다." 그가 간청했다. "우리를 불쌍히 여겨달라! 그대의 권력은 막강하고, 그대의 힘이 하티 전체를 다스린다. 그대의 신하를 죽인다고 무엇이 좋겠는가? 어제 그대는 수십만 명을 죽였고, 오늘 우리의 자녀를 모두 죽였다. 남은 자들에게는 자비를 베풀어달라, 강력한 왕이여!"

파라오가 베푼 관용은 얼마나 컸는가!

"온순함이야말로 최고의 성품이다. 평화를 지키려는 의지는 결코 비난받지 않는다!"

파라오는 히타이트 왕의 간청을 들어주었고, 남쪽으로 돌아가는 길에 화해의 손을 내밀었다!

신전 세 곳의 돌기둥과 파피루스에 기록된 이 긴 시는 기원전 1274년에 카데시에서 있었던 히타이트와의 전쟁에서 이집트가 이뤄낸 압도적인 승리를 노래한다. 오늘날 레바논과 국경을 마주하는 서부 시리아 지역은 한때 나일강과 소아시아의 두 강국이 중동의 패권을 두고 세기의 대결을 벌였던 곳이다. 그러나 감동적인 서사와 달리 달라진 것은 아무것도 없었다. 전쟁은 무승부로 끝났고, 이집트는 간신히 패배를 면했다.

카데시에서 벌어진 일은 격앙된 문체의 시를 유심히 살펴보면 알 수 있다. 히타이트는 파라오와 신의 이름을 붙인 아몬 사단을 함정으로 유인해, 본진과 격리한 뒤 빠르게 포위했다. 많은 보병과 전차병이 살육당하거나 도망쳤다. 파라오는 몇 안 되는 병사와 함께 적들에게 맞서 (영웅담에 따르면) 용맹스럽게 싸웠다. 그러나 그것만으로는 압도적인 수의 적군을 이길 수 없었을 것이다. 히타이트 군대는 빠른 승리에 자신들도 놀라서 결정적인 공세를 펼치지 않았고, 이겼다는 기쁨으로 미리부터 무기와 식량 같은 전리품을 주워 담기 시작했다. 그때 뒤처져 있던 이집트의 프타 사단이 합류해 포위된 군대가 빠져나오도록 도왔다. 그 후 람세스는 군대를 모아 퇴각 나팔을 불었다. 의기양양한 승리의 노래는 이를 '남쪽으로의 진군'이라고 잠깐 언급한다.

이집트 입장에서 이 전쟁은 패배했다기보다는 무승부라고 볼 수 있다. 이집트와 동맹을 맺었던 국가 아무루가 동맹을 깨고 히타이트와 연합했고 이후 시리아의 다른 왕국들도 이집트에 반기를 들었다는 사실을 고려하면 패배일 수 있지만, '전쟁의 신이 여전히 람세스의 편이어서' 여러 자잘한 전투에서 승리할 수 있었기 때문이다. 결국 이집트와 히타이트는 평화를 유지하기로 하고 기원전 1259년에 조약을 맺었다.

히타이트 설형문자로는 불완전하게 남아 있고 이집트 상형문자로는 전체가 보존된 이 텍스트는 문자 형태로 전래된 것 중에서는 가장 오래된 평화조약이다. 이 조약에는 상호불가침협정과 제삼국의 공격에 대비한 수비동맹, 그리고 전쟁 포로와 난민을 돌려보내겠다는 약속이 모두 포함되어 있다.

이 조약으로 중동은 50년간 평화를 유지했다. 현재 미국 뉴욕에 있는 UN본부에 조약 사본이 걸려 있다.

브라질의 페니키아인

고대 페니키아인들은 지중해의 동쪽 끝부터 서쪽 끝까지 항해했으며 기원전 6세기 초에는 아프리카 해안까지 장악했다. 그들이 아메리카 대륙에도 진출했을까? 1873년에 그 증거가 나타난 듯했다.

그해의 9월 11일, 조아킹 알베스 다 코스타는 리우데자네이루의 역사지리연구소 소장에게 편지를 보내 포소 알토에 있는 파라이바 강 근처 자신의 소유지에서 하인들이 비문처럼 보이는 네 개의 돌조각을 발견했다고 전했다. 그는 편지에 한 돌조각의 사본을 첨부했다. 소장은 이 사실을 브라질 황제 페드루 2세에게 전했고, 황제는 리우데자네이루 국립박물관의 전문가 라디슬로 데 수자 멜로 네토 박사에게 사본의 번역을 의뢰했다. 식물학자이자 인류학자로 종교학자는 아니었지만, 페니키아어와 히브리어 연구를 하고 있던 라디슬로 박사는 이 비문이 진품이며 페니키아인들이 아프리카를 돌아 브라질까지 와서 남긴 것이라고 결론 내렸다.

"우리 시돈 출신의 가나안 자손은 항해사이자 기술자로 고향에서 멀리 떨어진 이 해변, 이 숲속까지 오게 됐다. 우리에게 노한 신과 여신에게 소년을 제물로 바쳤다. 우리 왕 히람 즉위 19년에 우리는 에시온게벨부터 홍해로 항해해 배 열 척을 홍해에 띄웠다. 2년간 우리는 뜨거운 함Ham의 땅(이집트를 의미한다-옮긴이) 주변을 돌다가 여룹바알(성경에 등장하는 인물 기드온의 다른 이름-옮긴이)의 공격으로 흩어져 동료들을 떠나보내야 했다. 그렇게 우리 남자 열두 명과 여자 세 명이 숲이 많은 이 섬에 오게 됐고, 지도자인 나 메투아스타트는 이 섬을 신과 여신에게 바쳤다. 신들의 가호가 우리와 함께하기를!"

하지만 프랑스 파리의 성경과 언어 연구가 에르네스트 르낭은 텍스트를 분석하고 이것이 가짜 비문이라고 판단했다. 그 후로 수십 년간 비문의 진위 공방이 벌어졌고, 이 공방은 대다수의 사람이 가짜라고 여기게 될 때까지 계속됐다.

수상쩍게도 현재 비문의 원본은 사라지고 사본만 남아 있다. 그리고 비문을 최초로 발견한 조아킹 알베스 다 코스타의 소식도 완전히 끊겼다. 게다가 발견 장소도 명확하지 않다. 포소 알토라는 지명이 여러 곳에 존재하기 때문이다. 또한 비문의 언어가 무엇인지 구분할 수 있는 사람이 없다. 어떤 사람은 그것이 기원전 800년경의 페니키아-히브리어 사투리라고 주장하고, 어떤 사람은 기원전 500년 무렵에 사용하던 페니키아-아람어라고 주장하며, 또 어떤 사람은 이베리아어의 특징이 있다고 주장했다. 또 다른 사람, 미국의 구약성서학자 프랭크 M. 크로스는 1968년에 잡지 〈오리엔탈리아〉에 '브라질에서 발견된 페니키아 비문'이라는 제목의 기사를 썼다. 기사에서 그는 비문이 "서로 다른 시대와 장소의 문법과 정서법, 문체가 뒤죽박죽 뒤섞여 있으며, 19세기 방식으로 편집된 것"이라고 평가했다. 요약하면 '그냥 전부 가짜'란 얘기다.

1972년에 브라질 법학자 겸 역사학자 제랄도 이레네오 조필리가 〈독일 근동 사회 신문〉에 '파라이바의 페니키아 비문'이라는 제목의 기사를 써 비문이 가짜라고 주장하는 진영에 합세하고 비문을 위조한 범인으로 네토 박사를 의심했다. 네토 박사가 자신의 업적을 만들어내기 위해 돌에 텍스트를 새기고 비문 발견 사건을 꾸며냈다는 것이다. 실제로 1976년에 황제 페드루 2세는 그에게 리우데자네이루의 국립박물관 소장직을 맡겼다.

파라이바의 페니키아 비문에 관한 의혹은 그렇게 마무리됐다. 남아있는 의문은 그래도 페니키아인들, 정확히는 이들이 남아프리카에서 남긴 후손인 카르타고인들이 아메리카 대륙을 찾아오지 않았을까 하는 것이다. 페루 차차포야스의 신비스러운 안데스 사람들(이들은 하얀 피부를 갖고 있어서 '구름족'이라 불렸다)에 관한 최근 연구가 그 답을 알려줄 수 있을지 모르겠다.

카르타고인들은 이베리아반도를 비롯해 지중해 서쪽을 지배했다. 이들이 아프리카 너머에 있는 거대한 섬을 발견했다는 그리스의 역사가 디오도로스 시켈로스의 설명에서 이들이 신대륙에도 진출했다는 사실을 알 수 있다. 최근에 이루어진 고고학적 발견과 유전학적 연구도 이 가설을 뒷받침해준다. 2013년에 문화학자 한스 기프호른이 설명한 것처럼 아마도 카르타고인들은 기원전 2세기 중반에 로마의 공격에 쫓겨 바다로 피해야 했고, 강한 바람을 타고 항해한 끝에 브라질 해안에 도달했을 것이다. 그들은 수 세기 동안 아마존강을 따라 이동하다가 마침내 페루의 안데스 지역에 정착했으나, 막강한 잉카제국에 대립하던 차차포야스 문명은 잉카에 의해 멸망했을 것이다.

니데라우의 주피터
—

1972년, 독일에서는 지역신문뿐 아니라 독일 대표 일간지 〈프랑크푸르터 알게마이네 차이퉁〉도 새롭게 발견된 귀중한 유물을 대서특필했다. 발견된 것은 수염으로 뒤덮인 남성 또는 신의 얼굴이 조각된 12센티미터 길이의 토기 마스크다.

9월 5일, 고고학자 겸 언론인 롤프 호만의 조수는 독일 헤센 남부에 있는 마인-킨치히강 유역에 있는 도시 니데라우의 헬덴베르겐 요새 구역에서 발굴 작업을 하다가 '니데라우의 주피터'를 발견했다. 오래된 옛 성채에서 로마 시대의 흔적을 찾는 중이었다. 대중은 새로운 발견에 크게 놀랐으나 유물을 발견한 헬덴베르겐의 발굴 작업자 프리델 에버하르트는 웃음을 참느라 애써야 했다. 그 귀중한 유물은 자신이 지중해로 휴가를 갔다가 어느 기념품 공방에서 자신의 얼굴을 본떠 만들어달라고 의뢰해서 만든 작품이었기 때문이다.

마리아 잘러 베르크의 룬 문자

게르만인은 룬 문자를 썼다. 그런데 이 문자가 어떻게 생겨났는지에 대해서는 확실히 알려져 있지 않다. 1920년대 중반에 노르웨이의 룬 문헌학자 카를 마스트란더는 이 문자가 알프스 지역에서 에트루리아인들의 영향을 받아 생겨났다는 결정적인 증거를 찾았다고 생각했다. 오스트리아 클라겐푸르트 근처에 있는 알프스 지류의 산인 마리아 잘러 베르크에서 그가 발굴해낸 뼛조각에 'z, s, f, n, k, m'이라는 여섯 개의 기호가 새겨져 있었기 때문이다.

1928년에 마스트란더는 〈노르웨이 언어학 잡지〉에 '룬 문자와 룬의 기원에 대하여'라는 제목으로 100쪽이 넘는 논문을 게재했고, 학계도 그의 연구 업적을 인정했다. 1935년에 독일의 언어학자 헬무트 아른츠도 자신의 책《룬 연구 가이드Handbuch der Runenkunde》에서 마스트란더의 발견이 가지는 중요한 의미에 대해 강조한 바 있다. 그는 이 뼛조각이 '늦어도 기원전 1세기 또는 2세기 무렵'에 만들어졌다고 결론 내렸다. 그는 또 뼈에 새겨진 룬 문자가 정확한 의미를 담고 있지 않다는 주장에 반박했다.

"비밀을 전하기 위해 뼈의 문자에 모음이 빠진 것이다."

그러면서 자신이 첨부한 뼛조각 사진의 앞자리 기호를 해석하려고 노력했다. "'zsfnkm'은 어쩌면 z(마법 기호) sfn(이름) ek im(나는 ~이다)일 수 있다. 마코마넨족(게르만 후손 중 하나-옮긴이)이 쓴 것일까?"

안타깝지만 헛된 노력이었다. 아른츠가 룬 문자에 관해 더 잘 알고 있었다면 좋았을 텐데! 1930년 3월 9일에 클라겐푸르트 기록보관소에 헤르비히 메르칭거라는 실업자가 찾아와 1924년에 자신이 알프스 산악지기로 일했으며 마리아 잘러 베르크 발굴을 진행했다고 말했다. 그가 이야기한 내용은 다음과 같았다.

"발굴 도중 발견된 뼛조각에 관해 지금 너무 많은 이야기가 오가고 있어서, 더 큰 오해를 피하기 위해 이렇게 찾아왔다. 몹시 부끄럽지만 그 뼈는 우리가 장난치려고 가짜로 만든 것이다. 소의 뼈를 불에 그슬려 고대의 유물 같은 느낌을 냈고, 룬 문자를 무작위로 골라 새겨 넣고 땅에 묻었다."

메르칭거가 예상했던 대로, 마스트란더는 뼈를 발견하고는 선입견 없이 유물의 진위를 검사해야 하는 학술 관행을 따르는 대신 자신이 대단한 것을 발견했다고 굳게 믿었다. 게다가 아른츠는 마스트란더의 주장을 그냥 믿었다.

모든 발견에는 발견자가 있는 법이다. 또는 역으로, 모든 발견자는 자신이 보고 싶은 것을 발견한다. 그러나 두 학자를 비난하는 것은 공평하지 못하다. 그 발견은 잘못된 것이었으나 룬 문자의 기원이 에

트루리아의 영향을 받았다는 가설은 유효하기 때문이다. 지금도 룬 문자는 라틴어와 그리스어, 페니키아-카르타고어가 아닌 다른 요인의 영향을 받았다고 여겨진다.

사형인가, 추방인가

신성로마제국의 카를 대제는 프랑켄 지역을 지배하고 개신교를 몰아내기 위해 4,500명의 작센 사람을 사형에 처했다. 베르덴 안데르 알러에서 벌어진 이 대량학살 사건은 독일인들의 집단 기억 속에 깊이 자리하고 있다. 카를 플뢰츠가 제작하고 계속 개정되고 있는 세계사 백과《데어 그로세 플뢰츠Der Große Ploetz》는 1956년 개정판에 "베르덴 안데르 알러 재판소, 하루에 작센인 4,500명이 처형당함"이라는 짧은 문장으로 이 사건을 수록했다. 2001년 판《세계사 데이터 지식 백과사전Daten der Weltgeschichte. Die Enzyklopädie des Wissens》은 "카를 대제가 베르덴 안데르 알러에서 (…) 반란을 일으킨 작센인 포로 4,500명을 처형했다"라고 기재하고 있다.

2016년에 〈타게스차이퉁〉 기자는 오스트리아 그라츠대학교의 역사 교수 요하네스 기스아우프를 인터뷰하면서 자신이 학교에서 배운 역사 지식을 뽐냈다.

"작센에서 그(카를 대제를 지칭한다)는 유난히 잔인하게 굴었다. 그가 베르덴 안데르 알러에서 4,500명의 죄수를 한꺼번에 처형했다는 소식을 듣고 동시대 사람들도 경악을 금치 못하지 않았나."

그러자 교수는 "분명 그 숫자는 과장됐을 것"이라고 대답했다. '크게 과장된 수'라는 언급은 독일 역사학자 요아힘 스트라이샌드가 1980년에 쓴 책《한 권에 담은 독일 역사Deutschen Geschichte in einem Band》에서도 찾아볼 수 있다. 스트라이샌드는 중세 저자는 물론 고대의 작가와 역사가를 "객관성 측면에서 전혀 신뢰할 수 없으므로 '그런 숫자'는 원칙적으로 의심해봐야 한다"라고 썼다. 그래서《세계사 아틀라스dtv-Atlas zur Weltgeschichte》(독일에서 1964년부터 출간된 세계사 사전으로, 2017년에 제44차 개정판이 출간됐다-옮긴이)나 인터넷 백과사전 위키피디아 같은 참고문헌은 희생자 수를 최대한 조심스럽게 기록하는 편이다.

《브로크하우스백과사전Brockhaus》은 1895년에 이미 4,500명이라는 희생자 수는 허위 정보일 것이라고 경고했다.

"4,500명의 작센인이 처형됐다는 기록은 충분한 근거가 뒷받침되지 않았다."

더군다나 학살 사건 자체가 존재하지 않았고, 철자상의 실수였을 거라고도 언급했다. 처음 사건을 기록한 사람이 그랬는지 이를 참고한 후대의 필사가가 그랬는지 확실치 않지만, 일부 전문가는 이들이 라틴어 분사, 'decollati(처형한)'와 'delocati(추방한)'를 혼동한 것이 아닐까 하는 의혹을 제기했다. 어쨌든 작센의 이교도가 원래 살고 있던 지역에서 독일 남부의 기독교 지역으로 대거 이동한 사실은 분명하다. 오늘날 독일 중부 도시 프랑크푸르트 암마인의 한 구역인 '작센하우젠', 독일 남부 도시 안스바흐의 '중부 프랑켄 작센 공동체'와 같은 지역 이름이 이를 증명해준다.

여교황 요한나

교황이 여자라니! 855년에 교황 레오 4세가 죽은 뒤 요한나라는 이름의 마인츠 출신 여성이 교황이 되어 2년 넘는 기간에 걸쳐 교회를 다스렸다고 한다. 당시는 여성이 일반 성직자도 될 수 없던 시대였다.

이런 엄청난 사건을 동시대의 다른 기록에선 찾아볼 수 없다. 더 정확하게 이야기하자면 그 후 400년간 여교황에 관한 언급은 한 번도 없었다. 여교황이 처음 언급된 기록은 1240년과 1250년 사이에 프랑스 소도시 메츠에서 라틴어로 쓰인 《메츠 세계 연대기Chronica universalis Mettensis》이며, 도미니크회 수도사 장 드 메이가 쓴 것으로 추정된다. 연대기에 따르면 한 여성이 남성으로 분장하고 교황청에서 공증인으로 일을 시작했고, 해박한 지식을 인정받아 추기경으로 임명됐으며, 교황 빅토르 3세가 세상을 떠난 뒤인 1087년에 교황으로 선출됐다. 그러나 여교황은 말을 타고 가다가 진통을 느끼고 아이를 출산하는 바람에 정체가 노출됐고, 경악한 군중에 의해 말 꼬리에 묶여 로마까지 끌려가 돌에 맞아 죽었다.

교황이 된 여성의 이야기는 당시 사람들의 상상력을 몹시 자극했던 것으로 보인다. 왜냐하면 그로부터 얼마 후 도미니카회 수도사인 스테파누스 드 부르봉도 여러 훌륭한 주제를 모아 엮은 책《다양한 설교 자료Tractatus de diversis materiis predicabilibus》에서 여교황을 다뤘고, 에르푸르트의 이름 없는 프란치스코회 수도사가 1265년에 쓴《야사 연대기Chronicon minor》에도 여교황이 등장하기 때문이다. 두 저술에서 전자는 여교황이 1100년경에, 후자는 915년경에 즉위했다는 차이가 있지만 어느 버전도 큰 관심을 받진 못했다.

가장 많은 관심을 받은 이야기는 1277년에 폴란드의 도미니카회 수도사 마르틴 폰 트로파우가《교황과 황제 연대기Chronicon pontificum et imperatorum》에서 소개한 내용이다. 이 이야기에 따르면 마인츠 출신이지만 영국계 혈통인 한 소녀가 연인과 함께 아테네로 건너가 남장을 하고 학식을 쌓았다. 그녀의 높은 학식이 알려지면서 소녀는 계속 남장을 한 채 로마로 건너가게 됐고, 855년에 그곳에서 교황 요하네스 안젤리쿠스로 선출되어 정확히 2년 7개월 4일간 교황직을 수행했다. 여교황은 성 베드로 대성당에서 라테란 궁전으로 가던 중 콜로세움과 산클레멘테 성당 사이의 좁은 골목에서 주저앉아 아이를 낳다 죽었고, 바로 그 자리에 매장됐다.

정확한 날짜와 장소를 언급해 신뢰감을 주는 이 이야기는 또 다른 작가들에 의해 여성의 이름만 요한나가 아니라 아그네스, 안나, 질베르타, 유타 등으로 바뀌면서 널리 퍼져나갔다. 14세기에 시인 페트라르카와 작가 보카치오가 이 이야기를 다뤘다. 1415년에는 체코의 종교개혁가 얀 후스가 콘스탄츠 공의회에서 교회의 부패를 증명하기 위해 이 이야기를 이용했다. 얀 후스와 달리, 16세기 초에 이탈리아의 르네상스 작가 마리오 에퀴콜라는 여교황은 신이 남성과 여성을 동등하게 생각한다는 사실을 보여주는 증거라고 주장했다. 그러나 16세기부터 여교황 이야기가 가짜라는 의혹이 일어났고, 지금은 거의 허구임이 확실시되고 있다. 그럼에도 여교황 요한나 이야기는 오늘날까지 교회사에 등장하며 예술가들에게 영감을 주고 사람들을 매혹하고 있다.

전설의 출처를 찾으려면 로마에서 흔적을 추적해야 한다. 산클레멘테 성당 근처에는 여성이 아기에게 젖을 먹이는 듯한 고대 동상이 몹시 풍화된 상태로 방치되어 있다. 성당 자체는 고대 후기에 기독교의 가장 큰 경쟁 종교였던 미트라교의 예배당 위에 세워졌다. 이 미트라에움(대체로 천연동굴을 개조해 만들어진 미트라교 신자들의 예배 장소-옮긴이)에는 중세까지 'P.P.P.P.P'라는 비문이 보존되어 있었다. 이 비문은 라틴어로 "Petre, Pater Patrum, Papisse Prodito Partum"으로 읽을 수 있는데, 해석하면 '베드로, 아버지들의 아버지, 여교황의 출산을 밝혀주소서'다. 그런데 이 '아버지들의 아버지'는 당시 페트루스Petrus, 페르시우스Persius, 팔라디우스Palladius라는 이름을 가졌던 미트라교 대제사장을 지칭하는 말일 수 있고, P.P.P라는 라틴어 약어는 주로 'proprie pecunia posuit(필요한 자금을 제공하다)'라는 의미로 쓰였기 때문에, 이를 고려해 비문을 해석하면 다음처럼 된다.

"미트라교 대제사장인 페르시우스(또는 푸블리우스, 피소니우스 등)가 이 동상의 건립비용을 후원했다."

전설에서 여교황이 진통을 느끼고 놀랐다고 이야기되는 불운한 골목의 이름은 'Vicus Papessa' 또는 'Vicus Papissae'로, 이를 번역하면 '여교황의 길'이라는 뜻이 된다. 사실 이 이름은 10세기까지 이곳에 교황의 가족이 살았기 때문에 붙여진 이름이다. 처음에는 교황 행렬이 다니던 길이었으나 점차 사용되지 않게 됐다. 이 길이 여교황의 출산을 상기시켜서가 아니라 호화로운 일행이 오가기엔 너무 좁았기 때문이다.

생각해볼 수 있는 것은 교황 요하네스 11세(?)가 931년부터 936년까지 재위했던 10세기에 여교황 요한나 전설이 시작됐다는 점이다. 요하네스 11세의 실권은 사실 그의 어머니 마로지아에게 있었다. 이탈리아 왕 우고 1세의 통치기에 그녀는 막강한 권력을 이용해 로마를 다스렸고, 급기야 자기 아들을 교황 자리에 앉혔다. 그래서 아마도 900년대 중반에 이 이야기가 생겨난 것인지도 모른다. 855년 7월 17일에 교황 레오 4세가 세상을 떠난 뒤 시작된 교회의 혼란이 의혹의 여지를 내주었을 것이다.

교황 베네딕토 3세는 성직자와 민중의 투표에서 과반수를 얻어 교황으로 선출됐지만 황제 루트비히 2세의 동의를 빈지 못했다. 그가 즉위를 주저하고 있던 855년 8월, 반대파는 아나스타시우스 비블리오테카리우스를 (대립)교황으로 선출했다. 노골적인 공격이었다. 아나스타시우스는 레오 4세가 파문한 사람이었기 때문이다. 신임 교황이 베네딕토를 감금하자, 로마 곳곳에서 폭동이 일어났다. 3일간 혼란이 계속된 끝에 아나스타시우스에게 충분한 지지 세력이 없다는 사실이 명백해졌다. 신임 교황의 추종자들이 모습을 감추었고 아나스타시우스는 교황 자리에서 물러났다. 황제의 사절이 베네딕토의 즉위를 찬성한다는 교서를 전달했고, 855년 9월 29일에 베네딕토 3세가 교황으로 즉위했다.

그는 858년 4월 17일에 세상을 떠났는데, 전설에서는 바로 이 시기에 여교황 요한나가 교회를 다스렸다고 이야기한다. 재임 기간만 유사할 뿐 동시대의 문서나 서신, 동전에서 베네딕토가 남장한 요한나였다는 단서가 될 만한 증거는 발견된 적이 없다.

우물에 독을 타는 자들!
—

12세기부터 기독교인들은 유대교가 종교의식을 위해 살인을 저지른다는 소문을 믿었다. 유대인들이 폭력이나 재력으로 어린 기독교인 소년을 납치하거나 사서, 그리스도의 고난을 조롱하기 위해 고문하고 죽인 뒤 소년의 피를 자신들의 종교의식에 희생 제물로 사용하거

나 의심스러운 의료 용도로 사용한다는 내용이었다. 이 끔찍한 소문
은 영국에서 시작되어, 대륙으로 건너가 스페인과 이탈리아에 퍼지
고 심지어 중동까지 퍼져나갔다.

이 거짓 이야기는 비교적 최근에도 유포된 적이 있다. 과거 나치
스 정권의 선동 잡지 〈슈튀르머〉는 이 소문을 부활시켜 1946년 7월
4일에 폴란드 도시 키엘체 시민들을 자극했다. 가톨릭 신자였던 한
청년이 종교의식을 위해 살해당했다는 기사가 나갔고, 이 혼란 속에
유대인 42명이 학살당하는 일이 벌어졌다.

중세의 오싹한 소문 중 또 한 가지는 유대인들이 그리스도의 몸이
구현된 신성한 성체(가톨릭 의식에서 먹는 떡-옮긴이)를 훔쳐서 성체가 슬
퍼하다가 피를 흘리며 빛을 낼 때까지 고문한다는 내용이었다. 이 소
문은 1290년에 파리에서 최초의 성체 모독 재판이 열렸을 때 처음으
로 기록됐다. 14세기 전반에 독일에서는 유대인들이 성체 훼손 혐의
로 스물다섯 차례나 기소된 적이 있다.

성체를 모독하고 사람을 죽여 피를 이용한다는 두 가지 소문은 소
수의 타 종교 집단을 혐오하게 함으로써 주류 가톨릭 집단을 강하게
응집시키는 역할을 했다. 기독교 공동체는 자신들의 신이 모욕당하
는 것을 막고 복수하기 위해 똘똘 뭉쳤다. 신성 모독이라는 죄를 씻
지 않으면 집단 전체가 신의 심판을 받게 된다고 믿었기 때문이다.
또한 성체 훼손에 관한 소문은 신학적 배경을 지니고 있었다. 당시
포도주와 떡이 축성에 의해 실제 그리스도의 몸과 피로 변한다는 가

톨릭의 성체 변화 교리에 대해 민중은 의문을 가지고 있었다. 그런데 기독교를 믿지 않는 유대인의 이야기가 사실이라면, 도리어 가톨릭 교리의 진실성이 입증되는 셈이었다. 그리고 종교적 살인 전설에 관해서는 다른 설명도 존재한다. 이 소문으로 인해 살인자는 책임을 다른 사람에게 뒤집어씌울 수 있었을 것이고, 아동 성범죄자도 자신에게 쏟아지는 의혹을 다른 곳으로 돌릴 수 있었을 것이다.

마지막 소문은 최초로 문서화된 사례다. 1144년에 영국 노리치 숲에서 한 모피 가공 업체의 수습생이 죽은 채로 발견됐다. 곧 유대인이 그를 납치해서 십자가에 매달고 살해했다는 소문이 퍼졌다. 한편 희생자가 낯선 사람과 함께 마지막으로 목격됐다는 사실이 확인됐다. 소년의 어머니가 낯선 사람이 핑계를 대며 소년을 데려갔다고 진술했기 때문이다. 그러나 수상한 용의자를 찾는 대신, 사람들은 평소 유대인을 혐오하던 소년의 이모와 역시 유대인을 싫어하던 이모의 딸 이야기만 듣고 유대인들을 의심하기 시작했다. 의심이 한번 시작되자 점점 많은 증인이 등장했다. 어떤 사람은 소년이 어느 유대인의 집으로 들어가는 것을 봤다고 말했고, 어떤 사람은 유대인들이 살인을 저지른 뒤 희생자를 조롱하며 자기들이 기독교에 또 한 명의 순교자를 만들어주었다고 하는 대화를 들었다고 했다. 결정적으로, 기독교로 개종해 수도사가 된 테오발트 폰 캔터베리가 등장해 고대 문서에 따르면 유대교 신자들은 인간의 피를 흘리지 않고는 자유와 고향을 되찾을 수 없다고 주장했다. 그래서 유대인들이 매년 한 명의 기독교인을 희생시키는 것이라고 말이다.

희생자가 입은 상처가 십자가에 못 박힌 흔적이라는 이야기도 퍼졌다. 이야기와 상처의 위치는 앞뒤가 맞지 않았지만 수사관들은 오히려 교활한 유대인들이 자신들의 죄를 감추고 싶어 한다고 믿었다. 진짜 살인자는 교회를 이용해 범죄 혐의에서 벗어날 수 있었을 것이다. 베네딕트회 수도사 토마스 폰 몬머스는 《순교자 빌헬름 폰 노리치의 삶과 기적에 관해The Life and Miracles of St. William von Norwich》라는 전기를 써, 교회가 올바른 믿음에 관해 가르칠 때 그 공동체 출신의 성자를 예로 들 수 있게 했다. 빌헬름의 무덤에선 계속 기적이 관찰됐고, 이후 예컨대 1147년 독일 뷔르츠부르크와 1163년 프랑스 퐁투아즈에서 벌어진 살인 사건도 비슷한 양상으로 마무리됐다.

16세기에 이르기까지 이런 상황은 변하지 않았다. 죽은 아이들은 순교자에 대한 교회의 필요를 충족시켜주었고, 순교가 계속 일어나는 기적은 기독교 신앙이 진짜이며 능력이 있다는 것을 입증해주었다. 12세기 중반에 제2차 십자군 원정이 실패로 끝나면서 기독교 권력이 흔들릴 수 있는 상황이었다. 이럴 때 희생자가 생긴 장소는 성지로 꾸며져 순례자들의 목적지가 됐고 이는 지역 성당에 명성과 부를 가져다주었다. 명성과 부를 포기할 사람은 드물 것이다. 예를 들어 1475년에 살해된 사이먼 폰 트리엔트의 시복은 1965년이 되어서야 철회됐다. 유대인들이 거짓으로 고발당했음을 바티칸이 인정하기까지 걸린 시간은 이렇게나 길었다. 사이먼이 로마의 순교자 명부에서 지워진 것은 그보다 훨씬 더 뒤인 2001년이다.

신성로마제국에서 성체 훼손 혐의로 처벌한 25건의 경우도 종교 살인과 마찬가지로 누명이었다. 성체 훼손에 관한 소문은 성당과 예배당을 짓고 20세기까지 순례자들을 끌어모을 수 있게 했다. 어디서나 돈과 물자가 항상 중요한 역할을 담당했다. 1338년에 독일 데겐도르프에서는 당국이 뒤늦게 성체 훼손범의 처벌을 법적으로 허용하자 유대인의 소유물을 몰수하기 위해 집단 학살이 일어났다. 반면 같은 해 오스트리아 도시 풀카우에서는 성체 훼손 혐의를 빙자한 유대인 박해를 금했는데, 공작 알브레히트 2세가 유대인들의 세금에 의존했기 때문이다.

교회 지도층과 세속 권력층이 유대인이 희생당하는 것을 막은 이유가 인간에 대한 자비였는지, 아니면 돈에 대한 사랑이었는지는 쉽게 확인할 길이 없다. 1235년에 독일 풀다에서는 방앗간을 운영하는 부부가 박람회에 간 사이 화재가 일어나 다섯 형제가 목숨을 잃은 사건이 발생했다. 모진 고문 끝에 두 명의 유대인이 화재를 저질렀다고 인정했는데, 풀다를 다스리던 풀다 수도원장이 두 유대인이 종교적 살인을 범했다는 증거가 없으며 황제의 명령으로 사건이 일어날 때마다 유대인들을 의심하는 일은 금지됐다고 지시한 일이 있

었다. 그러나 수도원장의 지시도 풀다의 유대인 공동체를 구하지
는 못했다. 기독교인 폭도들이 이미 공동체를 완전히 파괴했기 때
문이다.

1171년에 프랑스 블루아에서 기록된 사건은 최소한의 심증만 있
어도 이런 만행이 벌어졌음을 보여준다. 사라진 아이는 한 명도 없었
지만 시체 한 구가 발견됐다. 그러나 블루아 기독교 공동체는 유대인
이 어린아이를 루아르강에 던지는 것을 봤다는 한 증인의 말을 듣고
32명의 유대인을 죽였다.

종교적 살인과 성체 훼손에 관한 거짓 소문은 중세 시대에 유대인
수천 명의 목숨을 빼앗으며 오랫동안 지속됐다. 심지어 중동 국가들
도 유럽 기독교의 영향을 받아 이 소문을 받아들였다. 1983년, 당시
이스라엘과 적대 관계였던 시리아의 국방성 장관 무스타파 압둘 카
디르 틀라스는 이 소문을 자신의 책 《시온의 무교병Die Matzen Zions》에
썼다. 이 책은 1840년에 있었던 이른바 '다마스쿠스 사건'을 다룬다.

그해 2월에 카푸친회 수도사 토마스 신부와 그의 무슬림 하인 이
브라힘 아마라가 실종됐다. 다마스쿠스의 기독교인들은 유대인들이
유월절에 먹을 무교병에 희생자의 피를 섞기 위해 이들을 죽였다고
생각했다. 프랑스 영사 브누아 울리세 드 라티멘턴은 자국민인 토마
스 신부를 찾기 위해 강경한 태도를 보였다. 그들은 유대인 용의자
몇 명을 고문해 자백을 받아냈는데, 그러던 중 여든 살의 노인이 목

숨을 잃었다. 유대인 한 명은 이슬람으로 개종하고 법정에 증인으로 출석해 목숨을 건졌다.

유럽 열강이 당시 시리아의 지배를 받던 이집트와 오스만제국에 즉각 개입했으나 프랑스 국내 사정은 건드리지 않았다. 시인 하인리히 하이네는 '중세의 암흑시대를 떠올리고' 파리와 다마스쿠스에서 일어난 일들에 주목했다. 그는 당시 프랑스 총리였던 아돌프 티에르에게도 찾아가 이의를 제기했지만 이런 말만 들어야 했다.

"유대인들이 유월절 무교병에 '자기들의 취향대로' 그리스도인의 피를 섞는 것은 사실이다."

유대인 피고는 모두 사형 선고를 받았지만 국제적인 압박 때문에 사면됐다. 하지만 반유대주의자들의 혐오는 계속되어, 이들이 보석금을 내고 풀려났다는 소문이 돌았다. 카푸친회 수도원에는 토마스 신부를 기리는 동상이 세워졌고, 아랍어와 이탈리아어로 비문이 새겨졌다.

'1840년 2월 5일에 유대인에게 살해당한 토마스 신부의 유골, 이곳에 묻히다.'

신부를 살해한 진짜 범인은 끝내 잡히지 않았다. 그로 인해 유대인의 종교 살인 소문도 계속 생명을 이어갔다. 프랑스 영사는 사람들을 더욱 자극하기 위해 이렇게 썼다.

"알레포 유대인들은 비밀스럽고 피에 굶주린 종교 이념을 따르는 잔인한 종파에 해당한다. 이 종파는 유월절에 양을 잡는 대신, 무교병에 인간의 피를 섞는다고 전해진다."

거의 매년 유대인의 부활절 무렵이 되면 종교 살인 의혹이 불거졌다. 1890년 4월에도 다마스쿠스에서 기독교인 가정의 여섯 살짜리 소년이 사라져 소요가 일어났다. 그로부터 2주 후에 소년의 시체가 개천에서 발견됐고 사인이 익사라는 사실이 확인됐지만, 유대인들은 살인 의혹을 받아야 했다.

세 번째 유대인 전설은 유럽에서 시작되어 근동으로 퍼져나갔으며, 현재까지도 유포되고 있다. 유대인이 우물에 독을 탄다는 이야기는 특히 전염병이 창궐했던 1347년부터 1351년 사이에 유행했고, 어떤 소문보다 더 많은 유대인의 생명을 앗아갔다. 설명할 수 없는 현상의 원인을 찾던 이들의 눈에 가장 빠르게 들어온 것은 유대인들이었으며, 어떤 전염병이 돌기 시작하면 민중의 분노는 주변의 화풀이 대상에게, 특히 박해하기 쉬운 소수 민족에게 쏟아졌다.

첫 번째 사건은 프랑스 남부에서 일어났다. 1321년부터 1322년까지 사람들은 이슬람 선동가, 중동계 유대인, 그리고 나병환자가 우물에 독을 타서 기독교인을 몰살시키려는 음모를 꾸민다고 생각하고 나병환자와 유대인들을 학살했다. 함께 의혹을 받았던 무슬림은 운이 좋았다. 그 지역에는 무슬림이 한 명도 없었기 때문이다.

흑사병이 2,500만 명의 사망자를 내며 유럽 전역으로 퍼지자, 유대인을 향한 망상은 이제 어느 지역에 국한되지 않고 모든 사람을 사로잡았다. 1348년에 교황 클레멘스 6세가 유대인들을 보호하고 폭행을 금지했음에도 수만 명의 유대인이 몰살되거나 화형당했다. 우물에 독을 탄다는 소문은 19세기 초까지도 유럽을 장악했는데, 이 소문을 믿는 사람은 배움의 기회가 없었던 민중만이 아니었다. 지식인들도 조심스러운 표현을 이용했을 뿐 소문을 퍼뜨리고 자신도 믿었다. 1882년에 프로이센 공화국이 유대인들의 자유로운 직업 취득을 허용했을 때도 약사 직업은 허용되지 않았다. 독을 섞을지 모른다는 불신이 깔려 있었기 때문이다.

그로부터 많은 시간이 지났지만 유럽을 제외한 지역에선 아직도 유대인 혐오를 조장하는 루머가 계속 돌고 있다. 2016년 6월 23일에 스트라스부르에서 열린 유럽 의회에서 팔레스타인 정부 수반 마무드 아바스는 이렇게 발언했다.

"또 한 가지 말하고 싶은 것은 불과 일주일 전에 이스라엘 랍비 몇 명이 우리 국민을 죽이려고 이스라엘 정부에 팔레스타인 지역의 식수에 독을 타달라고 부탁했다는 이야기입니다. 이것이 팔레스타인 사람들을 몰살시키려는 음모가 아니면 무엇이겠습니까?"

미국 중서부의 바이킹족

바이킹이 아메리카 대륙을 발견했다는 것은 이미 알려진 사실이다.

뉴펀들랜드에 바이킹이 거주한 흔적이 남아 있으며 현재 고고학자들은 이들이 오늘날의 뉴욕 지역까지 진출했는지 조사 중이다. 이들이 심지어 미국 중심부까지 들어갔다면 어떨까?

1898년에 발견된 놀라운 증거는 바이킹족이 오대호와 미네소타까지 진출했음을 입증해주는 듯했다. 켄싱턴에 사는 농부 올로프 오만은 자신의 사유지에서 사시나무 한 그루를 쓰러뜨리다가 나무뿌리 사이에서 룬 문자가 새겨진 80센티미터 길이의 돌을 발견했다. 돌에 새겨진 글은 고대 스칸디나비아인의 미국 원정에 대한 내용이었으며, 인디언의 습격도 언급하고 있었다.

"8인의 고트족과 22인의 노르웨이족은 빈랜드에서 서쪽으로 원정에 나섰다. 우리는 이 돌에서 북쪽으로 하룻길에 있는 장소에 두 팀으로 나누어 야영지를 꾸렸다. 어느 날은 온종일 낚시를 했다. 야영지로 돌아오니 열 명의 동료가 피에 젖어 죽어 있었다. 성모 마리아여, 우리를 악에서 구원하소서! 우리는 열 명의 선원을 보내 이 섬에서 14일길 떨어진 우리 배를 확인하게 했다. 올해는 1362년이다."

학자들이 솔깃할 만한 내용이었다. 학자들은 1362년은 바이킹이 북미 대륙에 진출한 마지막 원정보다 300년이나 지난 시점이라는 것, 일부 알파벳이 잘못 쓰였고 노르웨이어와 스웨덴어가 뒤섞여 있다는 점, 또한 '원정'이라는 단어가 무척 현대적인 느낌을 준다는 점 등은 별로 개의치 않았다. 그리고 그런 상황은 1949년에 스웨덴의 룬 전문가 스벤 B. F. 얀손이 미네소타의 바이킹에 관한 모든 추측을 무너뜨릴 때까지 계속됐다. 돌에 사용된 룬 문자들은 1362년 당시에는 거의 사용하지 않는 것들이었다. 동사의 복수 형태와 숫자 체계 역시 14세기 북유럽에서 사용된 방식과 일치하지 않았다. 얀손은 냉소적으로 상황을 요약했다.

"이 룬 문자 비문이 새겨졌다고 볼 수 있는 유일한 장소는 19세기 후반의 미네소타다."

같은 해인 1949년에 미네소타의 역사협회 기록보관소에는 텍스트 원본을 열람한 기록이 남아 있다. 스웨덴 조상을 가진 올로프 오만이 자신이 발견한 텍스트의 사본을 갖고 싶어 했기 때문이다. 이상한 점은 그가 돌에 쓰인 문자가 아닌 다른 룬 문자들도 노트에 적었다는 것이다. 오만 스스로 룬 문자를 전혀 이해하지 못한다고 말했기 때문에 이런 행동은 더 이상했다. 그는 룬 문자를 알고 있었으며 비문을 위해 룬 문자를 연습한 것이 분명했다. 곧 다른 증거도 나타났다. 오만은 스웨덴어로 쓰인 《만물박사 선생님Der kenntnisreiche Schulmeister》이라는 책을 소유하고 있었는데, 이 책에는 룬 문자의 이미지와 룬 문자를 새기는 기술이 설명되어 있었다. 게다가 이 책은 스웨덴어 역사를 다루면서 1300년대에 쓰였다는 〈주기도문〉을 싣고 있었다. 켄싱턴의 가짜 룬 비석에 등장한 '우리를 악에서 구원하소서'와 똑같은 문장이 여기에 실려 있었다.

바이킹족이 미네소타까지 오지 못했다면 해안에서 더 먼 오클라호마에는 갔을까? 오클라호마의 도시 히브너에서는 여덟 개의 룬 문자가 새겨진 돌이 발견됐다. 약간의 상상력과 노력을 들이면 그 여덟 개의 문자를 "Gnomedal", 즉 난쟁이의 계곡이라 해석할 수 있다. 하지만 이들 룬 문자와 문자를 새긴 기술은 중세 시대에는 존재하지 않던 것이었다. 그러므로 이것 또한 오클라호마의 다른 도시 포토와쇼니에서 발견된, 서툴게 만들어진 조각들(그리고 북미에서 발견된 약 30개에 달하는 룬 문자가 새겨진 돌들)과 마찬가지로 19세기 후반과 20세기 초반에 만들어진 가짜 유물이었다.

미국 로드아일랜드의 뉴포트 타워는 가짜는 아니지만 신비롭고도 잘못된 설명이 따라다닌다. 보스턴에서 남쪽으로 약 100킬로미터 떨어진 동쪽 해안의 튀어나온 부분에 있는 이 건축물은 바이킹 시대에 다듬지 않은 돌들로 지어졌다고 전해진다. 그러나 1949년과 1950년에 실시된 발굴과 17세기 문서 기록 연구는 평범한 결론을 내놓았다. 이 감시탑은 1650년 무렵 어느 총독이 영국 식민지를 보호하기 위해 세웠다고 말이다.

미시간주의 동쪽에 있는 위스콘신주에는 '달링호수의 할버드'로도 알려진, 날이 넓은 바이킹의 도끼가 있다. 그런데 이 도끼는 사실 1880년대에 담뱃잎을 자르는 데 사용되던 연장이었다.

학계의 전문가들이 의견을 모으지 못한 유일한 사례가 있다. 미국 메인주에서 발견된 이른바 '메인 페니'라 불리는 동전이다. 이 작은 은화는 1957년에 페놉스코트만에서 1200년경에 존재했던 인디언 마을을 발굴하면서 발견됐는데, 1093년에 사망한 노르웨이의 왕 올라프 3세의 통치 기간 중 주조된 것이었다. 이 은화는 바이킹이 메인주까지 왔다는 증거는 아니었다. 왜냐하면 교역 과정에서 북쪽 화폐가 그곳까지 이동할 수 있기 때문이다. 그리고 발견 과정이 충분히 기록되어 있지 않으며, 누군가가 고고학자에게 동전의 발견을 신고한 정황도 없기 때문에 가짜일 가능성이 크다.

마녀 성녀

—

'유골, 오를레앙의 처녀로 알려진 잔 다르크의 화형대 아래서 발견됨.'

1867년에 파리의 어느 약사가 공화국 광장 근처의 자기 집 다락방에서 이런 문구가 붙은 유리병을 발견했다. 병에는 여러 개의 뼈와 숯 조각, 리넨 조각이 들어 있었다.

대중은 충격을 받았다. 프랑스 마스 강변의 작은 마을 동레미 출신으로 애국심 깊은 농부의 딸 요안나, 15세기에 프랑스의 통일을 돕고 영국군을 무찔러 루아르 남쪽으로 몰아내는 데 공헌한 이 소녀는 19세기 프랑스의 아이콘과도 같았다. 민족주의자, 사회주의자, 군주제 지지자, 공화제 지지자 할 것 없이 모두 그녀를 숭배했다. 1860년대는 그녀를 성녀로 추대하자는 외침이 가장 컸던 시기다. 그리고 딱 맞는 시기에 그녀의 유골이 발견된 것이다.

영국군에게 붙잡혀 종교 재판을 받고 마녀로 몰려 화형을 선고받은 오를레앙의 요안나는 1431년 5월 30일에 루앙 광장에서 화형당했으며 그 재는 군중이 가져가지 못하도록 센강에 버려졌다. 하지만 이 사실을 제시해도 대중의 흥분은 가라앉지 않았다. 어떤 목격자가 남은 유골을 몰래 숨겼을 수도 있지 않은가. 뼈 중의 하나가 고양이의 넓적다리뼈라는 사실도 반증이 되지 않았다. 고양이는 마녀와 잘 어울리는 동물이지!

한때 이 여장부를 비난했던 가톨릭교회는 이제 그녀의 자유로운 측면을 높이 사며 발견된 유골을 성물로 인정했다. 순례를 위한 대교구로 프랑스 중부 도시 시농이 선정됐고, 유골은 성물함에 담겨 140년 동안 순례자들에게 전시됐다. 2007년까지 말이다. 그러고는 진실이 밝혀졌다.

우선은 헝겊 조각 때문이었다. 그 조각은 15세기의 것이 맞지만 불에 탄 흔적이 전혀 없었다. 실도 유럽에서 일반적으로 직조하는 방식과 다르게 중동의 직조 방식으로 짜여 있었다. 게다가 사람 뼈를 후각 분석한 결과, (여성의 뼈라는 내용과 어울리게 갈비뼈였다) 바닐라 향 같은 냄새가 감지됐다. 이는 불타 죽은 사람의 경우와 달리 뼈가 서서히 분해, 즉 부패했다는 것을 의미한다. 또한 컴퓨터 단층촬영 결과, 화상 피해자에게서 볼 수 있는 불이 지나간 징후를 발견할 수 없었다. 뼈에 묻어 있던 검댕은 송진인 것으로 확인됐다. 송진은 주로 시체를 보존하는 데 쓰이므로, 이집트에서 매장된 시체의 뼈라는 의혹이 제기됐다. 마침내 C14 방법으로 탄소 동위원소를 조사한 결과 갈비뼈가 2,300년에서 2,700년은 됐다는 사실이 확인됐다.

잘못 추정된 이 성물은 오를레앙의 요안나가 아니라 이집트 미라의 것이었다. 유럽에서 미라는 몇 세기 동안 치료제로 이용됐다. 뼈를 잘게 부숴서 그 가루를 이를테면 치질 부위에 바르곤 했다. 물론 그런 치료법은 19세기에는 더는 사용되지 않았다. 요안나의 성물함에 담긴 미라는 늦어도 1799년에 나폴레옹의 이집트 원정이 끝나고 파리로 옮겨져 어느 약사의 손에 들어갔을 것이다. 약사의 후손은 미라를 더는 치료제로 사용할 수 없게 됐을 테지만, 그 유골은 애국심을 불러일으키는 마약으로 강력한 효과를 발휘했다.

한때 이단자로 몰렸던 잔 다르크는 프랑스와 영국이 모두 승리한 제1차 세계대전이 끝나고 2년 뒤인 1920년에 성인 명부에 올랐다.

루터의 논제

—

1517년에 마르틴 루터는 독일 비텐베르크의 성 교회 문에 95개조 논제를 내걸었다. 이것이 일반적으로 알려진 내용이자, 잘못된 내용이다. 라틴어로 쓰인 글을 읽고 이해할 수 있는 일반인은 거의 없었기 때문에 그렇게 논제를 공개하는 것은 의미 없는 행동이었을 것이다. 루터 교수의 열렬한 지지자였던 비텐베르크대학교 학생으로, 훗날 종교개혁을 함께한 동료이자 협력자가 된 요한 아그리콜라는 루터가 "당시 토론의 장을 열기 위해 따르던 대학 관행"에 따라 논제를 작성했다고 회상했다.

루터는 이 논제 또는 반박문을 1517년 10월 31일에 당시 면죄부 발행 책임자였던 마인츠와 막데부르크의 대주교 알브레히트 폰 브란덴부르크에게 보냈고, 또 수도사였던 자신의 직속상관 히에로니무스 폰 브란덴부르크 주교에게 보냈다. 루터의 비텐베르크 지인들이 독촉한 끝에 논제가 인쇄되어 일반인에게 공개된 것은 이듬해인 1518년이다.

성당 문에 대자보를 붙이는 일은 루터가 살던 시대에는 상상할 수 없는 일이었다. 이를 목격한 사람도 없었다. 루터가 죽은 뒤 그의 동료였던 필리프 멜란히톤이 루터의 글을 출판하며 쓴 서문에 "(그가) 자신의 논제를 1517년 만성절 전날 비텐베르크성에서 가까운 성당에 붙였다"라고 쓴 것이 문제였다.

멜란히톤이 튀빙겐에서 비텐베르크로 온 것은 1518년 8월이라 루터가 논제를 어떻게 게시했는지 몰랐을 것이다. 또 그의 서문에는 다른 오류도 포함되어 있었다. 예를 들면, 면죄부 판매자 테첼이 루터의 논제를 공개적으로 불태웠다는 이야기나, 1512년부터 성경 해석을 주로 강의했던 루터가 물리학도 가르쳤다는 이야기 등이다. 실제로 루터가 가르친 과목은 윤리학이었다.

라이힝겐의 기근 연대기

1816~1817년에 유럽은 심한 식량난에 시달렸다. 인도네시아의 탐보라 화산이 폭발한 여파로 이듬해에 여름이 없어졌기 때문이다. 독일 남부 알프스 지역의 도시 라이힝겐 사람들은 특히 추위에 시달려야 했고 그 분노는 이번에도 또 유대인들에게 쏟아졌다.

"유대인들이 곡물을 사들여 비싼 가격에 팔고 있다!"

당시 연대기 작가 수습생이던 페터 뷔르클이 기록한 이 내용은 100년이 지난 1913년과 1917년 사이에 교사인 크리스티안 아우구스트 슈너링에 의해 점차 대중에게 알려졌다. 처음에 '1816년과 1817년의 기근과 식량난에 관해 어느 알프스 사람이 쓴 필기 노트'라는 제목을 달았던 문서 사본은 곧 '라이힝겐의 기근 연대기'라는 제목으로 발표됐고, 1980년대까지도 진실을 기록한 문서라고 여겨졌다. 그런데 1987년에 뮌징겐의 도시 기록 관리인이자 향토박물관장이었던 귄터 란데커가 이 문서가 반유대인적 저작물임을 공개하면서 상황이 달라졌다. 국가사회주의 독일 노동자당, 즉 나치스 당원이었던 슈너링이 이 연대기를 처음부터 끝까지 지어낸 것이었다. 지어내지 않은 사실은 1816~1817년에 기근이 심했다는 내용뿐이었다.

진실은 기근과 높은 물가를 이용해 실제로 부를 축적한 사람들이 있었다는 사실이다. 이들은 유대인 곡물상이 아니라 기독교인 농부,

제분업자, 제빵업자, 도축업자, 식당 주인들이었다. 당시의 뷔르템베르크 왕국에는 유대인 곡물상 자체가 존재하지 않았다. 왜냐하면 유대인들은 대지를 소유하는 것은 물론 곡식을 사고파는 것을 금지당했기 때문이다. 그들은 좌판을 열어 단추나 바늘 같은 자질구레한 살림 잡화를 팔아 생계를 유지했다. 유대인에게 재산을 모을 수 있는 공평한 기회가 점진적으로나마 주어진 것은 1848년에 이르러서의 일이다.

슈너링의 활약으로 1913년부터 알려진 이런 사실을 역사학자와 향토 연구가들은 알고 있었을 것이다. 그러나 이들은 기근 연대기에 여러 차례 등장하는 곡물상 아브라함(?)이 실존 인물이었는지 확인하지 않았다. 한 번이라도 검토했더라면 그런 이름의 유대인이 부자로 기록되기에는 너무 적은 세금을 지불했다는 기록을 보게 됐을 것이다. '아브라함'은 폭리를 취하며 독일 민중의 피를 빨아먹는 유대인이라는 상상을 마음껏 충족하게 해주는 가상의 인물이었다. 하지만 누구도 글에 담긴 모순에 의문을 제기하지 않았고, 어떤 시대였는지 확인하거나 날씨 정보를 검토하려고 노력하지도 않았다.

기근 연대기가 반유대인적인 루머라는 사실이 밝혀진 뒤에도 일부 학자는 여전히 대중의 유대인 혐오 경향을 부정했는데, 참으로 놀라운 일이다. 그 이유에 대해서는 한 번쯤 깊이 생각해봐야 한다. 그리고 또 다른 허위 연대기가 존재하는 것은 아닌지도 생각해봐야 할 것이다.

가짜 뉴스는 사실을 속일 뿐 아니라
사람들의 마음을 사로잡는다.
따라서 무엇이 옳고 무엇이 그를 수 있는지
곰곰이 생각해봐야 한다.

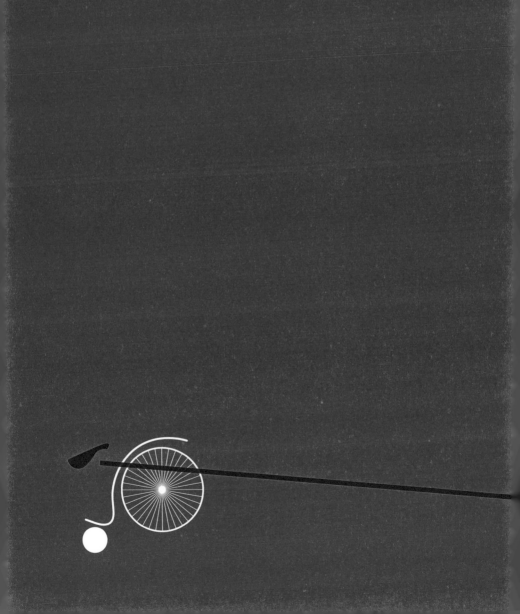

9장

역사 속 이야기 II

가능성의 예술

—

"정치는 가능성의 예술이다."

약 150년 전, 오토 폰 비스마르크의 기회주의 정치 원칙을 한마디로 요약한 문장이다. 그는 현실을 조작할 만한 가능성이 보이면 주저없이 그 기회를 활용했다. 가장 유명한 사례는 이른바 '엠스 전보 사건'으로, 1870~1871년에 벌어진 전쟁의 책임을 프랑스에 떠넘긴 일이다.

독일과 프랑스의 관계는 수십 년간 긴장 상태였다. 공석이던 스페인 왕위가 1870년에 독일의 호헨촐레른-지크마링겐 가문의 레오폴트 왕자에게 계승되려 하면서 위기가 고조됐다. 나폴레옹 3세는 프랑스가 프로이센과 스페인에 둘러싸이는 것을 막으려 했고, 실제로 막는 데 성공했다. 1870년 7월 12일에 안톤 폰 호헨촐레른 대공이 스페인 왕 후보에서 자기 아들을 제외했기 때문이다. 프랑스 대사 뱅상 베네데티 백작이 당시 온천 도시 엠스에서 휴양 중이던 호헨촐레른 가문의 프로이센 왕 빌헬름 1세를 찾아가 이를 확인받으면서 전쟁 위험은 사라진 것처럼 보였다.

하지만 비스마르크에겐 그렇지 않았다. 그는 빌헬름 1세의 고문인 하인리히 아베켄이 엠스 회담에 관해 보고하는 전보를 받고, 전보의 문구를 프랑스 대사가 뻔뻔하게도 왕을 불쑥 찾아오는 바람에 왕이 접견을 거부한 것 같은 인상을 주도록 바꾸었다. 비스마르크는 외교 관행을 무시하고, 뉘앙스를 바꾼 전보 내용을 언론에 공개했다. 그러 자 원하던 반응이 일어났다. 독일 언론은 왕이 잘 거부했다고 기뻐했 으며, 반면 자존심 상한 프랑스 민족주의자들은 언론과 의회를 떠들 썩하게 만들었고 프랑스 정부도 덫에 걸리고 말았다. 프랑스는 7월 19일에 전쟁을 선포했고 세계가 지켜보는 가운데 프로이센을 침공 했다.

비스마르크의 계획은 다른 쪽에서도 진행되고 있었다. 독일 남부 도시 바덴 · 바이에른, 헤센다름슈타트 · 뷔르템베르크는 프로이센 과 동맹을 맺었고, 프로이센이 프랑스와의 전쟁에서 승리한 뒤에는 언제든지 프로이센의 지휘 아래 독일제국을 이룰 준비가 되어 있었 다. 비스마르크는 이를 위해 수년간 몰래 작업을 해왔으며 프로이센 은 1864년에 덴마크와, 1866년에 오스트리아와 전쟁을 벌였다.

이 기회주의 정치가는 가능성을 발견하면 기필코 현실화했다. 8년 후에도 비슷한 방식으로, 강성해진 노동운동을 억제시켰다. 1878년 10월 21일에 사회주의자 탄압법을 제정하여 모든 사회민주주의, 사 회주의, 공산주의의 활동 · 집회 · 출판을 금지했다. 동시에 1871년 부터 독일제국의 재상을 지내면서 갈고닦은 노련함으로 대중의 반발을 가라앉혔다. 당시에는 1873년 대공황을 기점으로 인플레이션을 동반한 경제위기가 장기간 지속됐기 때문에 거대 농장주와 공장주들이 파업과 폭동을 두려워하고 있었다. 사회민주주의를 금지하고 민중 선동을 막는 것이 기득권의 관심사였다. 사회민주당만은 혁명적인 연설을 했지만 감히 행동에 나서지는 않았다.

이런 배경에서 한 사건이 터졌다. 1878년 5월 11일에 베를린 운터덴린덴에서 지붕 없는 마차를 타고 가던 황제 빌헬름 1세에게 배관공 막스 회델이 총을 쏜 것이다. 그는 두 발이나 쏘았으나 붙잡혔고 황제는 무사했다. 바로 그날, 비스마르크는 자신의 기회가 왔다고 여기고 국무부 장관 베른하르트 에른스트 폰 뷜로에게 전화를 걸었다.

"테러가 일어났는데 즉시 사회주의자와 사회주의 언론 활동을 금지하는 법안을 제정해야 하지 않겠나?"

회델이 오늘날 사회민주당의 전신인 독일 사회주의노동자당에서 제명됐으며 반유대주의 설교자 아돌프 스퇴커가 이끄는 기독사회인민당 당원이 됐다는 사실은 비스마르크에게 문제가 되지 않았다. 그가 노동운동을 논리적으로 막으려 했다면 놀림거리만 됐을 것이다.

의회는 즉각 법 제정을 거부했다. 자유주의와 가톨릭 진영이 의회를 주도하고 있었기 때문이다. 하지만 운명의 여신은 비스마르크의 손을 들어주었다. 1878년 6월 2일에 황제 암살 시도가 또 일어났다. 실업자였던 학자 카를 에두아르트 노블링 박사가 운터덴린덴 18번지 건물 2층에서 산탄총으로 황제를 쏘아 머리와 팔, 등에 총상을 입했다. 그는 그 자리에서 자신의 머리에도 총을 쏘았는데, 한동안 의식이 남아서 죽기 전에 자신이 사회민주주의자임을 인정했다. 그 자백은 거짓이었고 박사는 사회민주당원이 아니었다. 하지만 비스마르크는 거짓 이야기를 이용했다. 이제 자유당이 법안에 반대할 수 없을 것임을 확신한 그는 이렇게 말했다고 한다.

"드디어 놈을 손에 넣었다. 이제 그들이 소리를 지를 때까지 궁지에 몰아넣을 것이다."

결국 10월 중에 의회는 '사회를 위협하는 사회민주주의 운동 진압에 관한 법률'을 승인했고, 이 법은 비스마르크 재임 기간, 그러니까 1890년까지 계속 효력을 발휘했다. 이후에는 사회민주주의 세력이 너무 커져서 법률도 바뀌게 됐다.

쾅! 쾅! 더 크게 쾅!

19세기 중반의 유럽 언론은 이른바 가짜 통신원들을 만들어냈다. 평판에 신경을 썼던 신문사들은 1835년에 프랑스의 찰스 하바스, 1849년에 독일 베를린의 베른하르트 울프, 1858년에 런던의 율리우스 로이터가 만든 뉴스 에이전시들에서 나눠주는 정보를 인쇄하는 대신 직접 취재한 외국 소식을 전하고 싶어 했다.

그러나 외국에 체류하는 통신원과 연락하려면 많은 비용이 들었기에 적지 않은 신문사가 독자들을 속이곤 했다. 예컨대 〈노이에 프로이세 차이퉁〉(철 십자가 상징을 사용해 '십자 신문'으로도 불렸다)은 기자 겸 작가 요한 게오르그 루트비히 헤세킬이 전해주는 프랑스 소식을 보도했는데, 이 소식의 발신지는 베를린이었다. 그의 통신원 생활은 그가 자주 언급하는 정부 고위 관계자와 각별한 관계에 있다는 후작이 존재하지 않는다는 사실이 알려지면서 끝이 났다. 반면 런던 특파원으로 있던 테오도어 폰타네(2장에서 이야기한)는 베를린으로 돌아간 후에도 발각되지 않았다.

베를린에는 풍자가, 패러디 작가, 익살꾼으로 알려진 율리우스 슈테텐하임이 있었다. 그는 자신이 만든 재미있는 주간지 〈베를린 말벌〉 또는 〈독일 말벌〉의 주요 필자였다. 그 덕에 1877년에 빕헨 Wippchen('속임수'라는 뜻-옮긴이)이라는 기자가 탄생했다. 그는 1905년까지 세계 여러 지역을 다니며, 특히 전쟁 지역마다 찾아가 자신만의 독특한 시각으로 소식을 전했다.

정말이지 독창적인 보도였다! "태양신의 첫닭 울음소리와 함께 나는 나를 기다리는 명예의 전장으로 향했다"라는 문장을 시작으로 빕헨은 1877년 5월 11일에 용기 있게 첫 번째 기사를 내보냈다. 러시아와 터키 사이에 벌어진 전쟁 기사였다. 1878년 초까지 매력적인 기사가 이어졌다. 열정적인 빕헨 특파원은 미사여구와 은유, 유행어, 교양 섞인 말투를 모두 동원해 전쟁의 아수라장을 표현했다. "총안

이 벌새처럼 날았다"라고 표현하거나 "터키군은 젊음이 스러져가는 절망 속에서도 용기를 내 싸웠다"라고 칭찬하기도 하고, "대포의 굉음은 끔찍했다. 쾅! 쾅! 더 크게 쾅!"이라고 쓰기도 했다.

극적이고 생생한 기사 내용에 편집부는 무척 고마워했다.

"귀중한 학살 소식 잘 받았습니다."

물론 그 특파원은 베를린 인근의 전원도시 베르나우에 앉아 대포 굉음이 아니라 펜이 종이를 긁는 소리만 들었다. 이 모든 것은 처음부터 끝까지 율리우스 슈테텐하임이 기획하고 쓴 풍자 기사였다. 기사 작성은 매번 세 단계로 진행됐다. 먼저 가짜 편집부가 특파원에게 기사를 독촉한다.

"어제 우리는 귀하의 동료 한 분을 추천받았습니다. 그분은 전쟁 소식 한 문장에 5페니를 제안했습니다."

그러면 빕헨이 답장을 쓴다. 답장의 마지막에는 편집부에 보상을 더 요구하는 내용이 담겨 있다.

"선지급에 관한 이야기는 쓰지 않겠습니다. 하지만 원고료를 미리 주시면 더 좋겠네요. 왜냐하면 성당에서 쥐와 함께 살 수는 없으니까요."

그런 다음에는 가장 중요한 가짜 보도 자료가 이어졌다.

슈테텐하임은 가상의 특파원 '빕헨'으로 성공을 거두었다. 1878년부터 1905년까지 그가 지어낸 보도와 기사는 열여섯 권의 책으로 엮였으며, 거짓 특파원들의 존재와 당시의 군국주의적인 분위기를 예리하게 지적했다. 또한 슈테텐하임은 복잡한 글로 재미를 추구하면서도 잘못의 책임이 누구에게 있는지 잊지 않았다. 1881년에 빕헨은 '세 장관이 군비 감축을 의논하다'라는 제목의 기사를 통해 독일과 오스트리아, 러시아 3국의 정상회담을 다뤘다.

"폰 기어스는 반대했고, 재상 비스마르크는 원하지 않았으며, 칼노키 백작은 아직 이 문제를 이야기하기에 너무 이르다고 생각했다. 그러나 결론을 내려야 했다. 그들은 주사위로 결정하기로 했다. 세 번 모두 18이 나왔고, 세 신사는 다음 주제로 넘어가기로 했다."

소극적인 동시대 사람들과 달리 슈테텐하임은 기회가 생길 때마다 왕을 비판하는 일도 주저하지 않았다. 빕헨이 스페인 국가 행사에 대해 쓴 기사다.

"밀치는 무리를 피하려던 한 지식인이 균형을 잃고 왕의 발 앞에 넘어졌다. 왕이 말했다. '무슨 일이든 허락하겠노라!' 지식인은 무엇을 말했을까? 지식인의 무릎이 깨져서 피가 나고 있었다. 어쨌든 왕은 약속을 지키지 않았다."

피가 가득한 빕헨의 묘사 뒤에는 시대를 앞서 평화를 기원하는 마음이 담겨 있었다. 양심 없이 돈만 벌기 바쁜 언론인들의 특징을 부각하기 위해 슈테텐하임은 별로 호감이 가지 않는 '인터뷰어'를 고안했다. 거만함과 무식함이 공존하는 인물이었다.

"나는 장관과 이야기를 시작하기 위해 '제가 여기 왜 왔을까요?'라고 물었다."

물론 그렇게 중요한 '단독 취재'(1895년에 그가 발간한 책의 제목이다)는 대개 이렇게 끝났다.

"그는 문을 가리켰다. 마치 내게 그 문을 통해 자주 찾아오라는 것 같았다. 그렇게 그 유명 인사는 내 귀중한 시간을 더는 빼앗지 않았다."

율리우스 슈테텐하임은 솔직하게 글을 썼고 그의 독자들도 그 사실을 분명히 알았다. 반면 유명한 신문의 인터뷰나 외국 소식을 읽는 독자들은 자신들이 읽는 글이 정말인지 확신할 수 없었을 것이다. 마치 현대의 언론 매체 독자들처럼 말이다.

전쟁에 도취된 1914년

1914년 8월 1일. 독일이 러시아에 전쟁을 선포했다는 소식이 퍼지자 수백, 수천 명의 인파가 광장으로 몰려들었다. 사람들은 환호성을 지르며 모자를 흔들고 공중에 던지기도 했다. 거리에선 모르는 사람끼리 서로 부둥켜안았다. 교회 종이 울렸다. 그날 학생들은 자발적으로 군 입대를 신청했다. 저녁 시간, 젊은 사람들이 노래를 부르며 골목골목을 지나다녔다. 다음 날 전방에 배치될 군인들은 기차역에서 성대한 환송을 받았다. 고위급 인사들이 애국적인 연설을 하고, 군악대가 국가를 힘차게 연주했으며, 차량마다 전쟁 승리를 기원하는 강렬한 문구의 현수막이 붙어 있었다. 독일 국민에겐 여당, 야당이 없이 오로지 황제만 있었다. 귀족들도 뒤지지 않으려 애썼다. "우리 뷔르템베르크 시민들은 황제의 부름에 적극적으로 응할 것이다!"라고 뷔르템베르크 왕 빌헬름 2세가 말했다. 언론은 모두 하나가 되어 외치는 환호의 분위기와 전 독일 국민이 전쟁에 열광하는 상황을 보도했다.

독일에서 1914년 8월의 기억은 수십 년간 이런 이미지로 남아 있었다. 그런데 1970년대에 전쟁이라는 굵은 사건보다 당시 독일 민중의 세세한 일상을 깊이 관찰하게 된 역사학자들은 이런 이미지에 의문을 가지기 시작했다. 하지만 21세기 초반까지도 전쟁이 발발하던 시기에 이런 광적인 흥분이 독일 전체에 깔려 있었다고 여겨졌다. 그로부터 100년이 지난 2014년에 이르러서야 20세기의 대재앙을 자세히 되돌아보게 되면서 마침내 그해 8월의 진짜 모습이 세상에 알려졌다.

실제로 그렇게 환호했던 사람들은 일부였다. 당파적이고 통제된 언론과 국가적 선전에 따르면 모두가 환호했다는 것인데, 실제 국민들의 분위기는 전혀 달랐다. 많은 곳에서 지역의 감정 상태를 '비애'와 '중압감'으로 표현했다. 바이에른의 어떤 농촌 목사는 "남자들은 울고 여자들은 오열했다"라고 썼다. 도시도 농촌과 다르지 않았다. "환호도, 열광도 없다", 다만 "엄숙함과 침울함"이 도시 전체를 짓눌렀다고 한 베를린 시민이 일기장에 썼다. 그는 또 "많은 여성이 너무

울어서 얼굴이 부었다"라고 썼다. 물론 "왕세자궁 앞에서 환호하며 노래하는 사람들이 있었다"라고 인정했지만 "멀찍이 지나가는 사람들은 슬퍼했다"라는 사실도 숨기지 않았다. 슈바벤 지방 소도시 에빙엔의 한 시민은 "공포가 영혼을 채웠다"라고 썼고, 프라이부르크의 브라이스가우에선 전쟁 소식을 듣고 기절한 사람도 있었다. "머리와 심장을 망치로 때린 것 같은 고통이 느껴졌다."

누가 전쟁을 환영하고 누가 전쟁을 지옥처럼 받아들였는지에 관해 신뢰할 만한 데이터는 존재하지 않는다. 다만 전쟁을 반대하는 사람들이 속마음을 드러내지 않고 공개적으로 표현하지 않았던 것은 분명하다. 연약한 사람들, 임금 노동자, 농장 일꾼, 근로자, 그리고 특히 여성들은 말을 하지 않았고 카메라 앞에 자신들을 드러내지도 않았다. 또한 전쟁에 찬성하는 이들은 대체로 상위 계층이었던 것이 분명하다. 국수주의를 신봉하는 시민 계급, 교사와 대학교수, 모험을 꿈꾸던 대학생들, 그리고 오랫동안 전쟁이 나길 기다려온 군인들은 전쟁 소식에 기뻐했다.

주로 중산 계급에 속했던 언론인들도 국수주의들이었고, 같은 사회적 계급을 지닌 다른 사람들과 함께 전쟁의 흥분에 도취해 있었다. 물론 다른 생각을 지닌 사람도 있었겠지만, 이른바 '선택적 인지 selective perception' 경향을 보이며 주변의 분위기에 수동적으로 휩쓸렸다. 중상류층 출신 언론인 쿠르트 투홀스키는 열성적인 민주주의자, 평화주의자였음에도 독일 전체에 "전쟁에 흠뻑 취한 분위기"가 느껴진다고 썼고 1925년에 프랑스 전쟁 사진을 비평하면서는 "양측 국경에서는 (…) 모자를 흔들고, 환호성을 지르며, 장군의 이름을 외쳤다"라고 회상했다.

투홀스키뿐만 아니라 역시 대부분 중산 계급 출신이었던 많은 예술가와 작가들도 정신적인 전쟁에 적극적으로 참여했다. 작가 토마스 만은 1914년에 에세이 〈전쟁 속의 사념〉에 이렇게 썼다.

"전쟁! 정화와 해방, 엄청난 희망이 느껴진다."

그러나 하층민들은 두려움과 걱정이 가득했다. 이들은 자신들이 전쟁터에서 희생되리라는 사실을 알고 있었다. 게다가 전쟁 전에도 빈곤에 시달렸기 때문에 전쟁이 시작되면 가족이 어떻게 살아가야 할지 막막하기만 했다.

사회민주당은 전쟁을 막는 데 실패했고, 결국 1914년 8월 4일 의회에서 공식적으로 전쟁에 찬성했다. 이는 전 독일 민족이 하나로 똘똘 뭉쳤다는 인상을 남기기에 충분했다. 그럼에도 모든 계급과 출신의 국민이 전부 전쟁을 환영했다고 말할 수는 없다. 사회민주당이 의회에서 절망적인 찬성표를 던진 이유도 전쟁에 열광해서가 아니라 먼저 공격하지 않으면 러시아에 속수무책으로 당하고 말 것이라는 맞춤형 선전에 설득당했기 때문이다.

그것은 기만이었다. 많은 독일인이 전쟁에 대해 가지고 있던 환상은 곧 산산이 깨졌다. 당시 대학생이었던 안드레아스 빌머는 1914년 8월 1일에 이렇게 썼다.

"더는 가만히 있을 수 없다. 다른 학우들처럼 나도 즉시 자원입대를 신청했다."

아마도 그는 곧 깊이 후회했을 것이다. 그와 비슷한 또 다른 학생 병사는 그해 가을에 플랑드르에서 어머니에게 이렇게 편지를 썼다.

"저는 이곳에서 공포에 떨고 있습니다."

배후중상설

1918년 11월. '독일군은 전투에서는 패하지 않았으나 고향의 배신 자들이 등 뒤에서 찌른 칼에 맞아 패배했다. 군사적으로 희망이 없는 상황 때문이 아니라 뒤에서 군대를 덮친 혁명 때문에 독일제국은 제1차 세계대전에서 패배했다.' 패전 후 건설된 바이마르 공화국에 독일 나치스가 퍼트린 배후중상설의 내용이다. 패전의 책임이 사회주의자, 공산주의자, 유대인에게 있다는 이야기다.

원래 자유주의를 신봉했으나 전쟁을 겪으며 전체주의자가 된 변호사이자 정치가 에른스트 뮐러마이닝겐은 패전을 며칠 앞두고 이 개념을 사용했다. 그는 전쟁으로 지친 대중에게 혁명의 불씨를 심었고, 1918년 11월 2일 뮌헨의 커다란 술집 뢰벤브로이켈러에서는 끝까지 버텨야 한다고 주장했다.

"우리가 등 뒤의 칼을 맞고 쓰러진다면 자녀와 후손에게 두고두고 부끄러워해야 할 것이다!"

1918년 12월 17일에 그 이야기가 다시 등장했다. 일간지 〈노이에 취리허 차이퉁〉이 영국군 소장 프레더릭 모리스의 말을 보도한 영국 판 〈데일리뉴스〉 기사를 전했다.

"독일군의 현재 입장을 요약하면 자국민의 배신으로 인해 자멸했 다고 말할 수 있다."

모리스 소장은 그런 말을 한 적이 없다고 부인했지만, 소문이 퍼 지는 것을 막을 순 없었다. 바로 그날 〈도이체 타게스차이퉁〉은 이를 이용해 사실을 덮으려는 세력이 독일의 적이라는 주장을 펼치며 의 혹을 더 키웠다.

그렇게 세상에 등장한 배후중상설은 독일군 사령관 파울 폰 힌덴 부르크와 육군 참모총장 에리히 루덴도르프 등이 자신들의 실패를 덮기 위해 적극적으로 이용하는 수단이 됐다. 루덴도르프는 1919년 에 출간한 《전쟁회고록 1914~1918Kriegserinnerungen 1914-1918》에 그 내용 을 썼고, 힌덴부르크는 전쟁 책임을 묻기 위해 열린 바이마르 의회에 자신의 책을 제출하며 배후중상설을 강하게 주장했다. 1920년에 출 간된 자서전 《나의 인생Aus meinem Leben》에서 힌덴부르크는 등에 칼을 맞았다는 이미지를 강조하기 위해 암살당하는 지크프리트(바그너의 오페라 〈니벨룽겐의 반지〉에 등장하는 주인공으로, 불사신이지만 용의 피를 받지 않 은 등을 찔려 죽는다-옮긴이) 이야기를 꺼냈다.

"지쳐 있던 우리의 최전방 부대는 사악한 하겐이 등 뒤로 내리치는 검에 찔린 지크프리트 같았다. 모국에서 보내오는 샘물은 갈증을 더욱 심화시켰으나 우리는 새로운 생명을 마시려고 헛되이 애를 썼다."

사실 패전의 원인은 혁명이 아니라 전쟁 상황에 있었다. 하지만 전쟁을 지휘하는 최고 책임자들과 보수파, 국수주의자들에게 배후중상설은 4년 내내 승리 소식만 듣고 있던 국민들에게 갑자기 전세가 바뀐 이유를 해명할 수 있는 좋은 핑계였다. 불과 반년 전인 1918년 3월 3일에 러시아가 패배를 인정하고 브레스트리토프스크에서 독일과 강화조약을 체결한 터라 모두가 들떠 있었다.

그러나 이미 1916년 초부터 독일군 사령부는 승리할 수 없다는 것을 알고 제국 정부에 평화협상을 제안했었다. 1917년에 독일군은 서부전선에서 하염없이 방어만 해야 했다. 미국이 참전한 뒤부터 상황은 점점 더 악화됐고, 독일군이 최후의 수단으로 총공격을 감행했으나 여러 전선을 적에게 빼앗긴 후인 1918년 여름에는 최악의 상황을 맞았다. 8월이 되자 최고 사령부는 군사적 상황에 희망이 없다고 판단하고, 1918년 9월 29일 독일 정부에 빠른 평화협상을 요구했다. 독일군은 수많은 전선에서 퇴각하고 있었고 병사들 사이의 규율이 무너지면서 매일 점점 더 많은 지역에 연합군 깃발이 꽂혔다.

공식적으로 독일군 사령부는 제국이 지시하는 대로 '승리로 평화를 이룰 것'을 이야기했다. 하지만 뒤로는 즉각적인 휴전을 바라며 협상을 요청하고 있었다. 1918년 11월 11일에 마침내 휴전 조약에 독일 대표단이 서명했다. 힌덴부르크와 루덴도르프는 노련하게 몸을 빼내고 자기들 대신 중산층 정치가들을 독일 대표로 보냈다. 독일 대표단을 이끌었던 가톨릭 연합당의 마티아스 에르츠베르거는 3년 뒤 나치스 추종자에게 살해당했다.

배후중상설은 1920년대에 의회 조사위원회와 법원을 통해, 특히 1925년 10~11월에 열린 뮌헨 배후 소송으로 허위 주장임이 드러났다. 하지만 독일 우파는 계속해서 소문을 퍼뜨렸다. 배후중상설은 민주공화파(사회민주당, 민주당, 중앙당의 3당 연합-옮긴이)가 설립한 바이마르 공화국을 위태롭게 했다.

조금 덜 자극적인 버전인 '전방에서 패배하지 않았다'라는 내용은 자유주의와 사회민주주의 진영도 빠르게 받아들였다. 쾰른 시장 콘라트 아데나워도 고국으로 돌아오는 부대를 환영하는 연설에서 독일 군대가 "패배하거나 정복당하지 않았다"라고 이야기했으며, 바이마르 공화국 초대 대통령 프리드리히 에베르트도 비슷한 방식으로 국민들을 위로해야 한다고 말했다.

배후중상설은 그렇게 조금씩 독일 전체주의 정치가들과 추종 세력의 물레방아로 물을 흘려보냈다. '11월의 반역자'는 악마로 낙인찍힌 반면, 장군들은 아무도 처벌받지 않았다. 1922년에 쿠르트 투홀스키는 〈프로이센 부대에서 일어난 혁명〉이라는 에세이에 종전 직전의 상황을 묘사했다.

"당시 나는 소속이 없었다. 병사도 장교도 아니었고, 고향에서 누군가가 우리를 뒤에서 찔렀다는 이야기를 들었다. (…) 우리는 나중에야 진실을 깨달았다. 루덴도르프가 자기 머리가 아직 몸에 붙어 있다는 사실을 반갑게, 그러나 섬뜩함을 느끼며 알아차렸을 시점이었다."

지노비예프 편지

"사회민주당을 뽑다니."

1930년에 베를린의 쿠르트 투홀스키는 이렇게 조롱하며 풍자하는 글을 썼다. 그가 쓴 '나이 많은 주정뱅이'라는 제목의 글은 주제가 명확했다.

"사람들은 혁명을 위해 뭔가 하려고 해, 하지만 이 정당으로는 아무것도 할 수 없다는 사실을 모두 다 알고 있는걸."

당시 사회민주당은 꽤 부르주아적인 활동을 펼치고 있었지만 마르크스주의 정당으로 알려져 있었다. 사회민주당의 동생쯤 되는 영국 노동당 역시 말만 과격했다. 그럼에도 1924년 1월에 소규모 정당인 자유당과 연합해 처음으로 집권당이 됐고 스코틀랜드 출신 램지 맥도널드가 총리 자리에 앉게 되자 노동당 지도부도 깜짝 놀랐다. 사회주의의 실현은 그들의 목표가 아니었다. 국민 음료인 차와 커피에 대한 세금을 동결하는 정도가 그들이 국내 정치에서 실현할 수 있는 최대치였다.

수상과 외상을 겸하게 된 맥도널드는 야심 찬 외교 정책을 펼쳤다. 1917년의 세계정세를 받아들여 소비에트연방과 외교를 시작하고, 소련에 차관을 제공하는 방안을 검토했다.

1924년 10월 25일, 영국 총선을 며칠 앞둔 시점에 폭탄이 터졌다. 보수 언론 〈데일리메일〉이 코민테른Comintern(러시아 공산당이 창설한 국제 공산주의자 연맹-옮긴이)이 영국 공산당 중앙위원회에 보낸 편지를 공개한 것이다. "영국 노동당 사람들을 선동하고 실직 노동자들로 군대를 조직해야 한다"라는 편지에는 9월 15일에 모스크바에서 열린 코민테른 회의에서 작성됐다는 내용과 집행위원장 그리고리 지노비예프의 서명이 담겨 있었다. '친애하는 동지들'에게 레닌의 이념을 퍼뜨리고, 계급투쟁을 조장하며, 이후의 분쟁에 대비하여 군사적 지도부를 결성하고 혁명에 착수할 것을 지시하는 내용이었다.

"혁명을 위해 싸울 수 있는 남자들의 목록을 작성하고 가장 유능하고 활력이 넘치는 사람들을 영입하라."

맥도널드는 이와 같은 '영국 내부에 대한 외국의 개입'에 소련 정부를 날카롭게 비난했다. 그러나 그의 비난도, 편지가 가짜 문서라고 항변하는 소련 대사관의 주장도 상황에 아무런 도움이 되지 않았다. 노동당 내각은 10월 29일 총선에서 참패했고, 1924년 11월 6일 보수당의 스탠리 볼드윈이 영국 총리가 됐다. 비록 완전히 반대 방향이긴 하지만, 지노비예프 편지의 혁명적 문구는 자기 역할을 철저히 수행한 셈이다. 볼셰비즘의 그림자에 놀란 유권자들이 안전한 보수 정치권에 표를 던졌으니 말이다.

편지가 가짜라는 증거는 뒤늦게 확인됐다. 비록 스캔들이 완전히 해명되지 않았고 명확하지 않은 부분이 있긴 하지만, 분명 노동당 정권에서 해체될 것을 두려워한 영국 비밀 정보기관들이 꾸민 음모였다. 베를린에 사는 소련 출신 망명자에게 영국 정보부 스파이 시드니 라일리가 연락을 취했다. 그 망명자(현재까지 그의 정확한 이름은 확인되지 않으며 지크문트 마르코비치 로젠블럼 아니면 조지 또는 살로몬 로젠블럼이라고 전해진다)는 오데사 출신으로, 모스크바에서 "인류 최고의 적이 최고 권력자로 성장하는 것"(비인간성으로 유명한 스탈린을 의미-옮긴이)을 지켜봤고 볼셰비키에게서 "괴물 같은 범죄성과 변태성"을 발견한, 뿌리 깊은 반공산주의자였다.

지노비예프 스캔들에는 세 사람의 이름이 언급됐다. 차르제국군 장교였던 알렉시스 벨레가르드와 알렉산더 구만스키, 그리고 과거 러시아 내전 당시 볼셰비키에 저항한 백군 병사였다가 망명해 베를린에 살고 있는 세르게이 드루셸로프스키였다. 이들의 주소 중에 익숙한 주소지도 있었다. 옛 장교 두 사람이 살고 있는 아이제나흐길 117번지가 그랬다. 이곳에서 편지가 작성됐을 것이고, 내용을 라일리가 다듬었을 것이다. 그는 교묘하게도 코민테른이 소련 밖의 공산주의 동지들과 공산당에게 쓴 글을 참고해 영국에 혁명의 공포감을 조성할 수 있는 과격한 문구를 채워 넣었다. 이들은 편지를 4부(어쩌면 7부) 만들어 몇 군데에 보냈고, 그중 하나가 〈데일리메일〉에 (또 다른 사본은 〈타임스〉에) 도착했을 것이다.

그로부터 오랜 시간이 지난 1970년에 하버드대학교의 한 법대 학생이 소련 전문가의 유품에서 넉 장의 사진 건판을 발견했다. 필체는 라일리의 것이었으며, 앞에 놓인 문서에는 키릴 문자로 '붉은 편지'를 의미하는 단어가 쓰여 있었다. 정치사에 '지노비예프 편지'로 알려진 문서였다.

한편, 신중한 〈타임스〉와 달리 지노비예프 편지를 공개한 〈데일리메일〉은 1930년대에 영국의 파시스트와 의견을 함께하게 됐고, 1933년에 '젊은 집단의 필요한 행동'(나치스를 의미한다)을 환영했다. 〈데일리메일〉은 1940년까지 히틀러 독일과 협력하며 선전을 도왔다.

의회의사당 방화 사건

사회민주주의 신문 〈포어베르츠〉는 1933년 2월 28일에 두꺼운 글씨로 '의회의사당 대화재'를 보도했다.

"어제 저녁 10시경, 의회의사당 건물 여러 곳에서 동시에 큰 화재가 발생했다. 불길은 회의장을 뒤덮고 곧 돔 지붕까지 집어삼켰다. 베를린 전역의 소방서가 화재를 진압하기 위해 모여들었으나 회의장은 완전히 소실됐다. 경찰은 방화를 의심하고 있다."

2월 27일 저녁, 9시를 조금 넘긴 시각에 우편집배원이 마지막으로 의사당 건물을 빠져나왔다. 그로부터 몇 분 뒤 창문이 깨지는 소리가 나고 불빛을 봤다는 신고가 경찰에 접수됐다. 잠시 후 실제로 불꽃이 보이기 시작했다. 9시 18분에 소방대가 도착했으나 불길은 빠른 속도로 번져나갔다. 9시 30분이 되기 전에 의사당 건물에서 네덜란드인 마리누스 반데어 루베가 붙잡혀 연행됐다. 당시 독일의 메이저 뉴스 에이전시였던 WTB의 소식을 바탕으로 〈포어베르츠〉는 다음과 같이 보도했다.

"WTB가 어제 늦게 베를린 지역 언론에 전한 소식에 따르면 방화범은 네덜란드 출신 공산주의자다. 그는 범행을 시인했다. 반면 경찰은 진범 여부를 아직 확인하지 못했다고 말했다."

이 소식은 점차 사실로 굳어졌기 때문에, 최근까지도 이 스물네 살짜리 네덜란드인의 단독 방화가 입증된 것처럼 보였다. 그가 의사당 건물로 올라가는 것을 누군가가 봤고, 그는 현장에서 붙잡혔다. 그는 며칠 전부터 베를린 노이쾰른의 복지보건청, 시청, 그리고 베를린 성을 비롯한 여러 장소에서 방화를 시도했다. 또한 그는 의사당 건물에 불을 지른 데 대해 죄책감을 느끼지 않았다.

그럼에도 처음부터 루베가 유일한 범인이 아닐 것이라는 의혹이 있었다. 나치스는 방화가 공산주의자들의 공동 소행이라고 주장했으나, 루베와 함께 기소된 불가리아인 게오르기 디미트로프를 비롯해 블라고이 포포프, 바실 다네프 그리고 독일공산당 원내대표 에른스트 토글러는 무죄 판결을 받았다. 특히 디미트로프는 법정에서 검찰의 기소 항목을 워낙 조목조목 반박해서 재판의 라디오 중계가 중단되기도 했다. 반면 재판 내내 이상할 만큼 조용히 앉아 있던 마리누스 반데어 루베는 사형을 언도받고 1934년 1월 10일에 단두대에서 처형됐다. 법원은 1933년 3월 29일에 통과된 법을 소급 적용해 사형을 선고했는데, 이는 법치국가의 기본 원칙을 무시한 것이었다.

법원은 또한 루베 한 명만 처벌했으나 단독 범행으로 분류하지 않았다. 불길이 동시다발적으로 솟아올랐고 회의장이 짧은 시간에 소실된 것으로 미루어 범인은 루베 혼자가 아닐 가능성이 컸다. 화학 전문가 빌헬름 샤츠가 인화물질로 사용됐을 인과 황의 흔적을 발견했다. 이런 흔적이 여러 지점에서 발견됐고 불길도 한순간에 크게 번졌기 때문에 여러 사람이 방화를 저지른 것이 분명했다.

하지만 이 전문가 보고서는 기록보관소에서 사라졌고, 나치스는 루베를 집중적으로 비난했다. 반쯤 시력을 잃은 상태였던 루베가 어떻게 익숙하지도 않은 건물에서 범행을 저지를 수 있었을까 하는 의문과 진짜 방화범들이 의회의사당 건물의 난방 터널을 통해 몰래 잠입했을 가능성은 무시됐다.

이 가능성에 관해서는 제2차 세계대전이 끝난 후 당시 판사였고, 이후 비밀경찰 게슈타포 관계자였으며, 11년 뒤 1944년에는 '7월 20일 사건(히틀러 암살 미수 사건-옮긴이)'의 공모자였던 한스 베른트 지세비우스가 입을 열었다. 그는 한스 게오르크 게베어의 나치스 돌격대 방화팀이 지하를 통해 의사당에 들어와 불을 질렀다고 말했다. 그러나 지세비우스의 옛 상관이자 제1대 게슈타포 국장이었던 루돌프 딜스는 1949년 〈슈피겔〉 연재 칼럼에서 방화팀 잠입설을 부정했다.

논란은 그것으로 끝나지 않았다. 수십 년간 의회의사당 방화 사건이 논란을 일으킨 데는 법적 문제뿐 아니라 정치적인 이유도 있었다. 이 화재를 빌미로 나치스 지도자들은 대통령 파울 폰 힌덴부르크에게 사건 다음 날 오후에 즉시 '국가와 국민을 보호하기 위한 법령(비상사태법)'을 시행하게 했다. 이 법령은 국민의 기본권을 제한하는 효력이 있었다. 수천 명의 공산당원이 즉시 체포되어 나치스의 첫 번째 정치범 수용소에 수감됐다. 언론과 표현의 자유, 집회와 결사의 자유, 우편물과 통신물의 비밀 보장, 그리고 주거지 불가침 등의 권리가 24시간 이내에 폐지됐다. 〈포어베르츠〉는 1933년 2월 28일 자 신문을 마지막으로 간행되지 않았다.

비상사태법은 좌익 세력이 바이마르 공화국의 혼란을 공모했다는 증거처럼 작용했다. 이는 당시 독일연방의 젊은이들이 품었던 반공산주의적 시대정신과도 부합했다. 급박한 내전 위기를 앞두고 국내 질서와 평화를 걱정하는 대신 나치스 지도부는 이 기회를 이용했다. 달리 표현하면, '좌익이 일으킨 위협'이 없었을 경우 독일은 독재 체제로 돌입하지 못했을지도 모른다. 수년간 나치스와 공산당은 의회와 거리에서 서로 대등하게 대치했기 때문이다. 또한 '적색 위협'이 없었다면 자유당은 나치스에 속지 않았을 것이며 1933년 3월에 전권위임법(총리가 의회의 동의 없이 법률을 의결할 수 있게 하는 법-옮긴이)에 찬성하지도 않았을 것이다. 그랬다면 인류사의 큰 비극을 막을 수 있었을지도 모른다(이때 나치스가 권력을 잡은 상황에 대한 기억은 나중에 서독의 1968년 긴급조치법 제정에 광범위한 반대 시위가 일어난 이유가 됐다).

이 모든 일은 나치스가 배후에 있었고 방화를 저질렀다면 이해가 된다. 그들은 계획적으로 민주주의를 파괴하고 세계의 절반을 파멸로 몰아넣는 궤도로 독일을 이끌었기 때문이다.

이 화재 사건으로 나치스만 이익을 얻었다는 것 또한 의문의 여지가 없다. 그들이 기회를 노리고 있었다는 사실도 마찬가지다. 요제프 괴벨스는 1933년 1월 31일 일기에 이렇게 썼다.

"우선 볼셰비키의 혁명 시도가 일어나야 한다!"

4주 후 그는 기뻐하며 2월 28일에서 3월 1일로 넘어가는 하룻밤 사이에 독일 전역에서 5,000명의 나치스 반대자들을 체포했다는 소식을 들을 수 있었다. 그것은 즉흥적인 대응이라기보다 준비된 행동에 가까웠다. 예컨대 레클링하우젠에 있는 독일 서부 경찰지도부는 2월 18일에 이미 모든 경찰서에 지시를 내려 2월 26일까지 독일 공산당 및 공산주의 조직 지도자들의 이름과 주소를 목록으로 작성하게 했다. 2월 27일 오후에는 앞서 언급한 정치경찰국 국장 루돌프 딜스가 곧 일어날 독일 공산당의 무력 행위에 관해 알리는 전보를 보내며 지시를 내렸다.

"상황이 벌어지는 즉시 적절한 조치를 취하고 필요시 공산당 간부를 체포할 것."

전보가 보내진 시점은 오후 2시 59분으로, 화재가 일어나기 여섯 시간 전이었다.

의사당 돔 지붕 위로 불꽃이 치솟고 소방대가 도착했지만, 이들은 건물이 타는 것을 막을 수 없었다. 소방대원들은 경찰 제복을 입은 사람들이 총을 내밀며 진압 작업을 하지 못하게 막았다고 보고했다. 이 보고서 역시 나치스 돌격대가 1933년 이전부터 전문 방화팀을 조직했다는 사실과 함께 은폐됐다.

많은 증거가 나치스를 가리키고 있었으나 1945년 이후에도 마리누스 반데어 루베가 단독으로 방화를 저질렀다는 설이 유력했다. 루돌프 딜스가 특공대설을 부인한 지 10년 뒤, 이번에는 니더작센의 연방 안전기획부 참사관 프리츠 토비아스가 1959~1960년 〈슈피겔〉 연재 칼럼으로 의사당 화재가 루베의 단독 범행이었다고 주장했다. 이 칼럼의 담당 편집자는 파울 카를 슈미트였다. 슈미트는 한때 나치스 외교부 홍보부장이었으며, 친위대의 상급 돌격대 지도자 위치에 있었던 사람이다.

슈미트 외에도 이 사건에 개인적인 관심을 가지는 사람은 또 있었다. 1933년에 이 사건을 담당했던 수사관이었으며 니더작센 치안국장이 된 발터 치르핀스다. 그는 토비아스와 직장 동료이기도 했다.

폴란드 점령지에서 유대인 게토Ghetto(유대인 강제 격리 구역-옮긴이) 경찰 서장을 지냈다는 불리한 과거를 지니고 있던 그는 1950년대 말에 의사당 화재 수사 과정에서 나치스에게 유리하게 수사했다는 혐의를 받았다. 그러나 토비아스가 그의 편을 들고 나서서 그가 객관적으로 수사를 진행했으며 정직한 공무원이라고 주장해 처벌을 면할 수 있었다.

프리츠 토비아스는 취미 역사학자였다. 루베의 단독 방화설에 학문적 신뢰를 부여하기 위해서는 자격을 지닌 학자의 인정이 필요했다. 첫 번째 시도는 실패였다. 역사학자 한스 슈나이더는 1960년에 뮌헨 현대사연구소의 의뢰를 받아 2년 뒤 400개가 넘는 주석이 달린 56쪽짜리 보고서를 제출했다. '의사당 방화 사건의 새로운 점'이라는 제목의 이 보고서는 토비아스의 논문을 인정해줄 수 없다고 결론지었다.

"증인들의 진술이 마리누스 반데어 루베의 단독 범행이 불가능하다는 것을 뒷받침해주고 있으며, 이와 상반되는 토비아스의 주장은 일부 주장과 문서만을 근거로 하고 있는 데다 학술적으로 사례가 없으므로 일반 독자도 이를 가능하다고 여기지 않을 것이다."

그러자 토비아스는 직접 행동에 나섰다. 그는 현대사연구소 소장 헬무트 크라우스닉에게 이 보고서를 공개하면서 그의 나치스 당원 신분을 드러내겠다고 협박했다. 크라우스닉은 1932년부터 나치스의 당원이었다. 그는 협박에 굴복했고, 슈나이더에게서 보고서를 빼앗아 연구소 직원 한스 몸젠에게 보관하게 했다. 한스 몸젠은 슈나이더가 보고서를 다른 곳에서 공개하지 못하게 하라는 임무도 받았다. 그래서 연구소 담당 변호사, 루트비히 데르프의 도움을 받았다. 몸젠은 그 과정을 기록으로 남겼다.

"슈나이더가 일급 정교사 신분이니 문화교육부를 통해 그를 압박하거나, '법적인 책임을 지게 되더라도 연구소 내에서 그가 이용할 수 있는 인쇄 수단을 즉시 모조리 없애야 한다.'"

거짓말, 협박, 음모. 여전히 나치스 세력이 활동하는 공화국에서 의회의사당 화재 사건은 큰 관심사였다. 누가 무슨 말을 하고 어떤 글을 썼는지가 과거 나치스는 물론 신생 민주당의 상승과 몰락을 결정할 수 있었다. 몸젠은 자기가 소속된 조직에 순응했다. 한스 슈나이더가 해고되는 동안 그는 단독 범행을 인정하는 전문가 보고서를 작성했다. 1964년 가을에 현대사연구소는 〈현대사 계간지〉에 보고서를 공개했다. 보고서 요약문은 아주 명쾌하게 1933년의 형사경찰이 사건을 착실히 수사했으며 진실을 발견했다고 밝혔다. 베를린 장벽이 건설되고 3년 뒤에 현대사 교수가 된 몸젠은 보고서에 대한 칭찬을 당연한 듯 받아들였으며 기회가 생길 때마다 그 요약문의 정치적 취지를 이야기하곤 했다.

"프리츠 토비아스의 분석이 이룬 중요한 업적은 당시 현실 뒤에 숨어 있었고 현재까지 영향력을 발휘하는 공산주의 집단의 사실 왜곡을 입증한 것이다."

2001년까지도 〈슈피겔〉은 '불붙은 봉화'라는 제목의 기사에서 단독 범행설을 이야기했다. 2014년 말, 〈슈피겔〉 전 편집국장 마르틴 되리는 NDR 프로그램 〈Zapp〉과의 인터뷰에서 그 가설이 "가장 유력한 역사적 정설"이며 "보편적으로 받아들여지는" 내용이었다고 대답했다. 〈슈피겔〉에 너무 오래 있어서 관점이 왜곡된 건지 모르겠지만, 그건 분명히 잘못된 생각이었다. 영국 역사학자 이언 커쇼를 비롯한 명망 있는 전문가들은 더는 단독 방화설을 믿지 않는다. 현대사연구소조차 2001년에 몸젠의 보고서를 제외했다.

그러나 현실 뒤에 숨어 있으며 현재까지 영향력을 발휘하는 나치스 집단의 사실 왜곡을 결정적으로 입증하기 위해서는 외부의 전문가가 필요했다. 뉴욕의 벤저민 카터 헷이 그 역할을 해주었다. 2016년에 출간된 책《의회의사당 화재Burning the Reichstag》에서 이 역사 교수는 마리누스 반데어 루베가 단독으로 방화를 저질렀다는 결론이 불합리하다고 썼다. 사건이 일어나고 80년이나 지난 현시점에 나치스 조직원 중에서 배후의 조종자와 현장 방화범을 지목하기란 어려운 일이다. 물론 한스 게오르크 게베어라는 이름이 등장하긴 하지만, 확증을 제시하기에는 나치스 인물 카테고리가 너무 좁고 공범 의식이 확고하다.

분명하진 않지만 반데어 루베가 나치스 선동가들의 속임수에 넘어갔을 가능성이 매우 크다. 의회의사당 화재가 일어나기 며칠 전, 루베는 독일 노동자총연합의 자기 동료들에게 자신이 '힘 있는 친구들'과 '봉화에 불을 붙이는 혁명적 행동'을 계획하고 있으며, 이것이 봉기의 시작이 될 것이라고 자랑했다고 한다. 노이쾰른과 운터덴린 덴에서 벌어진 아마추어적인 방화 시도가 이를 위한 연습이었는지, 그리고 나치스가 순진한 반데어 루베를 이용했는지는 확실하지 않다. 단독 범행 논란은 아직도 미결이다.

사망자 2만 5,000명 또는 25만 명?
—

1945년 2월 13일부터 15일까지 독일 드레스덴에서 영국과 미국의 공습으로 죽은 사람은 몇 명일까? 2만 5,000명 또는 3만 5,000명? 어쩌면 10만 명, 아니면 25만 명, 그렇지 않다면 50만 명은 아니었을까? 제2차 세계대전 동안 폭격을 당한 독일 도시 중에서 드레스덴만큼 희생자 수가 심하게 차이 나는 곳은 없다.

물론 1945년에 분명한 통계는 나와 있었다. 하지만 모든 의혹이 정리되기까지 60년이나 걸렸다. 2004년 11월에 설립된 역사위원회는 모든 기록과 고고학적 증거를 전부 고려하여 2010년에 신원이 확인된, 즉 이름까지 확인된 사망자 수가 2만 100명이라고 발표했다. 여기에 폭탄에 맞아 사망한, 이름을 알 수 없는 5,000명가량의 사망자 수는 합산되지 않았다. 또한 익명으로 매장된 시신 2,600구가 발견됐다. 전체 희생자 수는 대략 2만 3,000명에서 많아야 2만 5,000

명이다.

제외된 수치 중에는 터무니없이 부풀려진 숫자도 있고, 몇몇 소문도 있다. 그중 하나가 연합군의 저공 전투기가 도시에서 빠져나가는 사람들을 공격했다는 이야기다. 1945년 3월 4일, 루돌프 슈파링이 자신이 발행하는 잡지 〈라이히〉에 이 이야기를 처음 발표했다. '드레스덴의 죽음, 저항의 신호'라는 기사에서 그는 "영국 비행편대가 날면서 사람들을 공격해 녹지대를 피바다로 만들었다"라고 썼다.

실제로 영국 폭격기를 보호하는 전투기와 독일 전투기 사이에 벌어진 공중전이 있었고, 발포 기록이 남아 있다. 하지만 독일군의 공식 기록이나 개인 서신을 모두 살펴봐도 저공 전투기가 일반인을 공격했다는 내용은 발견되지 않았다. 만약 전투기들의 공중전이 지면과 가까운 높이에서 벌어졌다면 총알이 땅으로 향했을 가능성이 있다. 하지만 역사위원회의 요청으로 병기제거팀이 연속 사격의 흔적을 찾기 위해 엘베강을 뒤졌으나 아무것도 찾지 못했다.

인비(공기 중에 하얀 가루가 내리는 것처럼 보이는 백린탄을 의미한다—옮긴이)가 내렸다는 이야기도 거짓인 것으로 드러났다. 나치스가 퍼뜨린 이 이야기는 정권이 여러 번 바뀐 최근까지도 사실로 여겨졌다. 연합군은 1943년 8월 함부르크 공격에 사용한 뒤 한 번도 인 무기를 사용하지 않았다. 1945년 2월에 드레스덴에서 목격됐다는 연막은 목표 지점을 비추는 조명탄과 막대폭탄이었다.

또 다른 낭설은 드레스덴 폭격이 군사적으로 별 의미가 없다는 내용이다. 내용과는 반대로 드레스덴은 도시 전체가 1945년 1월 1일에 군사 요새로 선포됐고 100킬로미터 전방에서 접근하는 소련 육군에 대비해 대전차 장벽과 참호, 포병대, 지뢰가 설치됐다. 하지만 이런 방어 조치가 아니라도 드레스덴은 철도 교차점과 남동전선을 지휘하는 독일군 사령부가 있는 중요한 장소였다. 드레스덴과 주변 지역의 군수공장은 말할 것도 없었다. 1944년에는 이른바 '엘베플로렌츠' 지역 공장의 절반 이상이 군수품을 생산했다.

드레스덴이 오랫동안 공격을 막아냈기 때문에 더는 공습이 없을 것이라는 이야기도 근거 없는 내용이었다. 1944년 중반까지 이 도시는 연합군이 공격할 수 없는 요새였다. 하지만 1944년 8월부터 폭격이 있었다. 8월 24일에는 드레스덴의 서남쪽 소도시 프라이탈에, 10월 7일에는 드레스덴의 화물역 프리드리히슈타트에 폭탄이 떨어졌다. 1945년 2월 13일 전까지 드레스덴과 주변 지역에서 공습으로 사망한 사람 수는 845명이었다.

드레스덴을 둘러싼 가짜 전설의 최고봉은 희생자 수다. 대체 1945년 2월 13일부터 15일까지의 폭격으로 사망한 희생자 수가 잘못 집계된 이유는 무엇 때문일까?

드레스덴 나치스 친위대가 한 달 뒤에 베를린에 보낸 사망자 수는 2만 명이었고, 추가된 사망자를 포함하면 총 2만 5,000명으로 집계됐다. 1945년 3월 22일에 드레스덴에서 베를린 치안경찰국에 보낸 '최종 보고'는 "1만 8,375명 쓰러짐, 2,212명 중상, 1만 3,718명 경상"

이었고, 나치스 은어로 사망을 의미하는 '쓰러진' 사람 수는 여기서도 2만 5,000명이었다. 같은 날짜의 보고서 〈타게스베펠〉 47호에도 신원이 확인된 시신이 2만 구, 미확인 시신까지 합하면 2만 5,000구라고 기재됐다.

그러니까 1945년 3월에 이미 정확한 사망자 수가 발표된 것이다. 그러나 외무부는 해외 중립국에 있는 독일 대사들에게 연락해 20만 명 이상의 희생자가 발생했다고 알리도록 지시했다. 숫자 뒤에 0 하나를 더 붙인 것이다. 이것이 처음은 아니다. 1939년에 독일이 폴란드를 공격했을 때 군인들이 스파이로 여겨지는 독일 민간인과 폴란드인을 학살한 적이 있다. 외무부 통계에 따르면 (이미 높게 추산된) 5,437명이 사망했는데, 1940년 2월에는 독일 내무부 지시로 희생자 수가 5만 8,000명이 됐다.

어쨌든, 숫자 부풀리기는 한동안 들통나지 않았다. 이미 1945년 2월 17일 자 스웨덴 신문 〈스벤스카 모르겐블라데〉가 10만 명, 2월 26일 자 〈스벤스카 닥블라데〉가 심지어 25만 명이 죽었다고 보도했기 때문이다. 드레스덴에 실제로 특파원을 보낸 신문사는 없었으니, 다들 베를린 나치스 본부에서 유포하는 소문에 의존했을 것이다.

독일이 발표한 내용은 계속해서 퍼져나갔다. 1948년에 국제 적십자는 희생자 수가 27만 5,000명이라고 발표했다. 아무런 문서 근거도 없이 그저 소문에 의존한 발표였다. 1951년에 악셀 로덴베르거는 자신의 책 《드레스덴의 죽음 Der Tod von Dresden》에서 수치를 더 부풀려 희생자가 35만~40만 명이라고 썼다. 우연이지만, 이 책의 제목은 나치스의 루돌프 슈파링이 신문에 쓴 기사의 제목과 같다. 영국인 프레더릭 빌은 더 많은 수를 제시했다. 한때 영국 파시스트 운동가 오즈월드 모즐리의 조력자였던 빌은 1954년에 출간한 책 《야만주의로의 전진Advance to Barbarism》에서 희생자가 50만 명이라고 썼다.

비교적 최근까지도 기자와 전문서 저자들은 잘못된 수치를 인용했다. 슈프링어 그룹 신문 〈벨트〉는 1990년 2월 15일 자 1면에 나치스를 지지하는 영국 언론인 데이비드 어빙이 사망자 수를 13만 5,000명이라고 말한 사실을 인용했고, 정치면에 '10만 명 이상'이 사망했다는 내용을 내보냈다. 그래도 삽화에는 3만 5,000명이 죽었다는 현실에 가까운 설명을 덧붙였다.

1946년에 드레스덴 시장 발터 바이다우어가 설립한 규명위원회는 이 수치에 동의했다. 이들의 집계 방법이 학문적 정확성 기준을 충족하지 못하고 계산보다는 추산에 따른 결과라는 사실도 그렇지만, 터무니없이 많은 희생자 수는 잘못된 것이 분명했다.

실제로 1945년 2월 폭격으로 죽은 사람은 2010년부터 과학적으로 해명된 바에 따르면 최대 2만 5,000명이었다. 어떤 도시보다 더 심한 논쟁이 있었던 드레스덴의 사망자 수는 결국 그렇게 확정됐다. 혼란을 일으킨 주범은 분명했다. 나치스와 그들이 내보낸 허위 선전이었다. 하지만 드레스덴과 관련한 괴담이 계속된 것은 동독 때문이기도 했다. 이들은 서구 제국주의 열강들과 냉전을 계속하면서 드레스덴을 '영미 폭탄 테러'의 상징처럼 불렀다. 한편 네오나치는 여전히 부풀린 숫자에 집착하고 있다. 2000년에도 극우주의자 만프레드 뢰더는 48만 명이 죽었다고 단언했다.

게다가 거의 항상 간과되는 사실은 제2차 세계대전 당시 가장 심각한 폭격을 당한 도시가 드레스덴이 아니라는 사실이다. 함부르크는 공습으로 3만 5,000명이 사망했다. 무역도시라 인구수가 많아서 그렇다는 냉혈한이 있다면 소도시 포르츠하임의 사례를 들려주고 싶다. 1945년 2월 23일 폭격으로 포르츠하임에선 인구의 3분의 1인 1만 8,000명이 목숨을 잃었다.

한편, 나치스 치하에서 도시의 폭격은 누군가에게는 행운이 될 수도 있었다.

"가슴에 별을 단 70명에게 그날 밤은 구원을 의미했다. 극도의 혼돈을 이용해 게슈타포에게서 도망칠 수 있었기 때문이다."

드레스덴에 있었던 유대인 빅터 클렘퍼러가 일기에 쓴 글이다.

아무도 장벽을 세우기를 원하지 않습니다
—

"그 질문은, 우리(동독)가 동독 수도의 건설 노동자들을 장벽 건설에 투입하는 걸 서독 사람들이 바란다는 이야기로 들리는군요, 그런가요? 일단 우리는 그럴 계획이 없습니다. 동독 수도의 건설 노동자들은 주택을 건축하는 일에 몰두하고 있고 거의 모든 인력이, 사실상 모든 노동자가 그 일에 투입되어 있기 때문입니다. 아무도 장벽을 세우기를 원하지 않습니다."

이것은 1961년 6월 15일에 동베를린에서 열린 기자회견에서 방송사 프랑크푸르터 룬트샤우의 통신원이 던진 질문에 동독의 평의회 의장(국가원수), 제1서기, 그리고 독일사회주의통일당 대표였던 발터 울브리히트가 한 대답이다. 서베를린 세 지역을 묶어 하나의 중립 자유 도시를 지어야 한다는 울브리히트의 요구 사항을 안나 마리 도헤어가 놓치지 않고 지적한 참이었다.

"의장님, 추가 질문이 있습니다! 말씀하신 자유 도시를 짓는다면 브란덴부르크 문에 국경이 생기는 겁니까? 자유 도시 건설로 파생될 결과까지 모두 고려해서 결정하신 건가요?"

도헤어의 질문에는 장벽에 관한 암시가 하나도 없었지만, 울브리히트가 이를 자의적으로 해석해 실수로 장벽을 언급하고 말았다. 하지만 전 세계 30개국에서 온 300여 명의 기자 중에 그의 대답에 궁금증을 보이는 사람은 한 명도 없었다. 서독 정치인들도 울브리히트의 장벽을 암시하는 듯한 발언에 큰 관심을 보이지 않았다. 그러나 정확히 두 달 뒤인 1961년 8월 13일 일요일, 새벽 1시를 막 넘긴 시점에 서베를린으로 가는 국경이 폐쇄됐고, 장벽 건설이 시작됐다. 이를 통해 동독은 더 많은 사람이 서독으로 탈출하는 것을 막으려 했다. 그때까지 약 300만 명에 달하는 동독 국민이 서독으로 망명했으며, 대부분 서베를린을 통해서 넘어갔기 때문이다.

당연히 서방 세계는 장벽 건설에 항의를 표시했고, 미국은 동베를린 국경에 전차를 배치하기도 했다. 하지만 워싱턴과 런던, 파리 정부는 내심 기뻐했다. 시한폭탄 같은 베를린이 장벽으로 서로 격리되면, 냉전으로 인한 무력 충돌 위험이 줄어들 것이기 때문이다. 기자 회견이 열리기 일주일 전에 미국 대통령 존 F. 케네디는 오스트리아 빈에서 열린 회담에서 소련 공산당 서기장 니키타 흐루쇼프에게 미국은 서베를린의 치안만 담당할 뿐 동독 국민의 자유에는 관여하지 않는다고 이야기했다. 장벽 건설이 시작되기 2주 전에 미 상원의원 제임스 윌리엄 풀브라이트는 이를 더욱 분명히 표현했다.

"나는 동독이 왜 국경을 폐쇄하지 않는지 이해할 수 없다. 그들은 그럴 권리가 있다고 생각한다."

푸딩 테러
—

1967년 4월 6일 자 서베를린 일간지에는 헤드라인에 모든 내용이 담겨 있었다. 〈B.Z.〉는 '대학생들이 험프리에게 테러를 시도하다', 사회민주주의 신문 〈텔레그라프〉는 '베를린에서 험프리 폭탄 테러가 수포로 돌아가다'를 뽑았다. 베를린 판 〈빌트〉는 실제로 사건이 벌어진 것처럼 독자를 속일 목적으로 아예 '미국 부통령을 덮친 폭탄 테러'라는 헤드라인을 실었다. 〈베를리너 모르겐포스트〉는 '험프리 테러 시도를 경찰이 막아내다'라는 헤드라인에 '베를린자유대학교 학생들이 베이징의 폭약으로 폭탄을 만들었다'라는 부제목을 달아 중국 공산당 느낌까지 포함시켰다. 기사 내용은 이랬다.

"경찰은 공산주의 배경의 서베를린 대학생들이 작은 석류껍질에 폭약을 담아 저울에 재고 부식성 산을 비닐봉지에 채워 넣는 현장을 덮쳤다."

〈빌트〉가 조사한 내용도 비슷한데 좀 더 자세하다.

"폭탄과 폭발성 화학물질, 테러리스트들이 '마오의 칵테일'이라 부르는 탄약을 채운 비닐봉지, 그리고 돌. 베를린 과격주의자들이 도시를 방문한 귀빈을 테러하기 위해 준비한 것들이다."

신중한 언론사 〈타게스슈피겔〉만은 냉랭한 헤드라인을 사용했다.

'11명이 경찰에 체포되다.'

서베를린에 대체 무슨 일이 일어난 걸까? 1967년 4월 6일은 미국 부통령 휴버트 험프리가 방문하기로 한 날이었다. 손님은 평소처럼 베를린 장벽을 구경하고, 장벽 근처에 악셀슈프링어 출판사가 새로 지은 건물도 둘러본 뒤 마지막으로 쇠네베르크 시청사에 보관된 '자유의 종' 복제품을 구경할 예정이었다.

베를린자유대학교 학생들은 이날 시위를 벌이기로 했고 2,000명이 행진에 참여했다. 몇몇 학생은 더 분명한 메시지를 표현하기 위해 공식 행사를 망치고 싶어 했다. 이른바 '코뮌Kommune 1'이다.

1967년 1월 1일, 사회주의독일학생연합 소속의 일곱 학생이 모여 '핵가족 시대의 적절한 대안'으로서 주거공동체를 만들고, 1871년의 파리 코뮌을 암시하는 도발적인 이름을 붙인 것이 바로 '코뮌 1'이다. 구성원은 울리히 엔첸스베르거, 폴커 게베르트, 한스요아힘 하마이스터, 디터 쿤첼만, 도로테아 리더, 다그마르 제후버 그리고 프리츠 토이펠이었고, 이들은 곧 라이너 랑한스도 영입하여 파격적인 행동을 계획했다. 마차를 탄 미국 부통령이 시내를 지나갈 때 마차를 연기로 감싼 뒤 안개 속에서 파이를 던질 생각이었다.

그러니까 돌과 폭발성 화약 물질은 이들의 계획에 없었다. 실제로 이들이 준비한 것은 '닥터 외트커Dr.Oetker'라는 브랜드의 푸딩 가루였다. 베이징도, 동베를린의 중국 대사관도 아닌 서베를린의 동네 상점에서 구입한 것이었다.

암살 테러리스트들은 푸딩 가루에 발연봉을 더해 연막탄을 제조했고 이를 비닐봉지와 종이 통에 담았다. 연막탄 레시피는 1966년 3월 10일에 네덜란드 베아트릭스 공주와 클라우스 폰 암스베르크의 결혼식을 방해하고 혼란을 일으켰던 암스테르담 저항집단 프로보스Provos의 것을 이용했다. 그 연막탄은 생명이나 건강에는 무해했지만, 혼란과 공포감을 일으키기에는 충분했다. 베를린의 방해꾼들은 이런 방식을 통해 잔인한 무기인 '네이팜탄'을 일반인에게 사용하는 미국의 베트남 전쟁에 반대한다는 메시지를 TV로 내보내고 싶었다. 익살꾼 프리츠 토이펠은 나중에 이렇게 말했다.

"양키 험프리에게 네이팜을 쏘고 싶었다. 왜냐하면 미군이 베트남을 푸딩으로 공격하니까. 적어도 베를린 사람들은 봉쇄 기간에 사탕을 던져준 건포도 폭격기를 기억하겠지(육상 운송로가 차단된 서베를린에 연합군 수송기가 생필품을 공수하면서 아이들에게 건포도와 사탕을 던져주었는데 이때 생긴 별명이 건포도 폭격기다-옮긴이)."

그러나 푸딩 테러는 성공하지 못했다. 부통령이 방문하기 전날 밤, 누군가가 주거공동체 대문을 두드렸고, 제복을 입은 경찰과 사복 경찰이 공동체 구성원과 다른 네 명의 방문자를 체포했다. 암살 시도가 있었다는 경찰의 발표를 베를린에 본사를 둔 슈프링어 매체는 무비판적으로 받아썼고, 6,000킬로미터 거리에 있는 〈뉴욕타임스〉는 그보다는 신중하게 조사관의 진술에 나온 사실만 기사로 내보냈다.

"서베를린 경찰은 오늘 밤 부통령 험프리를 암살하려던 용의자 11명을 체포했다. 경찰은 이들이 '미스터 험프리의 생명 또는 건강을 해치려고' 공모했다고 말했다."

그리고 이 발표는 빠르게 근거 없는 내용으로 밝혀졌다. 체포 다음 날인 4월 6일에 일부 학생이 풀려났고 나머지 학생들은 그다음 날 풀려났다. 슈프링어 매체는 그들이 내보낸 오보가 계속 퍼져나가는 것을 막지 못했다. 4월 7일 자 〈벨트〉는 뒤늦게 '폭탄을 가진 학생들'이라는 헤드라인을 내보냈고, 〈베를리너 모르겐포스트〉는 터무니없이 '위험한 폭발물'이 발견됐다고 보도했다. 4월 8일, 대중이 더는 자극적인 오보에 속지 않자 〈B.Z.〉는 '폭탄은 아직 완성되지 않았나?'라는 위선적인 기사로 발을 빼려 했다.

〈빌트〉는 "경찰이 공을 세웠다"라며 사실관계에 전혀 개의치 않고 고집스럽게 계속 노선을 이어간 반면, 〈모르겐포스트〉는 오히려 석방을 지시한 판사를 겨냥한 기사를 썼다. '친애하는 젊은 폭탄 테러리스트들에게'라는 제목의 기사는 용의자들이 '우리 법치국가에서, 아마도 주체적인 판사가 짧은 구금 후에 풀어줄 것이라는 굳은 확신과 형사 경찰이 계획된 (그리고 다행히 무산된) 범행과 사상자를 함께 수습할 수 없을 것이라는 자신감에서' 일을 벌였다는 내용이었다.

진실은 독일의 대표 언론 그룹 악셀 슈프링어에서 만드는 선정적인 헤드라인과 자극적인 기사 너머에 있었다. 그렇지만 언론은 계속 잘못된 사실을 보도했다. 왜냐하면 붉은 테러리스트 신화가 자신들의 권위주의적이고 반공산주의적인 세계관을 떠받쳐주었기 때문이다. 나치스를 크게 두려워하지 않아도 되는 환경에서, 강력한 경찰은 법치의 원칙을 지키는 주체적인 판사보다 더 크게 인정받았다.

게다가 냉전의 최전선 도시에서 보호국 미국의 존재는 대중과 언론 입장에서는 성스러운 것이었다. 공산주의로 포위된 서베를린 사람들은 기존 질서와 안보가 빠르게 무너질 수 있다고 믿었다. 많은 신문이 당국의 대변자 역할을 했다. 비판이 정부의 권위를 떨어뜨릴까 봐 우려했다. 적은 언제나 좌익이었다. 푸딩 공격이 실패한 후, 학생운동과 지배 정치세력에 대한 반대는 보수적인 대중에게 공동체를 위험에 빠뜨리는 존재로 여겨졌다. 그렇게 편파적인 언론 보도가 계속 무르익던 두 달 뒤, 1967년 6월 2일에 사건이 터졌다.

경찰이 정당방어로 학생을 쏘다
—

〈빌트〉 1면의 사진 아래에 'B. 오네조르크, 경고사격으로 죽다'라는 문구가 실렸다. 안쪽 페이지에 총을 쏜 경관 이야기가 나와 있었다.

"12명이 동시에 나를 공격했다!"

1967년 6월 2일 저녁, 서베를린에서 이란 왕에게 반대하는 시위를 마치고 돌아가던 베노 오네조르크가 경찰의 발포로 사망하는 사건이 일어났다. 다음 날 베를린 판 슈프링어 매체는 두 가지 가짜 뉴스를 동시에 내보냈다. 피해자와 가해자의 위치가 뒤바뀌었고, 살인에 관한 이야기는 거의 다루지 않았다. 게다가 중상을 입은 학생이 밤 11시 21분에 사망하자 수술을 맡았던 모아비트 병원도 사망 원인이 두개골 골절이라고 발표했다.

"둔기에 의한 두개골 손상으로 사망함."

수술을 위해 머리털을 밀고 두개골을 집게로 부수는 바람에 총알 구멍은 사라진 상태였다. 10년이 지나서야 담당 의사는 사망 원인을 "직접 확인한 것이 아니라 당시 병원장의 지시대로" 발표했다고 시인했다.

사회민주당 출신 베를린 시장 하인리히 알베르츠도 대중의 눈과

귀를 가리는 데 일조했다.

"학생들을 포함한 수십 명의 시위대가 슬픈 일을 저질렀다. 독일 연방을 방문한 손님을 독일 수도에서 음해하고 모욕을 주었을 뿐 아니라 범죄를 저질러 경찰과 시위대가 다치고 죽는 일이 생겼다. 경찰은 (…) 빠른 대처를 해야만 했고 (…). 경찰의 행동이 정당했다고 분명히 말할 수 있으며, 내가 확인한 바로는 경찰은 참을 수 없는 한계까지 참다가 자신을 방어했다."

역시 슈프링어 계열인 〈베를리너 모르겐포스트〉는 냉전 도시에 사는 수많은 시민이 반항적인 학생 집단을 다섯 번째 공산주의 구역처럼('전쟁 후 네 연합국에 의해 4분할된 서베를린에 또 다른 이념 구역이 생긴 것처럼'이라는 의미다-옮긴이) 여기고 혐오하도록 부추겼다.

"더는 가만히 두고 볼 수 없다. 베를린 시민들의 인내심도 한계에 도달했다. 덜 성숙한 소수가 많은 시민의 관용을 당연시하며 테러를 일삼는 일은 몹시 유감스러운 일이다."

하지만 사망한 베노 오네조르크는 '많은 베를린 시민'이 생각하는 것처럼 '덜 성숙한 소수'가 결코 아니었다. 그는 스물여섯 살이었고 결혼해 아내가 출산을 앞둔 상태였다. 뒤늦게 고교 졸업 시험에 합격하고, 소문처럼 사회학이나 심리학을 전공한 게 아니라 라틴어를 전공했으며, 프랑스어 교사가 되기 위해 프랑스에서 교환학기를 마치고 막 베를린으로 돌아온 뒤였다. 이란 왕의 방문을 반대하기 위해 오페라 건물 앞에서 열린 시위에 나간 것도 처음이었다.

실제로 무슨 일이 일어났던 걸까? 1967년 6월 2일에 이란 왕 모하메드 레자 팔라비가 왕비 파라 디바와 함께 유럽 순방 중 베를린을 방문했다. 쇠네부르크 시청에서 베를린 방명록인 '골든북'에 방문객이 이름을 쓰고 있을 때 시청 앞에서 자유대학교 학생들이 시위를 벌였다. 시위대에는 이란 난민도 포함되어 있었다. 당시 4,000~6,000명에 달하는 이란 대학생들이 이란 비밀경찰 사바크_Savak를 피해 서독과 서베를린으로 도망쳐 와 있었다. 시위대는 이란의 민중은 굶어 죽고 있는데도 비판하는 사람들을 억압하고 학살하면서 자신들은 동화 같은 삶을 누리는 왕족에게 독일이 경의를 표하는 것을 반대하려고 모인 것이었다.

시청 앞에서부터 갈등이 시작됐다. 버스 세 대가 경찰 경계선을 통과해 들어왔다. 100여 명의 젊은 남성이 버스에서 내리고, 샤_Schah, 즉 왕을 찬양한다는 표지판을 들고 시청 앞을 막아섰다. 시위대와 관중들이 불평하자 왕의 지지자들이 갑자기 소매에서 호신용 막대기를 꺼내더니 표지판과 함께 군중에게 휘두르기 시작했다. 50명가량이 심한 부상을 입었다. 경찰은 이를 막지 않고 한동안 바라보기만 했으며, 심지어 말 탄 경찰이 학생들을 앞으로 밀치기도 했다. 마침내 모습을 드러낸 이란 왕은 시청 관계자가 부끄러워할 정도로 휘파람 세례를 받았다(이들 충성스러운 왕의 찬미자들, 폭력을 휘두른 이들의 정체가 이란에서 온 사바크 수행원들이라는 사실이 나중에 밝혀졌다).

이란 왕의 굴욕은 저녁에도 계속됐다. 2,000명의 시위대가 오페라 건물 앞에 집결했다. 이란 왕과 왕비는 서독 대통령 하인리히 뤼브케, 시장 하인리히 알베르츠와 함께 모차르트의 오페라 〈마술피리〉 공연을 관람할 예정이었다. 밀가루와 물감, 돌이 날아다니고, "샤, 샤, 샬라탄Scharlatan(거짓말쟁이)!"이라는 외침이 광장을 채웠다. 오페라 로비에서 알베르츠는 경찰청장 에리히 듀엔싱에게 명령했다.

"내가 다시 나올 때는 광장이 깨끗해야 하네."

시위대를 전부 흩어버리려면 시위대 중심을 최대한 강하게 찔러야 했다. 저녁 8시 7분경, 듀엔싱은 지시를 내렸다.

"곤봉을 자유롭게 써라! 사람들을 내쫓아라!"

곤봉과 경찰견, 물대포를 든 경찰이 시위대에게 접근해 도로로 밀어냈다. 베노 오네조르크는 몇몇 참가자와 함께 크루멘 길 66/67번지 뒷마당으로 도망쳤다. 경찰은 이들을 따라가 곤봉을 휘둘렀다. 8시 30분경 경찰 상급 하사관 카를하인츠 쿠라스가 권총을 꺼내 오네조르크의 뒤통수를 향해 방아쇠를 당겼다. 오네조르크는 그 자리에서 쓰러졌는데, 경찰은 한동안 더 피해자를 때리고 발로 걷어찼다.

다음 날 경찰은 경고사격 후 '빗나간 총알'에 대해 이야기했다. 그러나 실제로 경찰은 가까운 거리에서 머리를 겨냥해 총을 쏘았다. 몇몇 증인이 총소리가 나기 직전에 애원하는 소리를 들었다고 말했다. 오네조르크의 목소리였는지도 모른다.

"제발, 제발 쏘지 마세요!"

그리고 한 경찰이 쿠라스에게 외쳤다.

"여기서 총을 쏘면 어떡해? 미쳤어?"

당황한 목소리가 대답했다.

"손이 자동으로 움직였어."

잠시 후 명령하는 소리가 났다.

"쿠라스, 뒤를 봐라! 빨리! 여기서 나가!"

목격자가 있었다. 기자들이 근처에 있었기 때문에, 뒷마당에서 있었던 일은 필름과 녹음테이프에 고스란히 담겼다.

구급차가 도착했으나 병원 두 곳은 베노 오네조르크를 거부했고, 마지막으로 모아비트 병원에 도착했을 때는 이미 너무 늦은 상황이었다.

하인리히 알베르츠가 사태를 파악한 것도 너무 늦은 시점이었다. 그는 9월 26일에 시장직을 사임했고 경찰력을 투입한 것을 사과했다. 반면 카를하인츠 쿠라스는 의인으로 불리게 됐다. 그는 11월 21일에 과실 치사 혐의로 기소됐으나 정당방어(?)로 무죄를 선고받았다. 그가 여러 명의 학생에게 폭행당해 바닥에 쓰러졌으며 한 학생이 칼을 꺼냈다는 허위 증언이 정상참작을 끌어냈다. 살인이 벌어진 다음 날 슈프링어 매체 〈벨트〉가 '경찰이 정당방어로 학생을 쏘다'라는 헤드라인으로 내보낸 기사의 핵심 문장은 "그들이 경찰을 짓밟은 뒤 칼을 꺼내 들었다"였다. 사실을 왜곡한 것은 물론, 사법부에 바라는 방향을 암시하는 기사였다.

경찰, 슈프링어 매체, 그리고 서베를린 시민을 비롯한 많은 사람이 결과에 만족했다. 그러나 학생들은 경악을 금치 못했다. 그때까지 독일 공권력과 국민의식 속에 아직도 나치스가 계속되고 있다는 생각은 단지 집에서 가족들과 논쟁을 벌이고 대학에서 토론하는 이론적 주제였으나 이제 진짜 현실이 된 것이다. 1967년에 베를린 경찰은 대부분 나치스 방위군 출신이었고, 이들 중 많은 이들이 동독에서 반역자 색출 활동을 했었다. 사회민주당 출신 내무부 장관 볼프강 뷔시는 자신도 모르게 이를 떠올리고 민주 시위에 대한 자신의 군사적 관점을 드러내기도 했다. 학생들을 무질서한 군대처럼 행동하는 '반역자 게릴라'라고 비난한 것이다.

베를린 경찰 지도자의 절반은 러시아 섬멸전에 투입된 장교였거나 나치스 정권에서 다른 명목으로 성과를 낸 병사들이었다. 경찰청장 듀엔싱은 나치스 방위군 참모 장교였고, 쿠라스의 상사 헬무트 슈타르케는 일급 철십자 훈장을 받은 공수부대원이었다. 쿠라스가 소속된 서베를린 치안경찰서장 한스울리히 베르너는 나치스 당원이었으며, 제2차 세계대전 당시 우크라이나와 이탈리아에서 범죄인 소탕 작전에 참여했었다. 경찰만 나치스 출신이 아니었다. 언론사, 특히 서베를린 언론 매체, 그리고 시민 중에도 나치스에 협력했던 이들이 많았다.

슈타르케는 "부드러운 대응은 이제 끝났다"라고 말하며 "학생들은 다음번 폭동 때 자신들에게 닥칠 일에 놀라게 될 것"이라고 통보했다. 그러나 6월 2일 이후 가장 먼저 놀란 것은 보수적인 대중이었다. 저명한 대학교수, 자유주의 지식인, 그리고 청소년 학생들까지 시위 참가 대학생들을 두둔했기 때문이다. 그럼에도 〈프랑크푸르터 알게마이네 차이퉁〉은 '오네조르크 연극'이라는 기사에서 베노 오네조르크의 장례식에 참석한 사람들과 애도의 물결을 이해할 수 없다고 조롱했다.

6월 2일 사건의 여파로 정부, 경찰, 사법부의 억압에 반대하는 저항운동은 'APO', 즉 국회 밖 저항Außerparlamentarische Opposition을 내세우며 더욱 과격해졌다. 국가가 치명적인 폭력에도 꼼짝하지 않는다는 사실이 보복 폭력을 불러일으켰다. '6월 2일 운동'과 '적군파Red Army Faction'가 출현해, 제3세계 해방운동에 앞장섰던 게릴라 전투를 모델 삼아 제1세계의 대도시에 무장 전투를 도입하려 했다.

"테러를 일으키는 사람은 엄격한 처벌을 받아야 한다."

이는 베노 오네조르크의 사망에 관해 슈프링어 매체 〈B.Z.〉가 쓴 글이다. 이 글은 (이 매체에겐 예외적이게도) 진실이었는데, 어쩌면 '엄격한 처벌을 받아야 한다'보다는 '죽여도 된다'라고 쓰고 싶었을 것이다.

게임은 계속되어야 한다

———

1972년 9월 5일, 뮌헨. 모든 일이 잘 풀렸다. 인질은 모두 풀려났다! 밤 11시경 국제 올림픽 위원회 대표 루트비히 폴락은 인질극이 잘 해결됐다고 발표했다. 팔레스타인 무장단체 '검은 9월단' 테러범 네 명은 퓌어스텐펠트브루크 군 비행장에서 진행된 작전으로 사살됐으며, 이스라엘 인질은 풀려났다는 내용이었다. 뉴스 에이전시 로이터는 밤 11시 반경 이 좋은 소식을 전했고, 몇 분 뒤에 독일 TV 방송도 이 사실을 보도했다. 자정을 넘긴 12시 5분에 정부 대변인 콘라트 알러스가 기자회견장에 나타나 '성공적으로 잘 해결된 작전'이었다고 이야기했다.

그들은 모두 자신들이 무엇에 대해 이야기하는지 알지 못했다. 정신없이 떠드는 관계 당국, 정치인 그리고 언론인들이 내놓는 뒤엉킨 정보 때문에 진실과 거짓을 더는 구분할 수 없고, 혼란과 소란으로 바른 정보가 누락됐으며, 20시간의 긴장으로 더는 머리가 돌아가지 않는다고 해도, 여러 소식 중에서 때 이른 안정감을 주고, 긴장을 풀어주며, 바라는 희망을 충족해주는 소식을 선택하는 것이 과연 옳은 일일까?

게다가 이번 인질극에는 특별한 정치적 배경이 있었다. 하필 과거의 그림자를 벗고 이제는 선하고 친근한 국가가 됐음을 증명하고자 하는 독일에서, 세계가 지켜보는 가운데 유대인이 공격받는 사건이 벌어졌다. 그날 아침에 이스라엘 선수 두 명이 살해당했다.

문제는 그날 자정에도 퓌어스텐펠트브루크 작전은 아직 진행 중이었고, 심지어 성공적으로 끝나지도 않았다는 것이다. 테러리스트 여덟 명과 인질로 잡힌 나머지 이스라엘 선수 아홉 명은 헬리콥터를 이용해 보잉 727 항공기가 기다리는 군 비행장에 도착했다. 9월 5일 새벽에 올림픽 선수촌의 이스라엘 선수단 숙소에 침입한 팔레스타인 무장단체는 인질을 빌미로 이스라엘에 수감 중인 200여 명의 팔레스타인 포로와 더불어 안드레아스 바더와 울리케 마인호프의 석방을 요구했었다. 이제 이들은 이슬람국가로 안전하게 도주하길 원했다. 독일 측은 테러범의 요구를 들어주는 것처럼 행동했지만, 퓌어스텐펠트브루크에서 이들을 체포할 계획이었다.

원래는 이스라엘 정부가 인질 구출을 위해 특별 부대를 투입하겠다고 제안했는데, 독일 정부가 그럴 필요 없다고 거절했고 그것은 큰 실수였다. 독일 경찰은 인질 구출 훈련이 되어 있지 않았고 필요한 무기도 제대로 갖추고 있지 않았기 때문이다. 결국 작전은 실패로 끝났다. 밤 10시 반부터 시작되어 새벽 1시 반까지 계속된 총격전에서 이스라엘 인질은 모두 사망했고, 경찰관 한 명이 죽었으며, 헬리콥터 조종사는 심각한 부상을 입었다. 테러범 여덟 명 중 다섯 명은 사살됐고, 세 명은 생포됐다. 새벽 2시 반이 되어 연방 내무부 장관 한스디트리히 겐셔와 바이에른주 내무부 장관 브루노 메르크가 기자회견장에 나타났을 때는, 상황이 끔찍하게 끝났다는 사실을 모든 사람이 알고 있었다.

다만 올림픽은 끝나지 않아서, 하루 쉬고 난 뒤 경기가 재개됐다.

10장

결말

내 죽음에 관한 뉴스가 지나치게 과장됐음

"선왕이 돌아가셨다! 새로운 왕 만세!"

전달자는 옛 군주의 죽음을 알리는 동시에 새 왕의 통치를 알리며 국가가 여전히 문제없이 돌아가고 있음을 전한다. 통치자의 죽음은 하나의 전환점이기 때문에 백성과 정치가들에게 모든 것이 변함없다는 사실을 확신시키는 것이다. 특히 한 개인의 통치권이 절대적인 영향을 끼치는 국가에서는 이것이 반드시 필요하다.

"총통 사령부에서 전한다. 우리의 총통 아돌프 히틀러는 오늘 오후 총리관저의 총통본부에서 마지막까지 독일을 위해 볼셰비즘과 싸우다가 쓰러졌다."

이 소식은 1945년 5월 1일에 함부르크 라디오를 통해 공중에 전파됐다. 그다음 문장은 해군 제독 카를 되니츠가 새로운 제국 총리로 임명됐다는 내용이었다.

마지막 문장은 진실이었다. 되니츠는 실제로 전쟁이 끝난 후인 5월 23일까지도 플렌스부르크의 집무실에서 제국 행정을 책임졌다. 하지만 총통이 영웅적으로 전사했다는 소식은 거짓이었다. 그는 자살했다. 히틀러는 총통본부가 있던 지하 벙커의 작은 방 소파에서 부인 에바 브라운을 쏜 뒤 자신도 자살했다.

1953년 3월 1일에 스탈린이 뇌졸중 발작을 일으켜 죽어가던 중, 공산당 신문 〈프라우다〉는 이틀 동안 침묵하다가 3월 4일이 되어서야 소식을 알리며 소련의 가장 뛰어난 의사들이 국가 지도자를 치료하고 있다고 덧붙였다. 사실 당시 가장 뛰어난 의사들은, 처형되지 않았다면 감옥에 있거나 숨어 있었다. 운명의 장난처럼 1953년 1월에 소련이 스탈린 동지의 주도로 '국제 유대-시오니즘 음모'를 처벌하기 위해 의사들을 투옥하고 고문했기 때문이다. 당시 의사들이 소련의 지도자와 주요 공직자들을 암살하려는 음모를 꾸민다는 소문이 돌았고, 스탈린의 주치의 블라디미르 비노그라도프도 체포된 상태였다.

보통의 군주 체제와 달리 3월 5일에 스탈린이 죽은 뒤에는 새로운 군주가 발표되지 않았다. 비밀정보국장 라브렌티 베리야, 소련 총리 게오르기 말렌코프, 그리고 공산당 정치위원 니키타 흐루쇼프가 권력을 나눠 가지고 삼두정치를 시작했다. 베리야는 1953년 7월 9일에 처형당했고, 말렌코프는 점차 권력 밖으로 밀려났으며, 마침내 흐루쇼프가 크렘린궁의 새 주인이 됐다.

1964년 4월에 독일 뉴스 에이전시 dpa는 '속보: 흐루쇼프 사망'이라는 전보를 받았다. 실제로 흐루쇼프가 죽은 것은 1971년이니 너무 이른 속보였다. 이 에이전시는 부활절 즈음의 소문이라 생각했으나 사실을 오해한 전보였다. 원래는 흐루쇼프가 진짜 죽은 것이 아니라 그의 정치적 삶이 끝났다는 내용을 전했어야 했다. 잘못된 속보가 전해진 지 반년 후인 1964년 10월에 흐루쇼프는 소련 공산당 서기장 및 총리 자리에서 쫓겨났다. 그는 언론에서 무시받는 인물이 됐다. 모스크바에서 존재를 드러낼 수 없게 된 것은 dpa도 마찬가지였다. 잘못된 속보를 보낸 러시아 사무소가 문을 닫아야 했기 때문이다.

1967년 4월 19일, 콘라트 아데나워가 뢴덴도르프의 자택에서 세상을 떠났다. 그런데 그의 사망 소식은 4월 13일에 이미 독일과 세계에 발표된 상태였다.

독일의 1대 총리는 3월 말에 병으로 쓰러진 뒤 부활절 즈음 두 번째 심장발작을 일으켰고, 모든 사람이 아흔한 살에 이른 정치가의 부고를 예상하고 있었다. 그러던 중 4월 13일에 어떤 기자가 서독일 방송국WDR에 전화한 것이 연쇄 오보의 도화선이 됐다. 편집국에서 사망 소식의 진위도 확인하기 전에, 생방송 중이던 〈미탁스마가진〉 녹음감독이 진행자에게 손으로 'T' 자 모양을 그렸다. 당시 방송국에서 일반적으로 사용하던 잠시 멈추라는 표시였다. 진행자가 갑자기 말을 멈추자, 음향 담당자가 슬픔의 노래인 헨델의 〈라르고〉를 내보냈다. 본의 시민들은 그 음악의 의미를 알아차리고 조기를 게양했다.

뮌헨에서는 주의회 의원들이 자리에서 일어나 묵념하는 시간을 가졌다. 뉴스 에이전시 AP통신이 세계의 언론 사무실로 이 소식을 전달했다. 외국에서 조의를 표시하는 문서가 날아들었다.

잠시 후 모든 것이 처음으로 되돌려져야 했다. WDR은 끔찍한 비난을 받았다. 부고를 알리는 말은 한마디도 하지 않았지만 세계에 가짜 소식을 전했다는 이유로 모든 책임을 져야 했다.

이런 종류의 가짜 소식은 보기 싫은 정치인을 익명으로 괴롭히기 위해 즐겨 사용되는 방법이다. 미하일 고르바초프도 당한 적이 있다. 2013년 8월 초, 한 해킹 집단이 러시아 뉴스 에이전시 리아노보스티 RIA Novosti의 트위터 계정을 해킹해 소련의 옛 공산당 서기장이자 마지막 대통령 고르바초프가 예카테린부르크의 한 카페에서 사망했다는 소식을 전했다. 많은 러시아 국민에게 소련을 망하게 했다는 비판을 받은 여든두 살의 정치인은 자신의 가짜 사망 소식을 이렇게 부인했다.

"여러분의 헛된 희망과 달리 저는 살아 있으며, 아주 잘 지내고 있습니다."

2017년 6월 21일에 단문 SNS 서비스 트위터를 통해 알려진 미국 제43대 대통령의 부고도 시민들의 정치적 희망에 부응하기 위해 만들어진 것인지는 분명하지 않다.

"조지 W. 부시가 죽었다. R.I.P('평화롭게 잠들라'라는 뜻으로 묘비에 주로 쓰는 글-옮긴이)."

미국 제41대 대통령이었던 조지 부시의 사망 소식은 잘못 전달된 것이 분명했다. 〈슈피겔 온라인〉은 2013년 12월 30일에 그의 사망 소식을 전하고 급히 후속 기사를 준비했다. 〈슈피겔 온라인〉은 즉시 정정 보도를 내보냈지만, 이 사망 보도는 다른 매체를 통해 전 세계로 퍼졌다. 다만 보도 주제가 미국 전 대통령의 죽음이 아니라 '독일 유력 잡지의 실수'로 바뀌었을 뿐이다.

신문에서 자신의 부고를 읽은 작가들에 대한 두 가지 일화가 전해진다. 러디어드 키플링은 즉시 편집부에 글을 썼다.

"구독자 목록에서 내 이름을 지우는 것도 잊지 마시오!"

마크 트웨인은 유럽을 여행하던 중 어느 뉴스 통신에서 자신의 부고를 내보냈다는 이야기를 듣고 전보를 쳤다.

"내 죽음에 관한 뉴스가 지나치게 과장됐음."

많은 언론사가 유명인의 죽음에 빠르게 대응하기 위해 미리 사망 기사를 준비한다. 예를 들면 2014년 4월 중순, 로이터 통신은 미리 준비해두었던 투자가 조지 소로스의 부고를 내보냈다. 물론 이 사망 기사도 오보였다.

고인에 대한 예우

1898년 7월 30일, 독일 북부 프리드리히스루 궁전에서 오토 폰 비스마르크가 세상을 떠났다. 그는 1871년부터 1890년까지 독일제국의 수상을 지냈고 그 뒤에도 제국을 통일한 정치가로 존경받았다. 세 차례의 전쟁을 일으킨 이 '철혈' 정치인은 밤 11시경 침대에서 평화롭게 잠들었다. 가족들의 요청으로 사진작가 아서 메넬이 침대에 누운 고인을 촬영했으나, 이 사진은 비공개로 가족들에게만 전달됐다. 이들은 비스마르크가 기자들을 좋아하지 않았고 언론의 카메라를 몹시 싫어했다는 것을 알고 있었다. 그가 이렇게 말했다고도 전해진다.

"저들이 사진을 찍는 건지 쏘아 죽이려는 건지 모르겠어."

그런데 두 명의 함부르크 사람 빌리 빌케와 막스 크리스티안 프리스터가 비스마르크 가족의 계획을 망쳐놓았다. 이들은 밤에 시신을 지키던 비스마르크의 정원지기 루이스 스푀르케에게 뇌물을 주고 새벽 4시에 몰래 고인의 침실로 들어갔다. 이들은 빠르고 노련하게 일을 해치웠다. 시신의 머리가 잘 보이도록 베개를 받치고 탁자에 놓인 시계가 11시 20분을 가리키게 했다. 플래시를 이용해 사진을 찍은 그들은 가까운 여관에 들어가 사진 건판을 현상했다. 함부르크에서 이들은 사진을 수정해 하얀 침대 위에 놓여 있던 요강과 알록달록한 수건을 지웠다. 그 후 베를린의 '로마 호텔'에서 사진을 판매했는데, 사진을 사겠다는 사람에게 3만 마르크를 받고 추가 이익의 20

퍼센트를 더 받기로 했다.

한편 진짜 사진작가였던 아서 메넬이 이 소식을 입수했다. 그와 비스마르크의 아들은 함부르크 파파라치들을 고소했고, 이들은 8월 4일에 체포되어 가택침입 혐의로 몇 달의 징역형을 받았다. 당시에는 초상권에 관한 법이 없었다. 카메라가 발명된 이래 꾸준히 저작권법의 필요성이 대두됐으나 1907년에서야 '미술 및 사진 저작물에 관한 법'이 만들어졌다. 독일의 저작권법은 사진가가 사망한 후 10년까지 권리를 보장한다.

죽은 비스마르크의 사진은 압류되어 가문의 기록보관소에서도 파기됐다. 그런데 1952년에 사진 잡지 〈프랑크푸르터 일러스트리어테〉가 사진을 또 공개했다. 죽은 제국 수상의 모습을 미화한 이 또렷한 사진은 오늘까지도 언론에 떠돌고 있다. 한편 메넬이 찍은 정식 사진에는 아무도 관심을 가지지 않은 것 같다. 여덟 장 정도였던 사진은 한 번도 인화된 적이 없으며 흔적도 없이 사라졌다.

명백한 음모다!

———

2010년 4월 10일, 폴란드 공군 비행기 한 대가 러시아의 도시 스몰렌스크에 추락했다. 이 사고로 폴란드 대통령 레흐 카친스키와 영부인 마리아 카친스키를 비롯해 정치, 군사, 종교계 고위인사 96명이 전원 사망했다. 정부 대표단은 카틴 학살 사건 추모기념식에 참석하기 위해 비행 중이었다. 카틴 학살 사건은 1940년에 스몰렌스크 인근 마을인 카틴에서 소련 비밀기관에 의해 2만 2,000명이 넘는 군 장교, 지식인, 성직자들이 살해된 사건이다.

추락 원인은 금세 밝혀졌다. 짙은 안개가 꼈음에도 조종사가 스몰렌스크 북쪽의 공군 기지에 착륙을 시도했고, 너무 늦게 하강을 멈추는 바람에 비행기 고도를 다시 높일 수 없게 된 것이었다. 2011년 1월에 러시아에서 제출한 보고서는 사고 책임을 모두 폴란드 측에 넘겼고, 같은 해 7월에 폴란드 사고위원회도 주된 책임이 비행기 조종사에게 있었다고 보고했다.

당시 스몰렌스크 공군기지는 안개 때문에 임시 폐쇄됐다가 이 비행기의 요청으로 활주로를 개방했다. 블랙박스에서 조종실 상황을 녹음한 파일을 통해 기장이 카친스키 대통령에게 러시아나 벨라루스의 대피용 활주로를 고려해달라고 요청한 사실이 드러났다. 대통령은 결정을 주저했고, 그 대신 폴란드 공군참모총장 안드레이 브와시크가 조종실로 들어와 공항 관제탑과 직접 교신했고, 뒤이어 외무부 의전실장이 조종사에게 무슨 일이 있어도 착륙하라고 지시했다.

결국 사고를 야기한 것은 폴란드 대표단의 경솔함이었다. 그러나 레흐 카친스키 지지자들에게는 러시아 음모론이 필요했다. 소비에트 연방이 카틴에서 벌어진 양민학살을 계속 인정하지 않고 있었기 때문에, 러시아가 사고 책임을 모두 부정했을 때 이들은 이번에도 러시아가 거짓말을 한다고 생각했다. 폴란드 국내 설문조사 결과 응답자의 3분의 1 이상은 러시아가 공격했다고 대답했으며, 레흐 카친스키의 형제 야로스와프 카친스키는 보수주의 정당인 법과정의당 대표가 된 지금까지도 러시아의 음모였다는 주장을 유지하고 있다. 그는 연설에서 "이것은 파렴치한 범죄다! 폴란드 공화국 시민 96명이 살해당했다!"라는 문장으로 이 공격이 폴란드 자체를 겨냥했다는 것을 암시했다.

사고가 일어나고 2년 반이 지난 2012년 가을, 이들이 원하고 바라던 러시아 음모가 진실로 밝혀지는 듯했다. 폴란드에서 가장 영향력 있는 일간지 〈제치포스폴리타〉는 1면에 비행기 잔해의 30여 개 좌석에서 폭약과 폭탄의 주원료인 TNT와 나이트로글리세린이 검출됐고 조종실과 동체, 날개에서도 저울에 다 올려놓기 어려울 정도로 많은 폭발물이 있었다는 기사를 내보냈다.

하지만 실제로 검출된 양은 미량이었다. 자신들의 예상이 맞았다는 기쁨은 금세 실망으로 바뀌었다. 군 검찰은 기사 내용을 부정했다. 폭발물의 흔적이 어디에도 없었기 때문이다. 충격적인 기사의 저자이자 가짜 보도를 내보낸 체자리 그미즈는 군 검사가 전해주었다는 정보를 왜곡했고, 편집장 토마즈 블로블레브스키는 논평에서 그미즈의 기사가 '러시아 비밀안보부의 도발'을 증명했다고 쓰고는 은퇴해버렸다.

한편 2015년에 법과정의당이 집권당이 됐다. 국방성 홈페이지에서는 조종실 녹음파일이 삭제됐다. 그 대신 국민들은 2016년에 개봉한 영화 〈스몰렌스크〉를 봐야 했다. 다큐멘터리를 가장한 이 선전 영화는 대통령이 탄 비행기가 세 차례 폭발하는 장면을 보여준다. 영화의 메시지는 그 사고가 러시아인들이 계획한 암살이었고 당시 집권 여당이던 시민연단과 당대표 도날트 투스크가 이를 덮었다는 것이었다. 당시 법과정의당에게 도날트 투스크는 바알세불(성경에 나오는 귀신의 왕-옮긴이) 같은 존재였다.

반면 레흐 카친스키는 전설적인 인물로, 폴란드는 늘 러시아와 독일에 희생당해온 국가로 묘사됐다. 살인 음모를 믿지 않거나 전 대통령을 비판하는 사람은 분노와 공격의 대상이 됐다. 야로스와프 카친스키에게 모범적인 폴란드 국민이란 러시아 테러를 믿는 사람이었고, 그렇지 않으면 반역자였다. 2017년 7월 20일에 폴란드 국회에서 한 자유 진영 국회의원이 과거 레흐 카친스키의 온건한 방식과 비교하며 현 법과정의당 정부의 극단적 정치를 지적했을 때 야로스와프는 이렇게 말했다.

"반역자의 입으로 내 형제의 이름을 말하지 말라. 신은 그를 구원했다. 너희가 그를 파괴했다! 너희가 그를 죽였다! 너희는 깡패 집단이다!"

조금 더 덧붙이자면 영화 〈스몰렌스크〉는 흥행에 실패했다. 폴란드 국민의 과반수가 음모론을 믿지 않았다. 전문가들은 말할 필요도 없었다. 2015년 11월, 폴란드에서 오랫동안 항공안전위원회 회장을 맡았던 에드문트 클리흐는 한마디로 말했다.

"사고의 원인이 테러였다고 믿는 항공 전문가는 한 명도 없다."

죽음이 깃든 윗입술

—

1969년 10월 12일에 음악계는 충격적인 소식을 접했다. 폴 매카트니가 세상을 떠났다! 디트로이트 라디오방송국 WKNR-FM의 디스크자키 러스 깁에게 한 통의 전화가 걸려와 매카트니가 죽었다고 말하고 그 증거로 비틀스의 노래 '스트로베리필즈여 영원하라'에서 존 레넌이 '내가 폴을 묻었어'라고 중얼거린 부분을 제시했다. 비틀스의 매니지먼트사에서 일했던 피터 브라운과 〈뉴욕타임스〉 기자였던 스티븐 게인즈는 《당신이 베푼 사랑The Love You Make》이라는 책에서 이 이야기가 오늘날까지 인터넷을 떠도는 매카트니 사망설의 시초라고 소개했다.

사실 '스트로베리필즈여 영원하라'라는 노래는 라디오로 사망설이 발표되기 2년 전인 1967년 2월 13일에 발표됐다. 자연스럽게 매카트니의 사망 시점도 2년 전인 것으로 앞당겨졌다. 실제로 폴 매카트니는 1966년 11월 9일에 스코틀랜드에서 오토바이 사고를 당했다. 이 사고로 윗입술이 찢어지는 바람에 그는 짧게 콧수염을 기르기 시작했다. 여기까지는 사실이다. 하지만 사소했던 사고는 커다란 소문을 만들어냈다. 사고로 폴 매카트니의 목이 잘렸다고 말이다!

그래서 다른 멤버 세 명이 레코드회사의 요청으로 미국의 배우인 윌리엄 캠벨을 대역으로 고용했다는 소문이 돌았다. 비틀스는 1967년부터 콘서트를 열지 않았고 1969년 1월 30일에는 영화 〈렛잇비〉 영상을 촬영할 때도 대중의 눈을 피해 런던의 고층빌딩 옥상에서 30분가량만 연주했는데, 이런 사실 또한 소문을 부추겼다.

열정적인 비틀스 팬들은 더 많은 증거를 찾아냈다. 1967년에 발매된 앨범 〈페퍼 상사의 론리 하트 클럽 밴드〉 재킷 사진에서 폴 매카트니가 'OPD'라고 쓰인 검은색 완장을 차고 있는데, 이것이 '공식 사망 선고Officially Pronounced Dead'의 약자라고 주장했다. 또 1968년에 발매된 〈화이트 앨범〉에 수록된 곡 '나는 너무 지쳤어I'm so tired'에서 존 레넌이 웅얼거리는 말은 "폴은 죽었어, 그가 그리워, 그가 그리워"로 해석된다고 주장했다. 1969년에 발매된 앨범 〈애비 로드〉 표지는 비틀스가 횡단보도를 건너는 모습인데, 폴 매카트니만 맨발이며 원래 오른손잡이임에도 왼손에 담배를 들고 있는 모습이 주목을 받았다. 게다가 길가에 주차된 폭스바겐 비틀의 번호판은 28IF였다. 이를 근거로 매카트니가 살아 있었다면(if) 스물여덟 살이었음을 상징하는 아주 확실한 증거라는 주장이 나왔다.

하지만 사망설에 관심 있는 사람이면 그냥 지나칠 수 없는, 반박할 만한 증거들도 있었다. 예를 들면 매카트니는 1942년에 태어났으니까 비틀의 번호판이 27IF여야 말이 된다(1969-1942=27이므로 살아 있다면 스물일곱 살이라는 의미-옮긴이). 또한 노래를 녹음하던 중 장난꾸러 기 존 레넌이 마이크에 대고 속삭인 말은 '크랜베리 소스'였다.

폴 매카트니는 사망설이 유행한 뒤 곧 사진 잡지 〈라이프〉와 인터 뷰를 했다. 인터뷰에서 그는 사망설에 대해 마크 트웨인을 인용해 유 쾌하게 말했다.

"내 죽음에 관한 소문이 지나치게 과장됐다. 만약 내가 죽었다면 확실히 나는 그 소문을 듣지 못했을 것이다."

하지만 장난스럽든 진지하든 어떤 종류의 부인도 도움이 되지 않 았다. 음모론자들은 비극적인 사고 대신, 이제는 살인을 의심하기 시 작했다. 폴 매카트니가 밴드를 탈퇴하려 하자 매니지먼트사가 그를 제거하고 대역을 세웠다는 내용이었다. 그리고 위험을 직감한 매카 트니는 〈화이트 앨범〉 '레볼루션 넘버 나인'의 후렴구를 녹음할 때 흔적을 남겼다. 테이프를 거꾸로 돌리면 "구해줘!"라는 소리를 들을 수 있다고 한다. 이게 증거가 아니면 뭐겠는가.

특별히 힌트를 남겨준 라이문트 베촐드Raimund Bezold, 버짓 프리케Birgit Fricke, 악셀 하세Axel Haase, 클라우스 휘브너Klaus Hübner, 클라우스 파블로프스키Klaus Pawlowski, 위르겐 뢰링Jürgen Röhling, 토마스 셰퍼Thomas Schaefer, 솔베이크 슐로사레크Solveig Schlossarek, 마르틴 슈뢰더Martin Schröder, 라라 턴나트Lara Tunnat, 한넬로레 울리히Hannelore Ullrich, 라인하르트 움바흐Reinhard Umbach, 귄터 빌렌Günther Willen 그리고 당연히 베젠동크Wesendonk에게 감사를 전하고 싶다.

또한 수많은 가짜 뉴스를 만든 작가와 연구가, 언론인들에게도 감사를 전한다. 그들이 아니었다면 이 책을 쓰지 못했을 것이다.

참고문헌

- Simon Akstinat: Akstinats faszinierende Fakten. Baden-Baden 2006.

- Christian Ankowitsch: Dr. Ankowitschs Kleines Konversationslexikon.
  Frankfurt am Main 2004.

- Helmut Arntz: Handbuch der Runenkunde. Halle / Saale 1935.

- Nigel Blundell: Die größten Irrtümer der Welt. Aus dem Englischen
  von Andreas Heering. München 1986.

- Edward Brooke-Hitching: Atlas der erfundenen Orte. Die größten
  Irrtümer und Lügen auf Landkarten. Aus dem Englischen von
  Lutz-W. Wolff. München 2017.

- C. W. Ceram: Enge Schlucht und Schwarzer Berg. Entdeckung des
  Hethiter-Reiches. Reinbek bei Hamburg 1966.

- Daten der Weltgeschichte. Die Enzyklopädie des Wissens. Hg. von
  Werner Stein. Augsburg 2001.

- Steffen Dietzsch: Kleine Kulturgeschichte der Lüge. Leipzig 1998.

- Martin Doll: Fälschung und Fake. Zur diskurskritischen Dimension
  des Täuschens. Berlin 2012.

- Umberto Eco: Die Geschichte der legendären Länder und Städte. Aus dem Italienischen von Martin Pfeiffer und Barbara Schaden. München 2015.

- Die Entenmacher. Wenn Medien in die Falle tappen. Hg. v. Horst Friedrich Mayer. Wien 1998.

- Rolf-Bernhard Essig / Gudrun Schury: Schlimme Finger. Eine Kriminalgeschichte der Künste von Villon bis Beltracchi. München 2015.

- Frank Fabian: Die größten Fälschungen der Geschichte. Was so nicht in unseren Schulbüchern steht. München 2013.

- Ders.: Die größten Lügen der Geschichte. München 2009.

- Fälschungen. Zu Autorschaft und Beweis in Wissenschaften und Künsten. Hg. von Anne-Kathrin Reulecke. Frankfurt am Main 2006.

- Horst Fuhrmann: Überall ist Mittelalter. Von der Gegenwart einer vergangenen Zeit. München 1996.

- Werner Fuld: Das Lexikon der Fälschungen. Fälschungen, Lügen und Verschwörungen aus Kunst, Historie, Wissenschaft und Literatur. Frankfurt am Main 1999.

- Gefälscht! Betrug in Politik, Literatur, Wissenschaft, Kunst und Musik. Hg. v. Karl Corino. Frankfurt am Main 1990.

- Gefälscht. Die Macht der Lüge. Propaganda, Fälschungen,

Verschwörungstheorien – vom Mittelalter bis heute. ZEIT Geschichte 3 / 2017. Hamburg 2017.

- Hans Giffhorn: Wurde Amerika in der Antike entdeckt? Karthager, Kelten und das Rätsel der Chachapoya. München 2013.

- Hans E. Goldschmidt: Von Grubenhunden und aufgebundenen Bären im Blätterwald. München 1981.

- Karl S. Guthke: Letzte Worte. Variationen über ein Thema der Kulturgeschichte des Westens. München 1990.

- Simon Hadler: Wirklich wahr! Die Welt zwischen Fakt und Fake. Wien 2017.

- Hanswilhelm Haefs: Das zweite Handbuch des nutzlosen Wissens. München 1991.

- Jeremy Harwood: Hundert Karten, die die Welt veränderten. Übersetzung: Christian Böhm, Claudia Buchholtz, Hauke Reich. Hamburg 2007.

- Uli Hesse: Alles BVB! Unverzichtbares Wissen rund um die Schwarz-Gelben. Göttingen 2016.

- Benjamin Carter Hett: Der Reichstagsbrand. Wiederaufnahme eines Verfahrens. Aus dem Englischen von Karin Hielscher. Reinbek bei Hamburg 2016.

- Jean-Noël Kapferer: Gerüchte. Das älteste Massenmedium der Welt.

Aus dem Französischen von Ulrich Kunzmann. Berlin 2000.

- Lars-Broder Keil / Sven Felix Kellerhoff: Gerüchte machen Geschichte. Folgenreiche Falschmeldungen im 20. Jahrhundert. Berlin 2006.

- J. N. D. Kelly: Reclams Lexikon der Päpste. Aus dem Englischen übersetzt von Hans-Christian Oeser. Stuttgart 2. 2005.

- Peter Köhler: Die besten Zitate der Politiker. Mehr als 1000 prägnante Sprüche. Geistreich und kurios. Baden-Baden 2. 2008.

- Gerd Koenen: Die Farbe Rot. Ursprünge und Geschichte des Kommunismus. München 2017.

- Walter Krämer / Götz Trenkler: Lexikon der populären Irrtümer. 500 kapitale Mißverständnisse, Vorurteile und Denkfehler von Abendrot bis Zeppelin. Frankfurt am Main 1996.

- Die Legende vom Ritualmord. Zur Geschichte der Blutbeschuldigung gegen Juden. Hg. von Rainer Erb. Berlin 1993.

- Legenden, Lügen, Vorurteile. Ein Wörterbuch zur Zeitgeschichte. Hg. von Wolfgang Benz. München 1992.

- Lügen und Betrügen. Das Falsche in der Geschichte von der Antike bis zur Moderne. Hg. v. Oliver Hochadel und Ursula Kocher. Köln 2000.

- Jörg Meidenbauer: Lexikon der Geschichtsirrtümer. Von

Alpenüberquerung bis Zonengrenze. Frankfurt am Main 2004.

- Kathrin Passig / Aleks Scholz: Lexikon des Unwissens. Worauf es bisher keine Antwort gibt. Berlin 4. 2007.

- Udo Pollmer / Günter Frank / Susanne Warmuth: Lexikon der Fitneß-Irrtümer. Mißverständnisse, Fehlinterpretationen und Halbwahrheiten von Aerobic bis Zerrung. Frankfurt am Main 2003.

- Gerhard Prause: Niemand hat Kolumbus ausgelacht. Fälschungen und Legenden der Geschichte richtiggestellt. Düsseldorf 1986.

- Martin Rasper: ≪No sports≫ hat Churchill nie gesagt. Das Buch der falschen Zitate. München 2017.

- Michael Ringel: Ringels Randnotizen. Frankfurt am Main 2005.

- Jürgen Roth / Kay Sokolowsky: Der Dolch im Gewande. Komplotte und Wahnvorstellungen aus zweitausend Jahren. Hamburg 1999.

- Dies.: Lügner, Fälscher, Lumpenhunde. Eine Geschichte des Betrugs. Leipzig 2000.

- Gregor Sailer: The Potemkin Village. Heidelberg 2017.

- Ernst Schöller / Marina Sauer / Markus Müller: Wa(h)re Lügen. Original und Fälschung im Dialog. Stuttgart 2007.

- Ben Schott: Schotts Sammelsurium. Aus dem Englischen. Berlin 4. 2004.

- Rudolf Simek: Vinland! Wie die Wikinger Amerika entdeckten.

München 2016.

- Philip Theisohn: Plagiat. Eine unoriginelle Literaturgeschichte.
  Stuttgart 2009.

- Uwe Topper: Fälschungen der Geschichte. Von Persephone bis
  Newtons Zeitrechnung. München 2001.

- Der Treppenwitz der Weltgeschichte. Irrtümer, Entstellungen und
  Erfindungen. Begründet von William Lewis Hertslet. Fortgeführt von
  Hans F. Helmolt. Neu bearbeitet und ergänzt von Friedrich Wencker-
  Wildberg unter Mitarbeit von Alfred Grunow. Berlin / West 12. 1967.

- Federico di Trocchio: Der große Schwindel. Betrug und Fälschung
  in der Wissenschaft. Aus dem Italienischen von Andreas Simon.
  Frankfurt am Main 1994.

- Sonja Veelen: Hochstapler. Wie sie uns täuschen. Eine soziologische
  Analyse. Marburg 2012.

- David Wallechinsky / Irving Wallace / Amy Wallace: Rowohlts Bunte
  Liste. Aus dem Englischen von Niko Hansen, Christine Brinck und
  Jens Petersen. Verantwortlich für die deutschen Beiträge: Christine
  Brinck. Reinbek bei Hamburg 1983.

- Klaus Waller: Lexikon der klassischen Irrtümer. Wo Einstein, die
  katholische Kirche und andere total danebenlagen. Frankfurt am
  Main 1999.

- Günther Willen: Wer das liest, lebt länger! Das Lexikon für alle Lebenslagen. Bern 2003.

- Thomas Wolf: Pustkuchen und Goethe. Die Streitschrift als produktives Verwirrspiel. Tübingen 1999.

- Heinrich Zankl: Der große Irrtum. Wo die Wissenschaft sich täuschte. Darmstadt 2004.

- Brockhaus Enzyklopädie. 24 Bände. Mannheim 1996–99

- de.wikipedia.org (deutschsprachige Version)

- en.wikipedia.org (englischsprachige Version)

- Encyclopedia Britannica. Ultimate Reference Suite. 2010. (DVD)

〈Focus〉

〈Frankfurter Allgemeine Zeitung〉

〈Frankfurter Rundschau〉

〈Hannoversche Allgemeine Zeitung〉

〈The New York Times〉

〈P. M. Magazin〉

〈Der Spiegel〉

〈Süddeutsche Zeitung〉

〈Der Tagesspiegel〉

〈taz. die tageszeitung〉

〈Titanic〉

〈Die Zeit〉

가짜 뉴스 속 숨은 진실을 찾아서
다빈치가 자전거를 처음 만들었을까

제1판 1쇄 인쇄 | 2020년 4월 9일
제1판 1쇄 발행 | 2020년 4월 16일

지은이 | 페터 쾰러
옮긴이 | 박지희
펴낸이 | 손희식
펴낸곳 | 한국경제신문 한경BP
책임편집 | 노민정
교정교열 | 공순례
저작권 | 백상아
홍보 | 서은실 · 이여진 · 박도현
마케팅 | 배한일 · 김규형
디자인 | 지소영
본문디자인 | 디자인 현

주소 | 서울특별시 중구 청파로 463
기획출판팀 | 02-3604-553~6
영업마케팅팀 | 02-3604-595, 583   FAX | 02-3604-599
H | http://bp.hankyung.com   E | bp@hankyung.com
F | www.facebook.com/hankyungbp
등록 | 제 2-315(1967. 5. 15)

ISBN 978-89-475-4577-8 03300